国合华夏城市规划研究院系列研究成果

中国新质生产力

构建体系及操作指南

吴维海

吴志强◎著

西南财经大学出版社

中国·成都

图书在版编目(CIP)数据

中国新质生产力构建体系及操作指南 /吴维海,
吴志强著.--成都:西南财经大学出版社,2025.5.
ISBN 978-7-5504-6719-4

Ⅰ.F120.2

中国国家版本馆 CIP 数据核字第 2025782KA2 号

中国新质生产力构建体系及操作指南

ZHONGGUO XINZHI SHENGCHANLI GOUJIAN TIXI JI CAOZUO ZHINAN

吴维海　吴志强　著

策划编辑:孙　婧
责任编辑:廖　韧
责任校对:赵姝婷
封面设计:墨创文化
责任印制:朱曼丽

出版发行	西南财经大学出版社(四川省成都市光华村街55号)
网　　址	http://cbs.swufe.edu.cn
电子邮件	bookcj@swufe.edu.cn
邮政编码	610074
电　　话	028-87353785
照　　排	四川胜翔数码印务设计有限公司
印　　刷	成都国图广告印务有限公司
成品尺寸	170 mm×240 mm
印　　张	17.75
字　　数	307 千字
版　　次	2025 年 5 月第 1 版
印　　次	2025 年 5 月第 1 次印刷
书　　号	ISBN 978-7-5504-6719-4
定　　价	88.00 元

编委会

1. 编委会主任

郑新立（中央政策研究室原副主任）

吴维海（国合华夏城市规划研究院院长）

2. 编委会副主任

吴志强（同济大学原副校长、中国工程院院士）

吾守尔（新疆大学研究中心主任、中国工程院院士）

黄宝荣（甘肃工信厅副厅长、全国政协委员）

张红武（国务院参事、清华大学教授）

高俊才（国家发展改革委原司长）

吴晓华（中国宏观经济研究院原副院长）

3. 编委会委员

王秀忠（农业农村部原巡视员）

王薇（国务院发展研究中心市场经济研究所原所长）

宋承敏（国家发展改革委原司长）

依滨（国家发展改革委国际合作中心原副主任）

徐东华（机械工业经济管理研究院院长）

周京明（中国机械工业国际合作咨询服务中心主任）

闫荣舟（中央党校教授）

王立胜（中国社科院哲学研究所书记）

仇焕广（辽宁大学副校长，中国人民大学农发院原院长）

蔡继明（清华大学政治经济学研究中心主任）

陈炳才［中央党校（国家行政学院）研究员，原巡视员］

张玉柯（北京大学教授）

周道许（清华大学五道口金融院教授）

刘瑞（中国人民大学教授）

序　言

　　生产力是人类生存的物质基础，是推动社会进步最活跃的、最革命的要素，没有生产力的发展就没有社会进步。中共二十届三中全会强调，"高质量发展是全面建设社会主义现代化国家的首要任务"，要"健全因地制宜发展新质生产力体制机制"。当前，全球经济低迷且各国增长步伐不均衡，发达国家与发展中国家在经济、金融、军事等多个领域展开多元化竞争，各国之间商贸政策等方面的矛盾加剧。欧美国家在高科技领域制造壁垒，遏制中国发展的态势愈演愈烈，严重挤压了中国全球化发展与国际合作的空间。

　　我国全面推动乡村振兴战略、农业现代化建设、碳达峰碳中和、共建"一带一路"倡议、国内国际双循环相互促进的新发展格局构建、科技强国建设、健康中国建设、美丽中国建设、金融强国建设等，积极维护全球化商贸规则，推动各国积极合作、协同发展，全面推动全球共识与人类命运共同体建设，努力打造以传统产业转型为驱动，以新兴产业与未来产业为增长极，以要素效能提升等为目标的绿色低碳高质量发展新机制、新业态、新体系。

　　全国各行各业"以颠覆性技术和前沿技术催生新产业、新模式、新动能，发展新质生产力"。发展新质生产力，由技术革命性突破、生产要素创新性配置、产业深度转型升级而催生，以劳动者、劳动资料、劳动对象及其优化组合的跃升为基本内涵，以全要素生产率大幅提升为标志。构建新质生产力，需要一流的科技与人才，需要先立后破、统筹布局，积极打通束缚新质生产力发展的堵点卡点，构建新质生产力模型，全面推进中国式现代化。

　　为推动新质生产力试点，我们邀请院士专家、部委领导、院所权威、地方政府、企业家等，共同撰写了本专著，希望对贯彻落实习近平总书记重要指示精神，把握新质生产力本质，服务各级党委政府战略决策，推动城市、园区、企业实践，服务院所科研等，起到前瞻、系统、专业的决策参谋作用。

本书由国合华夏城市规划研究院院长、中国新质生产力促进中心主任吴维海担任总策划，由吴维海、吴志强、黄宝荣、王卓、陈炳才、李洁、涂翔云、董可人、吴玥、刘亚男、姚顺等撰写，《中国新质生产力构建体系及操作指南》编委会、国合华夏城市规划研究院、中国绿色金融50人论坛、中国新质生产力促进中心、中国新质生产力（济宁学院）研究院为本书的撰写提供了支持。

吴维海、吴志强

国合华夏城市规划研究院

中国新质生产力促进中心

中国新质生产力（济宁学院）研究院

2025 年 1 月 15 日

目　录

四、新质生产力体系构建 / 48

（一）构建依据 / 48

（二）顶层逻辑 / 64

（三）研究方法 / 66

（四）"1381 模型" / 68

生产力是人们创造财富的能力，包括劳动者、劳动资料、劳动对象三个基本要素。生产力是推动历史前进的决定力量，生产力的提高意味着用同样的资源创造更多财富。新质生产力是习近平总书记提出并在 2024 年全国两会上再次强调的重大创新，它在 2024 年全国两会期间首次被写入政府工作报告，"加快发展新质生产力"被列入 2024 年十大工作任务并居首位。它是我国适应全球竞争，聚焦和解决我国经济社会发展痛点难点的战略选择，也是推进中国式现代化，实现中华民族伟大复兴的基础保障，是全国各省市构建自身竞争力、实现产业升级与高质量发展的历史性工作任务。

　　习近平总书记提出的"新质生产力"，为我国在新发展阶段加快科技创新、打造经济发展新引擎、增强发展新动能、构筑国家新优势、推动经济社会高质量发展提供了重要的科学指引。

一、新质生产力提出的背景

过去 30 多年,我国经济从长时间中高速增长的阶段,逐步转为中速稳定增长的高质量发展阶段。2019—2022 年新冠疫情严重影响了我国经济发展与国际商贸活动,同时受全球政治、军事、金融、经济等环境变化,以及中美关系、中欧关系、俄乌冲突、巴以冲突等的深刻影响,全球经济呈现不确定性与复杂性。美国在经贸、金融、地缘政治等领域对中国采取遏制战略,限制高端技术的出口、禁运高性能芯片等、制裁中国企业、限制中国对外投资等,企图弱化中国在国际体系中的优势。国际政治经济环境的深刻变化,破坏了传统的全球分工与国际产业合作模式。逆全球化思潮、单边主义、贸易保护主义势头上升,全球性、局部性问题放大与矛盾加剧,世界百年未有之大变局加速演进,世界步入新的动荡变革时期。这些都增加了我国出口贸易的难度,为我国高科技产品与先进技术进口等增加了国际壁垒,倒逼我国加大科技创新力度,推动产业转型,提高国际综合竞争力,实现较高的经济社会发展目标,并为人类命运共同体建设做出独有贡献。同时,我国全面推动碳达峰碳中和战略、共建"一带一路"倡议、美丽中国战略、制造强国战略等,这对未来一段时期我国经济变革、产业转型、对外开放与科技创新等提出了更高要求。在此背景下,习近平总书记2023 年在黑龙江考察时首次提出"新质生产力"一词,强调整合科技创新资源,引领发展战略性新兴产业和未来产业,加快形成新质生产力。

(一) 全球宏观形势

1. 全球经济形势复杂多变

受国际政治、军事、经济等因素以及新冠疫情、俄乌冲突、巴以冲突等影响,全球经济面临多重压力,世界经济进入相对疲软期,各国经济增长动力明显不足，不稳定、不确定、不安全因素增加。各种地缘政治冲突、政治极端主义、贸易摩擦等不仅影响地区的和平与安全，也会对全球能源、资源、商品贸易等产生重大影响，容易造成其价格大幅波动和供应的中断，影响世界经济与我国高质量发展。

欧美国家经济增长乏力，中国、印度等新兴国家经济增长速度放缓。经济增长疲软导致许多国家的经济压力加大，容易引发贸易争端和政治紧张，影响国际形势的稳定。各国经济政策差异较大，贸易保护主义和单边主义给全球贸易体系和规则带来了冲击，造成了各国之间的关税提高和贸易壁垒的增加，阻碍了贸易的正常发展，对经济增长造成负面影响，影响了全球经济稳定。美国在全球挑起贸易争端，阻碍多边贸易机制正常运行，严重干扰国际经贸往来，损害全球利益，危及多边贸易体制，对全球产业链和供应链造成干扰，给全球贸易带来了巨大的压力，不利于世界经济的稳定发展。

2. 全球产业链竞争加剧

贸易保护主义、单边主义的抬头，俄乌冲突、巴以冲突等地缘政治事件的影响，新冠疫情的冲击，中美贸易摩擦等种种因素，对全球产业链产生了重要的影响。生产要素跨境流动受阻，各国之间关于产业链、创新链的博弈加剧，全球供应链正深度调整，加速重构。

改革开放以来，我国全面参与全球产业链分工，取得了举世瞩目的成绩，成为全球经济增长的主要动力之一。受国内外环境的影响，中国产业链也面临巨大的挑战。制造业是助推实体经济高质量发展的重要动力，是我国经济的根基所在，也是全球经济竞争的制高点。经过几十年发展，我国已经成为世界制造业大国。但随着西方国家制造业回流计划的实施以及美国的刻意打压，中国部分产业面临转移，制造业开始向发达国家回流。同时随着我国人口老龄化的到来，传统的人口红利正在逐渐消失，生产成本上升，一些跨国企业把生产基地向东南亚、南亚等地的一些新兴经济体转移，以寻求资源、劳动力等方面的比较优势。欧美一些国家刻意将供应链中的采购、制造等环节移到中国之外，摆脱对中国产业链、供应链的依赖。中国产业链、供应链面临发达国家和新兴经济体的双重挤压。

3. 全球经济绿色低碳发展

随着世界工业化进程的加快和对不可再生资源的过度开发利用，大气中温室气体剧增，导致全球气候变暖，这种变化威胁着人类的生存环境，给人类生活、生产方式带来深远的影响。世界许多国家重视全球气候变化的影响，纷纷加入联合国《巴黎协定》，提出碳中和承诺，制定相应减排目标。世界经济在经历了高能耗、粗放式发展之后，各国开始采取各种政策和措施刺激能源转型发展，减少对煤炭和石油等化石能源的消耗，减少温室气体排放，推动全球经济发展向有利于生态环境改善的方向转变。为实现经济社会与生态环境保护平衡发展，以低排放、低能耗、低污染为特征的绿色低碳经济等成为世界各国的共同选择。

我国在 2020 年做出碳达峰碳中和 "3060" 的庄严承诺，即二氧化碳排放力争 2030 年前达到峰值，2060 年前实现碳中和。党的二十大报告指出，必须牢固树立和践行 "绿水青山就是金山银山" 理念，推动绿色发展，促进人与自然和谐共生。我国的低碳经济虽然起步晚，但是进步较快，成果显著。我国风电、太阳能等清洁能源产业发展迅速，绿色供给能力显著增强。中国光伏组件产量已经连续 16 年位居全球首位，多晶硅、硅片、电池片、相关组件等产量产能的全球占比均达 80% 以上；我国新能源汽车产销量占全球比重超过 60%，连续 9 年位居世界第一；LNG（液化天然气）、甲醇等绿色动力船舶的国际市场份额接近 50%。同时，我国也是世界上最大的风机制造国，产量占全球的一半。凭借绿色发展战略和科技创新优势，我国为加速全球减碳进程贡献了坚实的力量。虽然我国在绿色低碳发展方面取得了明显的成绩，但在结构转型、技术创新、国际合作等方面仍面临很大挑战。

4. 数字经济成为新增长点

随着互联网、大数据、人工智能等技术的发展和应用，数字经济的发展和普及已成为全球经济发展的重要趋势。全球主要经济体都在积极布局数字经济，并将数字经济作为经济发展的重要驱动力。数字经济的快速崛起，带动了通信产业、信息产业、互联网产业以及数字相关产业的发展，创造了大量的新模式、新业态、新场景，影响了经济结构。美国作为数字技术和信息技术创新的重要发源地，依靠强大的科技创新能力、成熟的资本市场和多元化的投资环境、广阔的消费市场、优秀的科技人才等优势，成为领先的数字经济大国，拥有全球数量最多、竞争力最强的数字企业，在数字经济发展中具有主导优势。数字经济成为改变全球竞争格局的关键力量。欧盟、澳大利亚、日本、中国等纷纷制定并发布数字经济发展战略，推动数字技术与实体经济深度融合。数字经济的发展提高了资源配置的效率，为传统产业转型升级提供支持，为全球经济稳定增长注入了新动能，成为全球经济的主要增长点。

习近平总书记指出："当今时代，数字技术、数字经济是世界科技革命和产业变革的先机，是新一轮国际竞争重点领域，我们一定要抓住先机、抢占未来发展制高点。"发展数字经济是把握新一轮科技革命和产业变革新机遇的战略选择。数字经济能够加速生产要素流动，提升市场配置效率，驱动传统产业转型升级，推动生产方式变革，是实现高质量发展的重要驱动力量。中国的数字经济起步较晚，但发展迅速，目前数字经济规模已居世界第二位，并在电子商务、5G（第五代移动通信技术）等领域形成一定的竞争优势，数字经济已经成为中国经济增长的重要引擎。

5. 创新人才成为国际竞争焦点

随着经济全球化的发展，各国间商业、投资、技术等领域的交流和合作更加紧密，对人才的需求不断扩大，带动了各国之间的人才流动和竞争。人才是科技创新和国际竞争的核心因素，拥有高素质的人才队伍，意味着在全球的科技竞争中占据优势地位。随着全球新一轮科技革命和产业变革的兴起，国际人才竞争将更加激烈。西方发达国家凭借优越的环境、丰厚的待遇、优惠的政策聚集了全球各类顶尖人才，而发展中国家在人才引进与形成稳定的人才队伍等方面远远落后于发达国家。

在日益激烈的全球竞争中，科技创新是打破西方"高墙小院"，突破"卡脖子"瓶颈的关键，而人才是支撑科技创新的第一资源。当前，发达国家及发展中国家纷纷将人才引进作为支撑本国创新发展的关键，更加注重科技精英及掌握核心技术的高层次创新人才的招引聚集。党的二十大报告指出，"要加快建设世界重要人才中心和创新高地，促进人才区域合理布局和协调发展，着力形成人才国际竞争的比较优势"。发展新质生产力，需要更多的顶尖科技人才与管理人才、政府决策人才等。随着新一轮科技革命和产业变革的加速演化，我国需要更多的高素质人才，需要更多科技创新与管理创新团队。我国要在新一轮以大数据、人工智能、5G 技术为代表的科技革命中占据优势，需要具备创新精神、国际竞争力、较高水平专业技能的各类人才。为此，我国需要制定国际人才竞争战略，实施新时代人才强国战略，全方位培养、引进、用好高端人才；通过提高自身软实力，形成人才国际竞争的比较优势，以人才战略推动新质生产力建设。

6. 构建人类命运共同体理念的提出

构建人类命运共同体理念是习近平总书记基于人类发展和世界前途提出的中国理念、中国方案，回答了"人类向何处去"的世界之问、历史之问、时代之问，倡导各国携手构建合作共赢新伙伴，同心打造人类命运共同体。习近平总书记指出："人类生活在同一个地球村里，生活在历史和现实交汇的同一个时空里，越来越成为你中有我、我中有你的命运共同体。"当面对全球性挑战时，世界各国都不能置身事外，独善其身。每个国家、每个民族应该开放包容、休戚与共，把地球建设成为一个和睦相处的大家庭，实现各国人民对美好生活的向往。

构建人类命运共同体理念得到国际社会广泛支持与认同，中国既是倡导者又是行动派。共建"一带一路"是构建人类命运共同体的伟大实践，已有至少 151 个国家和 32 个国际组织加入共建"一带一路"大家庭。肯尼亚第一条现代铁路——蒙内铁路以及中老铁路、雅万铁路、中欧班列、丝路海运等都是构建人类命运共同体理念的具体实践，也是中国同世界各国携手发展的典型案例，给各国人民带来了实实在在的利益。中欧班列已通达欧洲 25 个国家 217 个城市，丝路海运航线已通达 43 个国家 117 个港口，为各国开辟共同发展、共享发展之路。

（二）国内发展环境

改革开放以来，我国始终坚持以经济建设为中心，致力于不断增加人民群众的收入，不断满足人民群众对美好生活的需求。经过几十年的持续拼搏与艰苦奋斗，我国经济实力、科技实力、综合国力达到了较高水平，成为世界第二大经济体。经过全党全国各族人民持续奋斗，我国已经历史性地解决了绝对贫困问题，全面建成了小康社会，实现了第一个百年奋斗目标。我们正在向着第二个百年奋斗目标——到2049年，也就是在新中国成立一百年时，全面建成社会主义现代化强国——奋勇前进。进入新时代，迈上新征程，顽强拼搏，奋勇进取，续写新篇章。

1. 中华民族伟大复兴迈上新征程

实现中华民族伟大复兴，是中华民族近代以来最伟大的梦想。我国已完成全面建成小康社会的第一个百年奋斗目标，为实现中华民族伟大复兴迈进了关键一步。党的二十大报告指出：从现在起，中国共产党的中心任务就是团结带领全国各族人民全面建成社会主义现代化强国、实现第二个百年奋斗目标，以中国式现代化全面推进中华民族伟大复兴。

改革开放以来，在党的领导下，中华民族伟大复兴取得了巨大的成就，中国从经济相对闭塞的国家成长为世界第二大经济体，科技创新能力不断提升，人工智能、数字经济、新能源等领域走在世界前列；大力发展对外经济合作，积极参与全球经济治理，国际影响力明显增强。这些成就的取得为实现第二个百年奋斗目标奠定了坚实的基础。

但不可忽视的是，我国在中华民族伟大复兴之路上仍面临许多挑战。当今世界正经历百年未有之大变局，中华民族伟大复兴正处在关键时期。国际环境持续变化，国际竞争日趋激烈，国际秩序动荡，为中国实现中华民族伟大复兴的战略目标带来了更多的不确定性。国内面临产业结构调整、经济转型升级、新质生产力突破、区域发展不平衡等挑战，这对未来发展提出了新的要求。我们要以改革的勇气正视各种挑战，找出解决问题的可行办法。中国梦的实现是长期的历史任务，需要全体中国人共同努力，需要加强中国共产党的坚强领导，需要推动全国各族人民紧密团结，需要各行各业共同奋斗。

2. 经济发展长期稳中向好

改革开放与持续创新激发了我国经济增长的活力，几十年以来呈现高速增长趋势。2010年，中国成为世界第二大经济体，成为拉动世界经济的重要引擎。2020年，面对新型冠状病毒感染疫情的冲击，我国针对性地实施了一系列刺激经济发展的政策举措，推动市场主体恢复发展，国内生产总值在2020年突破100万亿元大关，成为全球唯一实现正增长的经济体。2023年，世界经济复苏乏力，中国坚持稳中求进工作总基调，经济逐步摆脱疫情影响，向常态化运行轨道回归，呈现向好态势，经济增长率达到5.2%，增速居世界主要经济体前列。2024 年第一季度 GDP（国内生产总值）当季值同比增长 5.3%，实现良好开局。2024 年中国 GDP 同比增长5%。中国经济增速在世界主要经济体中保持领先，继续成为全球经济增长的重要引擎。

近年来，我国经济尽管遭到了少数西方国家的遏制和打压，但是仍然表现出了强大的韧性。我国持续构建国内国际双循环新发展格局，积极释放国内消费需求，优化产业结构，经济发展质量和效益进一步提升，创新驱动对经济发展的贡献能力显著增强，支撑高质量发展的要素条件不断积累增多，经济向好发展有基础有条件，经济长期向好的基本趋势没有改变。

3. 拥有全球最完备的产业体系

经过多年的改革与发展，我国形成了 41 个工业大类、207 个工业中类、666 个工业小类的完整的工业体系，覆盖了联合国产业分类中全部的工业门类。完整的工业体系能够为国家提供全套的产业链，增强国家经济发展的稳健性和抵御不可预知风险的能力。截至 2023 年末，我国制造业总体规模连续 14 年位居全球第一。在钢铁、化工、机械、电子产品、家电、道路桥梁、纺织和服装鞋帽等领域具备较强的国际竞争力。我国在新能源汽车、动力电池、光伏发电设备、风力发电设备等新兴产业领域快速扩张，产量位居世界第一，技术水平处于全球领先梯队，这加快了我国新兴技术产业转化进程。

我国经济正由高速增长转向高质量发展阶段，要加快建设以实体经济为支撑的现代化产业体系，立足国内资源发展特色产业，以国内大循环为重要战略支点，推动现代化产业体系建设；同时要扩大开放，积极参与全球分工合作，吸引全球资本、人才、技术等要素，提升我国现代化产业体系建设水平。

4. 科技研发能力持续增强

党的十八大以来，我国科技实力快速提升，国家创新体系更加健全，创新能力大幅提升，涌现了一批重大科技成果。

在新能源领域，随着新能源汽车市场的日益扩大，电池技术成为关键。从锂离子电池到钠离子电池，我国新型电池技术不断取得突破。外贸"老三样"服装、家具、家电，变成了外贸"新三样"新能源汽车、锂电池和太阳能电池。2023 年，"新三样"出口突破万亿元大关，激发了我国外贸新动能，推进了中国经济高质量发展。在航天航空领域，我国成功建造了独立的空间站，"嫦娥"四号卫星成功登陆月球背面，全人类首次实现月球背面软着陆，国产大飞机 C919 在上海浦东国际机场成功首飞。这些成就展示了我国航空航天领域的强大实力。在通信领域，随着 5G 技术的广泛应用和 6G（第六代移动通信）技术的研发推进，我国通信技术水平不断提高，在全球通信领域的竞争力不断增强。我国在新材料、生物科技等领域也取得了显著进步。我国全海载人深潜水器"奋斗者"号在马里亚纳海沟成功坐底，创造了我国载人深潜的新纪录。白鹤滩水电站全部机组投产发电，我国在长江上建成世界最大清洁能源走廊。首艘国产大型邮轮"爱达·魔都号"安全泊港，完成商业首航。这些突破为我国经济发展注入了新动力，也为全球科技贡献了中国智慧。

我国大力推动科技创新，加大对项目、资金、人才等的重点支持。2012—2022 年，全社会研发投入总量从 1 万亿元增加到 3.08 万亿元，居世界第二位。研发投入强度从 1.91% 提升到 2.54%。企业科技创新主体地位不断提升。2012—2022 年，我国高新技术企业从 4.9 万家增长到 40 万家。

当前，世界新一轮科技革命和产业变革加速演进和拓展，科技创新正在深刻改变世界发展格局。党的二十大报告提出，坚持创新在我国现代化建设全局中的核心地位，加快实现高水平科技自立自强，加快建设科技强国。我们必须贯彻新发展理念，深入实施创新驱动发展战略，强化关键核心基础科技应用及成果研发，把科技的命脉牢牢掌握在自己手中，在科技自立自强上取得更大进展，催生更多新技术、新产业，形成国际竞争新优势。

5. 人才综合素质持续提升

人是生产力中最活跃的因素，人力资源是一个国家最宝贵的战略资源。当今世界各国综合实力的竞争，归根到底是人力资源的竞争。习近平总书记指出："面对日趋激烈的国际竞争，一个国家发展能否抢占先机、赢得主动，越来越取决于国民素质特别是广大劳动者素质。"

随着我国教育体制的不断完善和教育资源的不断丰富，越来越多的人接受了高等教育，人们的综合素质得到了很大提升。2023 年，我国共有高等学校 3 074 所，高等教育毛入学率达 60.2%，各种形式的高等教育在学总规模达 4 763.19 万人，已建成世界最大规模高等教育体系。

近年来，我国大力实施创新驱动发展战略，人才创新能力持续增强，取得了一系列重要成果。我国在量子信息、人工智能、生物技术等领域，取得了一批重大原创性成果。

高素质人才是国家和社会发展的重要驱动力，在社会快速发展的背景下，人才综合素质的重要性日益凸显。我国应继续营造良好的环境，重视人才素质的培养，为我国高质量发展提供人才保障。

6. 市场空间潜力巨大

党的二十大报告提出：我们要坚持以推动高质量发展为主题，把实施扩大内需战略同深化供给侧结构性改革有机结合起来，增强国内大循环内生动力和可靠性，提升国际循环质量和水平，加快建设现代化经济体系，着力提高全要素生产率，着力提升产业链供应链韧性和安全水平。

我国有 14 亿多人，中等收入群体超过 4 亿人，人均国内生产总值突破 1 万美元，由此形成的超大规模市场优势，使中国成为全球第一大消费市场。随着国家实施扩大内需战略，中国超大规模市场效应进一步增强。我国强大的国内市场持续释放对各类优质要素资源的吸引力，提高中国企业参与全球资源配置的能力，有助于高质量构建以国内大循环为主体、国内国际双循环相互促进的新发展格局。2024 年，我国出台了涉及文化旅游、房地产、大型设备等领域的刺激政策，实施了宽松的财政政策与适度的货币政策，持续改善营商环境，扩大商品进出口贸易，进一步释放了国内消费能力与产业优化的市场空间，为全球贸易与经济繁荣提供了巨大的动力源泉。

（三）发展"痛点""堵点"

高质量发展是我国全面建设社会主义现代化国家的重要保障。我国经济处于转型发展阶段，经济发展的韧性十足。但是，在实现经济高质量发展、全面建设社会主义现代化国家进程中也面临一些"痛点"和"堵点"，亟须破解。

1. 产业结构有待优化升级

产业结构是指产业的构成及各产业之间的联系和比例关系。合理的产业结构对于促进经济增长、优化资源配置、提高经济效益具有重要意义。

中国经济已进入转型升级的高质量发展阶段，产业结构调整趋势整体向好。从整体来看，第一产业增长相对缓慢，第二产业增长迅速，第三产业中的金融、保险、研发和咨询等行业得到了快速发展。

农业是我国的基础产业。近年来，我国农业产业有了创新性发展，粮食产量连续多年保持稳定增长，农业产业结构持续优化，农民人均收入持续提高，但是也面临土地资源有限、农业技术创新不足、农民增收困难等显著问题，这些问题需要尽快解决。

我国工业总产值位居世界前列，是全球重要的制造业大国。我国工业产业链相对完整，但在高端设备制造、关键零部件、芯片制造等领域与美国等差距较大，主要依赖进口。我国在芯片制造、精密仪器制造等领域的科技创新实力和能力偏弱，在技术创新、品牌建设等方面，与发达国家差距更大。

我国第三产业发展迅猛，成为经济增长的重要引擎。第三产业在国民经济中的比重逐年上升，结构日趋完善。目前，我国第三产业中的传统服务业，如批发零售、交通运输、餐饮等占据重要地位，信息技术、金融保险、商务服务等发展势头强劲。人工智能等具有地方特色的服务集群正在逐步形成。

2. 高端综合人才短缺

在我国经济与社会高质量发展过程中，人才是核心资源。目前，我国各地区人才结构性短缺与总量不足等问题突出，各地区人才规模、空间布局与人才质量等均存在诸多短板与错配现象，各地在高端人才培养、引进和留用等方面还存在诸多"堵点"与短板。多数高校人才教育、学历教育等方面的体制机制不完善，大多偏重理论知识教育，缺乏对学生实际应用能力与专业技能等的培养，造成了人口多而人才少的现实问题。一些地方在创新人才、综合人才、国际化人才等引进、培养和留用等方面存在歧视性政策，措施单一，力度不够，导致高端人才向东南部沿海城市过度集聚乃至流失到欧美发达国家，从而出现了高层次人才与高端智库的"引进难、留住难、使用难"等现实问题。

3. 科技创新存在瓶颈和短板

科技创新是推动高质量发展的重要驱动力，但受我国长期以来的科技投资政策、产权保护、市场机制等方面的影响，基础性、顶层性研究成果不多，特别是芯片、高端显示、特殊材料等关键领域创新能力弱，存在明显的短板与瓶颈。科技研发的基础研究投入少，限制了前沿技术的突破与转化。企业在科研投入和创新管理方面存在短视行为，企业创新能力总体不强、成果转化资金不足、激励机制不到位等，导致我国科技成果商业化应用水平低，科技成果转化率不高。在欧美国家针对我国实施科技封锁的背景下，我国高精尖产业、高端制造与科技人才引进等面临直接的威胁。

4. 环境治理亟待加强

我国大力推动绿色低碳发展，需要高科技成果与资金支撑。随着工业化和城市化进程的进一步加快，环境污染问题成为我国高质量发展的重大阻力。高质量发展既要追求经济效益，又要关注发展的可持续性。环境污染不仅对人们的健康产生危害，也对经济和社会发展产生负面影响。如何治理环境污染和资源浪费问题，是未来几年乃至今后更长时期的重大课题。如何优化营商环境与产业招商政策，如何加强依法治国，提高国家的现代治理能力，也是亟待解决的重大战略性课题。

5. 资源要素节约利用程度不高

我国资源消耗大，利用水平低，再生资源的资源化水平低，经济增长方式存在高投入、高消耗、高排放问题。我国土地资源总量不小，但是土地利用呈现区域不平衡、利用率不高的特点，中西部部分地区土地利用率较低。我国水资源时空分布不均匀，人均水资源拥有量有限，面临总体短缺与地区不均衡等突出问题。我国在水资源的使用上存在粗放、浪费、污染等各种问题，农业、工业和城市用水效率偏低，水资源浪费严重。我国能源分布东多西少、北多南少，区域供需不匹配。能源单位产值消耗大，碳排放总体水平高。随着"双碳"战略的具体实施，我国新能源技术发展迅猛，但太阳能、风能、氢能等新能源的发展不均衡，整体效率不高，蓄能上网等存在各种阻力。我国银行体系不良贷款率偏高，金融资源配置不平衡，中小企业特别是民营企业"融资难""融资贵"等问题仍然突出，银行缺乏对国有企业和民营企业一视同仁的态度与政策。近年来，我国人工和资源价格、环保成本等快速上升，企业生产成本增加，利润空间被不断挤压，制造业增加值下降，劳动生产率增速放缓。与发达国家相比，我国在资源利用与资源管理等方面还存在不小的差距。

（四）高质量发展要求

高质量发展需要科技创新与劳动要素等的优化提升。党的二十大报告指出，"高质量发展是全面建设社会主义现代化国家的首要任务"。习近平总书记强调，发展新质生产力是推动高质量发展的内在要求和重要着力点。高质量发展要求我国经济要从依靠增加物质资源消耗实现的粗放型高速增长，转变为依靠技术进步和提高劳动者素质实现的高质量发展，推动我国经济持续健康发展，更好地满足人民群众的需求。

1. 创新驱动的现实需求

创新是永恒的主题，是我国建设现代化强国的重要驱动力量。习近平总书记提出，"科技创新能够催生新产业、新模式、新动能，是发展新质生产力的核心要素。这就要求我们加强科技创新特别是原创性、颠覆性科技创新，加快实现高水平科技自立自强……打好关键核心技术攻坚战，使原创性、颠覆性科技创新成果竞相涌现，培育发展新质生产力的新动能。"创新是提升产业竞争力的关键，我们要通过创新提高生产效率、改进产品质量、保持市场竞争力、抢占未来科技制高点，为经济的持续增长提供不竭动力。各地区在新质生产力建设工作中应高度重视科技创新与成果转化，强化政策支持体制与加强公共服务配套建设。

2. 人才培养的总体需要

我国大力推动人才强国战略。人才是国家强盛的第一要素。习近平总书记高度重视人才培养工作并指出，"要按照发展新质生产力要求，畅通教育、科技、人才的良性循环，完善人才培养、引进、使用、合理流动的工作机制。要根据科技发展新趋势，优化高等学校学科设置、人才培养模式，为发展新质生产力、推动高质量发展培养急需人才。"人才是推动经济转型、产业升级的重要驱动力，培养创新型人才和技能人才，不断提升人才素质和创新能力，壮大创新型、技能型人才队伍，打造与新质生产力相匹配的人才队伍，为发展新质生产力、推动经济高质量发展提供有力支撑。

3. 绿色发展的战略需求

我国鼓励发展绿色经济，创新建设美丽中国。习近平总书记强调，绿色发展是高质量发展的底色，新质生产力本身就是绿色生产力。我们必须加快发展方式绿色转型，助力碳达峰碳中和。要牢固树立和践行"绿水青山就是金山银山"的理念，坚定不移走生态优先、绿色发展之路。加快绿色科技创新和先进绿色技术推广应用，做强绿色制造业，发展绿色服务业，壮大绿色能源产业，发展绿色低碳产业和供应链，构建绿色低碳循环经济体系。持续优化支持绿色低碳发展的经济政策工具箱，发挥绿色金融的牵引作用，打造高效生态绿色产业集群。同时，在全社会大力倡导绿色健康生活方式。为推动"双碳"战略的全面落地，国内院所智库积极推动低碳零碳示范，国合华夏城市规划研究院（以下简称"国合院"）联合各部委院所、央企等发起推动了"百城千企零碳行动"，撰写了《中国零碳城市创建方案及操作指南》等专著，联合打造零碳城市、零碳企业、零碳园区、零碳酒店等试点示范，提出了"1211"的零碳城市建设路线图①，与新华社等合作伙伴深入各城市、各园区等，辅导各城市、企业以生态发展、零碳试点助力新质生产力建设，推动经济发展与生态环境保护的协同布局，积极推动循环化开发利用自然资源，积极鼓励各地增强绿色发展意识，加强生态环境保护，提倡资源循环利用，共同推动建设清洁、美丽的生态环境，促进各地区经济、社会和生态环境协调发展，起到了较好的实践效果。

---

① 吴维海. 中国零碳城市创建方案及操作指南 [M]. 北京：中国财政出版社，2023.

4. 数字经济的创新要求

数字经济发展有助于推动科技创新与资源要素聚集。2021 年 10 月，习近平总书记在十九届中央政治局第三十四次集体学习时的讲话中指出，"数据作为新型生产要素，对传统生产方式变革具有重大影响。数字经济具有高创新性、强渗透性、广覆盖性，不仅是新的经济增长点，而且是改造提升传统产业的支点，可以成为构建现代化经济体系的重要引擎。"做强做优做大数字经济成为我国推进经济高质量发展的必然要求。截至 2023 年末，我国数字经济规模超过 55 万亿元，同比增长约 9.56%，数字经济占 GDP 比重接近于第二产业，占 GDP 的比重达到 40% 以上。2023 年数字经济核心产业增加值占 GDP 的比重达 10% 左右。但一些关键核心数字技术仍受制于人，存在安全隐患。这就需要加强基础研究，推动科学技术和数字工程领域取得重大突破，为建设数字中国提供技术支撑和保障。

5. 生产力变革的现实选择

国际国内形势的持续变化、国际经济环境与政策规则的复杂及不确定性，导致我国经济发展中仍存在矛盾与挑战，亟须推进深层次的改革创新与发展模式的深层次变革，包括技术、管理、产业、资源、市场、机制、模式等维度。而科技、人才、产业、要素、体系等是综合性的因素，需要统筹设计，有序推进，这就需要创新新质生产力的路径与体系。

从新质生产力建设的要素条件看，科技是第一生产力，创新是第一动力。关键核心技术需要自力更生，从创新中获得。当前，世界百年未有之大变局加速演进，科技发展日新月异，创新技术层出不穷，经济格局不断调整。一些欧美国家打压、封锁中国的高新技术进口与国际合作，倒逼我国推进科技自主。我们要于变局中开新局，必须牢牢抓住科技创新的"牛鼻子"，整合优化创新资源，持续加大研发投入，增强原始创新，突破更多颠覆性技术和前沿技术，实现科技自立自强。

二、党和国家关于新质生产力的
重大部署

生产力质态的每一次演进和发展，都是以重大科技创新为主导，形成新的生产方式，引发生产力产生质变，推动新的产业变革和社会变革。习近平总书记高度重视科技革命、金融创新、产业转型、要素聚集、开放发展与平台建设，并提出了新质生产力建设的重大判断与战略部署。

（一）习近平总书记关于新质生产力的重要讲话

恒者行远，思者常新。2023 年习近平总书记在地方考察时首次提出"新质生产力"这一重要概念，2023 年中央经济工作会议明确提出，以科技创新引领现代化产业体系建设。要以科技创新推动产业创新，特别是以颠覆性技术和前沿技术催生新产业、新模式、新动能，发展新质生产力。"新质生产力"2024 年首次被写入政府工作报告，全国两会也提出了新质生产力建设的方向与路径。

2023 年 9 月 6 日至 8 日，习近平总书记在黑龙江考察时强调，要以科技创新引领产业全面振兴。要立足现有产业基础，扎实推进先进制造业高质量发展，加快推动传统制造业升级，发挥科技创新的"增量器"作用，全面提升三次产业，不断优化经济结构、调整产业结构。整合科技创新资源，引领发展战略性新兴产业和未来产业，加快形成新质生产力。提高国有企业核心竞争力，引领民营经济健康发展，打造一批产业集群，做大做强实体经济。把企业作为科技成果转化核心载体，提高科技成果落地转化率。主动对接全国产业链供应链，在优势产业和产业优势领域精耕细作，更好融入全国统一大市场，在联通国内国际双循环中发挥更大作用。坚持绿色发展，加强绿色发展技术创新，建立健全绿色低碳循环发展经济体系。

2023 年 12 月中央经济工作会议在北京举行。会议强调，要以科技创新推动产业创新，特别是以颠覆性技术和前沿技术催生新产业、新模式、新动能，发展新质生产力。完善新型举国体制，实施制造业重点产业链高质量发展行动，加强质量支撑和标准引领，提升产业链供应链韧性和安全水平。要大力推进新型工业化，发展数字经济，加快推动人工智能发展。打造生物制造、商业航天、低空经济等若干战略性新兴产业，开辟量子、生命科学等未来产业新赛道，广泛应用数智技术、绿色技术，加快传统产业转型升级。加强应用基础研究和前沿研究，强化企业科技创新主体地位。鼓励发展创业投资、股权投资。

中共中央政治局 2024 年 1 月进行了第十一次集体学习。习近平总书记强调，发展新质生产力是推动高质量发展的内在要求和重要着力点，必须继续做好创新这篇大文章，推动新质生产力加快发展。高质量发展需要新的生产力理论来指导，而新质生产力已经在实践中形成并展示出对高质量发展的强劲推动力、支撑力，需要我们从理论上进行总结、概括，用以指导新的发展实践。概括地说，新质生产力是创新起主导作用，摆脱传统经济增长方式、生产力发展路径，具有高科技、高效能、高质量特征，是符合新发展理念的先进生产力质态。它由技术革命性突破、生产要素创新性配置、产业深度转型升级而催生，以劳动者、劳动资料、劳动对象及其优化组合的跃升为基本内涵，以全要素生产率大幅提升为核心标志，特点是创新，关键在质优，本质是先进生产力。科技创新能够催生新产业、新模式、新动能，是发展新质生产力的核心要素。我们必须加强科技创新特别是原创性、颠覆性科技创新，加快实现高水平科技自立自强，打好关键核心技术攻坚战，使原创性、颠覆性科技创新成果竞相涌现，培育发展新质生产力的新动能。我们要及时将科技创新成果应用到具体产业和产业链上，改造提升传统产业，培育壮大新兴产业，布局建设未来产业，完善现代化产业体系。我们要围绕发展新质生产力布局产业链，提升产业链供应链韧性和安全水平，保证产业体系自主可控、安全可靠。我们要围绕推进新型工业化和加快建设制造强国、质量强国、网络强国、数字中国和农业强国等战略任务，科学布局科技创新、产业创新。我们要大力发展数字经济，促进数字经济和实体经济深度融合，打造具有国际竞争力的数字产业集群。绿色发展是高质量发展的底色，新质生产力本身就是绿色生产力。我们必须加快发展方式绿色转型，助力碳达峰碳中和。我们要牢固树立和践行"绿水青山就是金山银山"的理念，坚定不移走生态优先、绿色发展之路。我们要加快绿色科技创新和先进绿色技术推广应用，做强绿色制造业，发展绿色服务业，壮大绿色能源产业，发展绿色低碳产业和供应链，构建绿色低碳循环经济体系。我们要持续优化支持绿色低碳发展的经济政策工具箱，发挥绿色金融的牵引作用，打造高效生态绿色产业集群。同时，我们要在全社会大力倡导绿色健康生活方式。生产关系必须与生产力发展要求相适应。发展新质生产力，必须进一步全面深化改革，形成与之相适应的新型生产关系。我们要深化经济体制、科技体制等方面的改革，着力打通束缚新质生产力发展的堵点卡点，建立高标准市场体系，创新生产要素配置方式，让各类先进优质生产要素向发展新质生产力顺畅流动。同时，我们要扩大高水平对外开放，为发展新质生产力营造良好的国际环境。我们要按照发展新质生产力的要求，畅通教育、科技、人才的良性循环，完善人才培养、引进、使用、合理流动的工作机制。我们要根据科技发展新趋势，优化高等学校学科设置、人才培养模式，为发展新质生产力、推动高质量发展培养急需人才。我们要健全要素参与收入分配机制，激发劳动、知识、技术、管理、资本和数据等生产要素的活力，更好体现知识、技术、人才的市场价值，营造鼓励创新、宽容失败的良好氛围。

中共中央政治局 2024 年 2 月 29 日召开会议，习近平总书记强调，要瞄准世界能源科技前沿，聚焦能源关键领域和重大需求，合理选择技术路线，发挥新型举国体制优势，加强关键核心技术联合攻关，强化科研成果转化运用，把能源技术及其关联产业培育成带动我国产业升级的新增长点，促进新质生产力发展。

2024 年 3 月 5 日，习近平总书记在参加十四届全国人大二次会议江苏代表团审议时强调，要牢牢把握高质量发展这个首要任务，因地制宜发展新质生产力。面对新一轮科技革命和产业变革，我们必须抢抓机遇，加大创新力度，培育壮大新兴产业，超前布局建设未来产业，完善现代化产业体系。发展新质生产力不是忽视、放弃传统产业，要防止一哄而上、泡沫化，也不要只搞一种模式。各地要坚持从实际出发、先立后破、因地制宜、分类指导，根据本地的资源禀赋、产业基础、科研条件等，有选择地推动新产业、新模式、新动能发展，用新技术改造提升传统产业，积极促进产业高端化、智能化、绿色化。江苏发展新质生产力具备良好的条件和能力。要突出构建以先进制造业为骨干的现代化产业体系这个重点,以科技创新为引领,统筹推进传统产业升级、新兴产业壮大、未来产业培育,加强科技创新和产业创新深度融合,巩固传统产业领先地位,加快打造具有国际竞争力的战略性新兴产业集群,使江苏成为发展新质生产力的重要阵地。

习近平总书记在出席十四届全国人大二次会议解放军和武警部队代表团全体会议时强调,新兴领域发展从根本上说源于科技的创新和应用。我们要增强创新自信,坚持以我为主,从实际出发,大力推进自主创新、原始创新,打造新质生产力和新质战斗力增长极。我们要把握新兴领域交叉融合发展的特征,加强集成创新和综合应用,推动形成多点突破、群体迸发的生动局面。我们要以加快新质战斗力供给为牵引,深化国防科技工业体制改革,优化国防科技工业布局,健全先进技术敏捷响应、快速转化机制,构建同新兴领域发展相适应的创新链、产业链、价值链。我们要更新思想观念,大胆创新探索新型作战力量建设和运用模式,充分解放和发展新质战斗力。

2024 年 3 月 18 日至 21 日,习近平总书记到长沙、常德等地调研并指出,科技创新是发展新质生产力的核心要素。要在以科技创新引领产业创新方面下更大功夫,主动对接国家战略科技力量,积极引进国内外一流研发机构,提高关键领域自主创新能力。强化企业科技创新主体地位,促进创新链产业链资金链人才链深度融合,推动科技成果加快转化为现实生产力。聚焦优势产业,强化产业基础再造和重大技术装备攻关,继续做大做强先进制造业,推动产业高端化、智能化、绿色化发展,打造国家级产业集群。

习近平总书记关于新质生产力的重要论述指明了我国高质量发展的路线图。发展新质生产力是推动高质量发展的内在要求和关键支撑,大力发展新质生产力,要以科技创新为引领,加强科技创新和产业创新深度融合,大幅提高全要素生产率,促进社会生产力实现新的跃升。以改革为动力,向创新要活力,加快发展新质生产力,必将积聚起推动高质量发展的强大动能。

（二）中央及部委提出的有关新质生产力的政策

新质生产力是指以创新为主导作用，摆脱传统经济增长方式和生产力发展路径，具有高科技、高效能、高质量特征，并符合新发展理念的先进生产力质态。

2024 年 3 月 5 日，李强总理在作政府工作报告时强调，大力推进现代化产业体系建设，加快发展新质生产力。这显示了新质生产力在当前和未来发展中的重要性，也预示着我国将在新质生产力的推动下，实现经济社会的持续发展和进步。中央及部委关于新质生产力的政策、文件、措施正陆续出台。

2024 年 3 月 24 日，国家发展改革委主任郑栅洁出席中国发展高层论坛 2024 年年会并指出，中国培育和发展新质生产力、推进高质量发展，将创造更多发展机遇，与中国同行就是与机遇同行，投资中国就能赢得未来。国家发展改革委将持续采取务实举措，加快发展新质生产力。一是以科技创新引领产业创新。加快创新能力建设，实施一批重大科技项目，强化企业科技创新主体地位。加快改造提升传统产业，实施制造业核心竞争力提升行动、技术改造升级工程，推动制造业高端化、智能化、绿色化发展。加快培育壮大新兴产业，促进数字技术和实体经济深度融合、先进制造业和现代服务业融合，实施"数据要素×"行动计划，打造生物制造、商业航天、新材料、低空经济等新增长引擎。加快布局未来产业，开辟量子技术、生命科学等新赛道，开展"人工智能＋"行动。二是推进体制机制创新。进一步完善市场基础制度，制定全国统一大市场建设标准指引，发布新版市场准入负面清单。进一步优化营商环境，健全与企业常态化沟通交流机制，实施营商环境改进提升行动。进一步促进绿色低碳转型，做强绿色制造业，发展绿色服务业，壮大绿色能源产业，构建绿色低碳循环经济体系。三是扩大高水平对外开放。加强国际科技合作，支持外资科技企业与国内科研机构或企业共同开展科技攻关，深入实施"一带一路"科技创新行动计划。加强人员交流合作，进一步提高中外人员往来便利性，为外籍人员来华工作、学习、旅游提供便利。加强投资经贸合作，稳步扩大制度型开放，深入推进跨境服务贸易和投资高水平开放，更大力度引进外资，加快出台 2024 年版外商投资准入负面清单，继续支持一批重大外资项目建设，扩大数字产品等市场准入，大力推动数据开发开放和流通使用。

2024 年 3 月 26 日，工业和信息化部相关负责人表示，发展新质生产力是推动高质量发展的内在要求和重要着力点，当前新质生产力已经在实践中形成，并展示出对高质量发展的强劲推动力、支撑力。工信部将从三个方面促进加快形成新质生产力。一是加快构建以先进制造业为支撑的现代化产业体系。改造升级传统产业。持续推进实施传统产业技术改造升级工程，推动传统产业向高端化、智能化、绿色化转型。巩固提升优势产业。开展质量提升和品牌建设，以优质供给提升产业发展质效。培育壮大新兴产业。推动新一代信息技术、智能网联汽车、航空航天、生物制造等新兴产业健康有序发展，加快北斗产业发展和规模应用。同时，超前布局建设未来产业。二是着力提升产业科技创新能力。加快推动以大模型为代表的人工智能赋能制造业发展。开展"人工智能+"行动，促进人工智能与实体经济深度融合，推动人工智能赋能新型工业化。持续优化创新平台网络。加快建设现代化中试能力，新建一批国家制造业创新中心、试验验证平台。打造世界领先的科技园区和创新高地。在已有的 178 家国家高新区、45 个国家先进制造业集群的基础上，启动创建国家新型工业化示范区，开展先进制造业集群培育提升等工作，推动国家高新区在发展高科技、实现产业化、加快形成新质生产力上发挥更大作用。三是推进信息化和工业化深度融合。当前，5G 应用在工业领域深入推广，适度超前建设5G、算力等基础设施，推动工业互联网规模化应用。同时，持续推进制造业数字化转型，积极建设智能工厂，实施中小企业数字化赋能专项行动，加快数字技术赋能，促进制造业向数字化、网络化、智能化发展。

2024 年 3 月 29 日，国务院国资委全面深化改革领导小组召开第一次全体会议并指出，要完善国资国企体制机制，打通发展战略性新兴产业、推动科技创新的堵点、断点，构建新型生产关系，培育和发展新质生产力。

（三）学者关于新质生产力解读的要点

许多院士专家、院所学者等积极参与国家战略的研究和新质生产力的探索、解读、提炼。新质生产力作为先进生产力的具体体现形式，被视为马克思主义生产力理论的中国创新和实践，它凝聚了党领导推动经济社会发展的理论创新和实践经验。积极推动院士专家、部委智库等的跟踪、解读、探索、创新，是提高国家决策能力，推动新质生产力建设的重要措施。

研究新质生产力的概念。新质生产力是在传统生产力基础上的创新和升级，它融合了科技、教育、文化等多方面的力量，带来了前所未有的生产方式和效率提升。新质生产力是引领未来的力量。中国科学院院士褚君浩认为，新质生产力是创新驱动的高品质生产力，是技术提升和新技术产生的重要驱动力。北京大学副校长董志勇教授认为，新质生产力首先是"新观念"，区别于旧有技术体系、摆脱传统增长路径；其次是"新要素"，不断拓展数据等新的生产要素应用的广度和深度；再次是"新阵地"，布局一系列战略性新兴产业和未来产业；最后是"新引擎"，创新驱动、跨学科、跨领域、跨机构、跨部门。

论证新质生产力的价值。新质生产力是技术的革新，更是思维方式的转变。只有保持对新知识的渴望，敢于尝试，勇于探索，才能树立核心竞争力。新质生产力在农业领域被描述为由科技和改革双轮驱动，是摆脱主要依赖耕地、淡水、化肥、农药等资源要素投入的粗放型外延式发展路径，具有高科技、高效能、高质量、可持续等特征，并符合新发展理念的先进农业生产力质态。国合院吴维海博士认为，新质生产力与新旧动能转换紧密相关，它是新动能的"升级版"。中国科学院院士，西北工业大学副校长、教授张卫红提出，要准确把握新型举国体制的精神内涵，坚持教育科技人才协同发力，充分调动高校的积极性和主动性，推动高校积极开展有组织的科研，围绕国家重大战略需求，汇集多个学科力量进行联合攻关，努力攻克"卡脖子"难题，为推动引领性科技攻关、发展新质生产力贡献力量。

探索新质生产力的建设路径。新质生产力需要探索与创新，需要社会各界的广泛参与和努力，需要创新精神和实践能力。中国科学院褚君浩院士认为，新质生产力一定是遵循着由低级不断向高级发展的逻辑，一定是由创新驱动得来的，一定是出自科技创新、管理创新和人的理念创新，以及人们对美好生活需求的驱动。中国工程院院士、中国科学院生态环境研究中心研究员曲久辉指出，环境科技与环保产业发展要立足生态、走入广域、发展新质生产力。国合院院长吴维海博士提出了确立国家级新质生产力示范城市等创建目标，提出了"1381"的新质生产力建设模型，即确立 3 个衡量标准，构建组织、人才、产业、资金、激励等 8 大要素体系，实施 10 大推进策略的新质生产力建设模型。中国工程院院士谭建荣解析了新质生产力引领的八大场景变革：汽车产业链大升级，具身智能（人工智能的一个发展领域，指一种智能系统或机器能够通过感知和交互与环境进行实时互动）全面落地实现；智能技术推动诊疗全过程"千人千面化"，"对症制药"可期；智能工厂和智能材料驱动制造方式变革；交互体验全场景化，全域消费所想即所见、所见即所得；航天航空飞行器融合创新，宇宙被人类深度探索；AI（人工智能）/光子/物联网让金融场景更高效、更精准；大文娱逻辑被元宇宙彻底颠覆，内容共创、共生、共享；新能源算力成为新基础设施，支撑智能经济高速增长。中国工程院院士万建民表示，种业发展新质生产力，要以市场为导向，进一步满足民众需求。

院士学者、部委智库、行业专家等是我国新质生产力建设的重要推动者、理论探索者、实践参与者。院士专家、院所学者、部委智库等通过理论研究和实践探索，从不同的领域和视角阐释了新质生产力的内涵、路径和潜力等，有效推动了新质生产力的理论创新与实践提升，为中央、部委、地方的决策与实践活动提供了方法论与路线图。

三、新质生产力的内涵及特征

新质生产力是以创新为主导作用的生产力，它摆脱了传统的经济增长方式和生产力发展路径，具有高科技、高效能、高质量的特征，是符合新发展理念的先进生产力质态。新质生产力主要涉及新产业、新材料、新能源、新方法等，是符合社会发展趋势的可持续生产方式。从经济学的角度看，新质生产力的提出有其时代背景。改革开放后到2012年以前，中国经济经历了一段高速增长时期，平均增速达到9.9%。这期间，人口红利以及工业化进程的加快，带来了持续的劳动力供应和资本积累；改革红利和城镇化进程的加速，提高了资源配置效率。2012年以后，我国积极推动经济中高速可持续发展，大力推动科技创新，推动传统产业转型，大力发展新产业，实现了经济社会高质量发展。

新质生产力的提出，体现了以科技创新推动产业创新的发展新思路，同时，全国各行业积极以产业升级构筑新竞争优势，赢得国际竞争的主动权。

（一）新质生产力的基本内涵

"新质生产力"指明了新发展阶段激发新动能的决定力量，明确了我国重塑全球竞争新优势的关键着力点。它是对马克思主义生产力理论的创新发展和重要拓展，是习近平经济思想的原创性贡献。新质生产力的要义在于科技创新、技术突破。我们要深刻认识新质生产力的概念、内涵，推进路径、载体与保障机制，依托加快形成和发展新质生产力，开辟高质量发展的新赛道，为推进中国式现代化提供持久的动能。

"整合科技创新资源，引领发展战略性新兴产业和未来产业，加快形成新质生产力。"习近平总书记这一重要论述为把握新质生产力提供了根本遵循。新质生产力是相对于旧质生产力而存在的。某种性质的社会生产力经过量的积累发展到一定阶段，便会在内部产生一种新质生产力。当新质生产力发展到一定程度，与旧的生产关系发生激烈冲突，就会产生出与新质生产力发展基本相适应的新的生产关系，推动社会持续进化。

新质生产力的基本内涵，主要包括 7 个方面：

创新思维：是新质生产力的核心内涵，它强调在生产和创新过程中应具备独立思考能力和创新能力，先立后破，打破传统思维，寻求新的问题解决方案。

资源整合：强调对各种资源的有效整合，包括人力、物力、财力等，以提高生产效率和创新能力。

数据驱动：在数字化时代，数据成为城市和企业最重要的资产之一。数据驱动能帮助政府战略决策、园区转型升级、企业提高运营效率和市场竞争力，是新质生产力的重要特征。

灵活适应：在快速变化的国际竞争、市场环境与行业变革中，政府要运用政策引导与市场化机制，企业应具备灵活适应的能力，及时调整业务策略，科学应对市场变化，抓住市场机会，实现可持续发展。

协同共赢：合作共赢成为城市布局、园区建设与企业发展的重要方式。新质生产力强调城市、园区、企业等多要素协同，强调企业与供应商、合作伙伴的资源共享、信息共享、长期发展。

持续创新：城市、园区、企业要立足各自优势，增强持续创新能力，超前谋划，持续推出新战略、新产品、新服务，持续改进决策质量、业务流程、市场推广等，保持良好的竞争力、市场影响力。

开放发展：新质生产力需要对外开放、国际视野，以及资源要素的开放发展、跨域整合，同时，需要开放的科技创新、国际化人才、产业合作、资源聚集、平台建设，以及有竞争力的激励机制等。

新质生产力是一种具有创新思维、资源整合、数据驱动、灵活适应、协同共赢、持续创新、开放发展等特征的生产力形态。它强调在绿色发展的数字化时代，政府、园区、企业和各行业要适应市场变化，坚持绿色发展，积极整合各种资源，持续创新，优化资源要素，推动循环化改造，实现绿色可持续发展。

新质生产力代表先进生产力的演进方向，具有强大发展动能，能够引领创造新的社会生产时代。

新质生产力的"新",核心在于以科技创新推动产业创新。科技创新应坚持以企业为主体、市场为导向、产学研用深度融合,一体化推进部署创新链、产业链、人才链,从而提高科技成果转化和产业化水平。只有让科技创新与产业创新相互促进、同频共振,在生产过程的实践中不断优化生产要素,才能实现以新技术培育新产业、新模式、新业态、新动能,引领产业转型升级,进而实现生产力的跃迁。

新质生产力的"质"表现为:新质生产力依赖于劳动者、劳动资料、劳动对象及其优化组合的跃升,强调要通过新兴技术在生产流通过程中的不断渗透应用来提高生产效率,从而实现全要素生产率的大幅提升,最终落脚点还在生产力。

生产力是具有劳动能力的人和生产资料相结合而形成的改造自然的能力,是推动经济发展和历史前进的决定力量。新质生产力是生产力发展和科技进步的产物,代表着人类改造自然能力的提升,要依靠新型劳动者带来更多颠覆式创新,把高端人才注入创新驱动高质量发展的战略中,以"新"提"质"、以"质"催"新",塑造更多发展新动能、新优势。

新质生产力是技术颠覆性突破、生产要素创新性配置、产业飞跃性升级带来的新时代先进生产力。新质生产力以科技创新为要义,以高质量发展为目标,融合了人工智能、大数据等新技术、新要素,要走出一条生产要素投入少、资源配置效率高、资源环境成本低、经济社会效益好的新增长路径。

更高素质的劳动者是新质生产力的第一要素。人是生产力中最活跃、最具决定意义的因素,新质生产力对劳动者的知识和技能提出了更高要求,需要战略性人才引领世界科技前沿、创新创造新型生产工具、推动产业孵化、参与全球竞争与使要素聚集等。

更高技术含量的劳动资料是新质生产力的动力源泉。新质生产力代表了新一代信息技术、先进制造技术、新材料技术等科技成果的转化。工业互联网、工业软件等非实体形态生产工具的深度应用,孕育出更智能、更高效、更低碳、更安全的新型生产工具,进一步解放了劳动者,拓展了生产空间,促进制造流程的智能化、规模化、数字化,推动了生产力的进一步拓展与劳动生产率的持续提升。

更广范围的劳动对象是新质生产力的物质基础。劳动对象是生产活动的基础和前提。科技创新的广度延伸、深度拓展、精度提高和速度加快,促进了劳动对象种类和形态的持续拓展，推动了劳动工具的改进，扩展了改造自然的范围。人类通过劳动创造数据资产等新的物质资料，转化为劳动对象，大幅提高了生产率。

（二）新质生产力的三大特征

新质生产力是创新起主导作用，摆脱传统经济增长方式、生产力发展路径的先进生产力，具有高科技、高效能、高质量的三大特征。

"高科技"。新质生产力取决于重大科学发现和重大技术突破，以数字时代科学技术发生根本性质变、实现颠覆性创新、取得革命性进步为根基，其代表全球科技与产业发展的最新趋势和方向。

"高效能"。新质生产力可以大幅提高生产效率，优化资源配置。新质生产力表征生产力发展水平实现了新的飞跃。

"高质量"。主要是质态、质效的提升。新质生产力把数据作为驱动经济运行的新质生产要素，打破了传统生产要素的质态。强化"数据要素"的应用可以显著提高全要素生产率，创造新产业新模式，实现对经济发展的倍增效应。新质生产力的内涵包括提升生产工艺和产品品质，促进产业链和价值链的高端化，提高经济发展质量和效益，主要体现在提高生产效率、降低生产成本、提升产品质量、减少能源消耗和环境污染、拉长产业链条、提高产品附加值、提升产业竞争力等方面。

除了上面的三大特征，新质生产力还有四大属性：

一是创新性。新质生产力的核心在于创新，包括技术创新、制度创新、管理创新等，创新主要体现在新的科技成果、新的生产工具、新的生产方式、新的管理方法、新的经济模式等方面。运用数字化、网络化、智能化的新一代信息技术，对传统生产方式进行改造升级，形成智能制造、工业互联网等新型生产方式，就是新质生产力的具体实践。

二是引领性。新质生产力引领产业结构调整和经济发展方向，推动社会全面进步。新质生产力强调以产业升级构筑新竞争优势，新质生产力能够推动产业升级、经济增长，引领社会、文化、环境等多方面的持续进步。

三是系统性。新质生产力建设需要统筹规划、提前布局，涉及科技创新、成果转化、产业定位、产业招引、企业战略、市场选择、人才引进、金融赋能、项目支撑以及开放发展等领域，是一项复杂的系统工程，要经过一系列的决策与采取产业提升行动等，具有长期性、综合性、协同性等特征。

四是效益性。新质生产力超越于传统生产力的一大优势是科技领先、资源优化、产业升级、劳动生产率提高以及全要素优化等，相应体现了低成本、高回报、绿色发展等特质。

新质生产力的创新性、引领性、系统性、效益性等属性，催生了国家、地方、园区、企业等的前瞻规划、链条优化、要素聚集、资源综合利用以及生产能力倍增，带动了关联产业链条聚集发展与实体经济的科技创新，成为推动国家和地方经济发展、企业效益提升的重要力量。

（三）新质生产力的六大关系

新质生产力不是全新的事物，它与传统生产力有内在的联系，因此，只有研究和处理好新质生产力与传统生产力以及新质生产力与新旧动能转换、国家重大战略等的关系，才能更好确定各省市、各地区、各园区、各类企业的新质生产力构建的战略定位、创新方向、发展业态、资源要素、人才布局以及市场策略等。

我们要重点厘清新质生产力与新动能、新质生产力与科技强国、新质生产力与工业强国、新质生产力与农业强国、新质生产力与金融强国、新质生产力与"一带一路"建设等的关系。

1. 新质生产力与新动能

新质生产力与新动能是经济发展中的重要概念。新质生产力是指以科技创新为驱动，通过技术的革命性突破，推动产业创新而形成的全新的生产力。这种生产力的"新"主要体现在：质态，通过科技创新，推动产业创新，形成全新的生产模式和生产关系；质效，新质生产力能够显著提高生产效率，创造出更高的价值与效益。新动能是指由新质生产力带来的新的发展动力。新动能来源于科技创新、产业升级与资源聚集，包括新技术、新产业、新模式、新业态等。新动能推动经济更高质量、更有效率、更加公平、更可持续发展。新质生产力与新动能是推动经济发展的重要力量。它们的共同特征是：以科技创新为核心，通过推动产业创新，形成全新的生产模式和生产关系，提高生产效率，创造出更高的价值，为经济发展注入新的动力。

国合院认为：新质生产力是新动能的升级版。两者的主要关联如下：

（1）核心概念的异同。

新质生产力：是创新起主导作用，摆脱传统经济增长方式、生产力发展路径，具有高科技、高效能、高质量等特征，是符合新发展理念的先进生产力质态。

新动能：指新一轮科技革命和产业变革中形成的经济社会发展新动力，新技术、新产业、新业态、新模式都属于新动能。

（2）提出背景的异同。

新质生产力：是在我国经济经过了多年转型升级后进入新的发展阶段，同时在欧美国家建立科技壁垒与实行遏制战略的大环境下提出的。它是以创新为引领，以提升我国和企业等综合竞争力与资源要素优化为目标的新型发展业态。

新动能：是 2016 年在全国推动传统产业转型、大力发展新经济的背景下提出的。它是以"新技术、新产业、新业态、新模式"为特征的新经济发展动力，新动能产业包括新能源汽车、新材料、人工智能、云制造等新兴产业。

（3）发展阶段的异同。

新动能与新质生产力：新质生产力是新动能的升级版，是较高阶段的生产力建设过程、是较高目标的新动能、是新产业的推进路线图。

新质生产力：科技创新是发展新质生产力的核心要素。新质生产力，主要包含战略性新兴产业和未来产业。战略性新兴产业包括新一代信息技术、新能源、新材料、高端装备、新能源汽车、绿色环保、民用航空、海洋装备等，未来产业包括元宇宙、脑机接口、量子信息、机器人、人工智能、生物制造、未来网络、新型储能等。

新动能：包括新能源汽车、新材料、人工智能、云制造、AI 等新兴产业，是指在新一轮科技革命和产业变革中形成的经济社会发展新动力，包括新技术、新产业、新业态、新模式等。

两者的关联：新质生产力强调的是创新与要素，包含三个要素——新型劳动者、新型劳动资料、新型劳动对象，它是新动能的升级版，它在内容、视野、流程等方面呈现过程性、动态性、创新性。新动能更多强调静态的目标、标准、技术、产业、模式，是新质生产力建设的动力源。

2. 新质生产力与科技强国

习近平总书记指出，科技创新能够催生新产业、新模式、新动能，是发展新质生产力的核心要素。新质生产力的显著特点是创新，既包括技术和业态模式层面的创新，也包括管理和制度层面的创新。新质生产力与科技强国之间存在着紧密的联系。新质生产力是创新起主导作用，摆脱传统经济增长方式、生产力发展路径，具有高科技、高效能、高质量特征，符合新发展理念的先进生产力质态。

2023 年，新科技、新动能持续发力，中国经济步步向前，全年国内生产总值超 126 万亿元。当前，随着云计算、大数据、物联网、移动 5G 互联网、区块链、人工智能等新一代数字技术的迅猛发展，人类社会开始迈向数字文明新时代，算力已不再作为信息技术领域的专有服务，而逐渐渗透到了各行各业及企业生产的全过程。与此同时，新材料、新能源、生物医药等高精尖科技取得关键性突破，共同催生了新质生产力。2023 年，高技术制造业、装备制造业占规模以上工业增加值比重分别升至 15.7%、33.6%。数字技术和实体经济融合发展扎实推进，电子商务交易额比 2022 年增长 9.4%，信息传输、软件和信息技术服务业增加值增长 11.9%。因此，"高科技"是新质生产力区别于传统生产力的本质属性。

2023 年，全社会研究与试验发展经费支出 3.3 万亿元，与国内生产总值之比达 2.64%，其中，基础研究经费支出增长 9.3%。我国工业互联网产业增加值总体规模达 4.69 万亿元。《数字中国建设整体布局规划》出台，国家数据局挂牌成立。我国建成了全球最大的通信网络，5G 基站数量超过 337 万座，算力规模年增长率保持在 30% 以上，数字基础底座不断夯实，数字技术和实体经济不断深度融合，加快发展新质生产力。

习近平总书记指出，绿色发展是高质量发展的底色，新质生产力本身就是绿色生产力。要及时将科技创新成果应用到具体产业和产业链上。要强化国家战略科技力量，有组织推进战略导向的原创性、基础性研究。要聚焦国家战略和经济社会发展现实需要，以关键共性技术、前沿引领技术、现代工程技术、颠覆性技术创新为突破口，充分发挥新型举国体制优势，打好关键核心技术攻坚战，使原创性、颠覆性科技创新成果竞相涌现，培育发展新质生产力的新动能。目前国家科技投入逐年增加、科技人才不断涌现。总体来说，我国的科技创新能力稳步提高，成绩斐然，但仍存在创新驱动能力不强、论文和专利数量暴涨等"科研虚假繁荣"现象，以及提升新质生产力能力不足等问题。

新质生产力主要由技术革命性突破催生而成。科技创新能够催生新产业、新模式、新动能，是发展新质生产力的核心要素。要加强科技创新特别是原创性、颠覆性科技创新，加快实现高水平科技自立自强。通过信息技术、数字技术、智能技术等通用技术与制造技术、能源技术、材料技术、海洋技术、空间技术等专用技术的交叉融合，通过数据、信息等新兴生产要素与土地、劳动力、资本等传统生产要素的相互作用，可以形成复合型产业生态系统，实现生产效率的指数级增长。

瞄准科技创新的"前沿"。硬科技是指可以突破"卡脖子"技术、实现从0到1创新、服务实体经济的科技成果。"新硬科技"则是将创新性理论和技术赋能"硬科技"，是一种提升新质生产力的新范式，包括产品、芯片、装备、仪器仪表等硬件实体关键技术的突破。创新性理论和技术都需要接受实践检验，我们要用前沿理论和关键技术为社会服务、为国家经济发展服务。我们要以国家战略需求为导向，以国际顶尖水平为目标，健全新型举国体制，加快实施一批具有战略性、全局性、前瞻性的国家重大科技项目。

强化企业科技创新的主体地位。我们要支持企业提升创新能力，加大企业应用前沿创新技术的力度。我们要鼓励和督促企业特别是国有大中型企业大胆应用自主研发的颠覆性和原创性新理论、新技术、新产品，着重加强对专精特新"小巨人"企业的扶持，充分发挥市场在科技创新资源配置中的决定性作用。我们建议设立实体经济对于自主研发的创新性技术的试用机制和应用激励、风险预警和容错迭代体制，促进各类创新要素向企业集聚，全面激发企业创新活力。我们要以硬件和实体的指标水平为标准，以新质生产力提升为根本目标，加快推动科技成果工程化、产业化、市场化和社会化。我们要弱化对科技人才数论文、数专利、算工分的传统考核方法以及频繁、短期的考核模式，鼓励攻坚克难、持之以恒的长周期、大团队和有组织科研，鼓励从基础理论到硬核科技的转化研究，设立适用于硬科技创新的人才和团队的考核体系，有效利用举国体制给新硬科技人才创造人尽其才、心情舒畅的创新环境和生态。

深化经济体制、科技体制等深层次改革。我们要加强知识产权法治保障，形成支持全面创新的基础制度，扩大国际科技交流合作，形成具有全球竞争力的开放创新生态。一是改造提升传统产业，推动产业链不断向上下游延伸，促进传统产业提质增效。二是培育壮大新兴产业，开辟新赛道、实现科技强国和高水平科技自立自强。三是布局建设未来产业。四是要牢固树立和践行"绿水青山就是金山银山"的理念，加快推进绿色科技创新与绿色技术应用，持续优化支持绿色低碳发展的经济政策工具箱，大力倡导绿色健康的生活方式。

3. 新质生产力与工业强国

新质生产力以创新为主导，它是推动经济社会发展的重要动力，具有高科技、高效能、高质量的特征，并符合新发展理念。这种生产力形态包括新的科技成果、生产工具、生产方式、管理方法以及经济模式等，其创新性、高效性和引领性为工业强国的发展提供了强大的支撑。

2023年9月，党中央召开全国新型工业化推进大会，习近平总书记在会上作出重要指示，推动了全国范围内新型工业化的发展。2023年中国壮大优势产业，"新三样"（电动载人汽车、锂电池、太阳能电池）带动作用显著增强，产品出口额首次破万亿元，造船市场份额连续14年位居世界第一；积极培育新动能，新材料、机器人等一批新兴行业快速成长；加快技术攻关应用，工业母机、关键软件等领域实现新突破，大飞机、高端医疗装备等攻关成果纷纷投入应用。制造业总体规模连续14年位居全球第一；2023年中国算力总规模居全球第二；数实融合全面深化，5G应用融入97个国民经济大类中的71个，工业互联网覆盖全部41个工业大类。

2024年是新中国成立75周年的重要时刻。新中国自成立以来，工业走过了发达国家200多年的工业化历程，工业产业实现了跨越式发展，奠定了强国之基、富国之路。二十届中央财经委员会第一次会议提出智能化、绿色化、融合化，这些都是产业的发展方向；该会议同时提出了完整性、先进性和安全性的要求。新质生产力与工业强国之间存在密切的关系。新质生产力是通过科技创新、数智融合等手段，推动经济发展的新动力。其核心在于科技创新和数智融合，这也是工业强国建设的关键。

习近平总书记多次强调要以科技创新推动产业创新，特别是以颠覆性技术和前沿技术催生新产业、新模式、新动能，发展新质生产力。这表明，新质生产力是工业强国建设的重要支撑。只有不断推进科技创新和数智融合，才能不断提高工业生产的效率和质量，进而实现工业强国的目标。

工业强国在工业化进程中，凭借其在技术、创新、产业链地位、国际竞争力等方面的显著优势，实现了经济的高质量发展。工业强国通常拥有世界领先的创新能力和技术水平，对全球工业创新方向和趋势具有引领作用。同时，它们在国际分工中占据高端地位，主导全球产业链和价值链。此外，工业强国还拥有一批具有强大国际竞争力和资源整合能力的跨国企业和知名品牌。

工业强国建设需要完整、准确、全面贯彻新发展理念，统筹发展和安全，深刻把握新时代新征程推进新型工业化的基本规律，积极主动适应和引领新一轮科技革命和产业变革。这要求各行各业在推动新质生产力发展的同时，要注重工业生产的可持续性、安全性和稳定性，确保工业发展与社会、环境、资源等方面的协调发展。归纳来看，新质生产力与工业强国的关系主要体现在：

一是，新质生产力是工业强国的重要支撑。工业强国需要依靠新质生产力来提高生产效率、优化资源配置、推动产业结构调整和经济发展方向。新质生产力的创新性和高效性使得工业强国能够保持技术领先，提升在全球产业链和价值链中的地位。

二是，工业强国为新质生产力的发展提供了良好的环境和条件。工业强国拥有完善的产业体系、强大的研发能力、丰富的人才资源、广阔的市场空间等，这些为新质生产力的培育和发展提供了保障。

三是，新质生产力与工业强国相互促进、共同发展。随着新质生产力的不断发展，工业强国的地位得以巩固和提升。同时，工业强国的持续发展也将为新质生产力提供更多的应用场景和发展空间。

综上可知，新质生产力与工业强国之间存在紧密的联系。新质生产力与工业强国建设是相互促进、相互支撑的关系。只有不断推进科技创新和数智融合，加快形成新质生产力，才能实现工业强国的目标，为中国的现代化建设打下强大的物质技术基础。只有大力发展新质生产力，实施工业强国战略，推动传统产业转型与新产业孵化，优化全要素配置，提高劳动者素质，才能实现经济社会高质量发展，才能提升国家综合国力和国际竞争力。

4. 新质生产力与农业强国

新质生产力能在推动农业强国建设过程中发挥重要作用。新质生产力与农业强国之间存在紧密的联系，两者相互促进、共同提升。推进中国式农业现代化进程，实现"农业大国"向"农业强国"的历史性转变，迫切需要加快发展以高质量为目标、以创新引领为导向、以科技赋能为内核的农业新质生产力，加快建设农业强国。

习近平总书记指出：生产力是推动社会进步的最活跃、最革命的要素，生产力发展是衡量社会发展的带有根本性的标准。政府工作报告提出，要大力推进现代化产业体系建设，加快发展新质生产力。

我国是农业大国，但不是农业强国。在过去几十年，我国农业经济保持着高速增长，农业总产值占全球农业总产值的 22.5%，位列第一。但我国农业强国整体实现度为 67.2%。对标新质生产力和现代农业强国的特征，我国农业在生产效率、科技创新、高水平人才支撑等方面与发达国家还存在不小差距，主要表现在：一是与农业发达国家相比，我国农业劳动生产率处于较低水平；二是前沿性科学技术发展滞后，缺乏重大原创性成果；三是高水平农业科技人才支撑力度不足。

新质生产力作为创新起主导作用的先进生产力形态，为农业强国建设提供了强大的动力。它涵盖新的科技成果、生产工具、生产方式、管理方法以及经济模式等，能够显著提升农业生产效率，优化资源配置，推动农业产业升级和转型。

在农业领域，新质生产力主要体现在农业科技化、数字化、网络化和智能化发展上。通过整合科技创新资源，引入新技术、新设备、新模式等，农业新质生产力能够使劳动、知识、技术、管理、数据和资本等农业要素优化组合，形成全要素生产率的大幅提升。这不仅有助于促进农业生产力的发展由量变到质变，还能加快推进农业深度转型升级，实现农业的高质量发展。农业强国需要依靠新质生产力来实现其发展目标。新质生产力的创新性、高效性和引领性，有助于提升农业科技创新能力，加强农业供给保障能力，增强农业竞争力和可持续发展能力。通过引进、研发和应用先进的农业技术，农业强国可以提高农业生产效益和质量，满足国内居民的食品需求，同时在国际市场上获得更大的份额和竞争优势。

加快发展农业新质生产力，需要政策引领、科学部署和多方推动。在政策支持方面，政府可以出台相关政策，鼓励科技创新和产业升级，为农业新质生产力的发展提供有力保障。在科学部署方面，我国可以依托农业科研机构和高等院校等力量，加强农业科技研发和人才培养，为农业新质生产力的发展提供科技支撑和人才保障。在多方推动方面，我国可以鼓励企业、社会组织和农民等各方参与，形成合力，共同推动农业新质生产力的发展。同时，农业强国建设也为新质生产力提供了广阔的应用场景和发展空间。农业强国要具备完善的农业产业体系、丰富的农业资源和广阔的市场需求，这为新质生产力的研发和应用提供了有力的支持。在农业强国建设中，新质生产力将不断得到优化和升级，推动农业生产向智能化、精准化、绿色化方向发展。

农业新质生产力的发展对于农业强国建设具有重要意义。它不仅有助于提升农业生产的效率和质量，还能推动农业产业的深度转型升级，增强农业的竞争力和可持续发展能力。同时，农业新质生产力的发展也能带来农村经济的繁荣和农民收入的增加，为实现乡村振兴和农业农村现代化提供有力支撑。农业新质生产力的本质特征是，以高素质劳动力为主体特征、以颠覆性创新为技术特征、以多要素渗透融合为配置特征、以农业边界突破与产业链条延伸为结构特征、以数智化和绿色化转型为形态特征。此外，新质生产力能与农业强国相互促进，共同推动农业现代化进程。新质生产力的不断发展将带动农业产业的深度转型和升级，推动农业与二、三产业融合发展，形成更加完善的现代农业产业体系。而农业强国建设也将进一步激发新质生产力的创新活力，推动农业科技创新和成果转化，为农业现代化提供强大的支撑。

农业科技革新催生了现代农业产业变革，农业发展呈现出了一、二、三产业融合的特征，产业链条持续延伸。根据对新质生产力内涵的认识以及对农业产业特点和"三农"发展现状的认识，我们认为，推进农业新质生产力形成的技术创新路径主要有：

一是强化科技创新，促使农业新技术加速迭代。在农业领域，劳动力要素实现跃升表现为知识型、技能型、创新型的农业劳动者成为农业发展的主体力量，同时高度智能的农业机械和仿真机器人部分替代传统农业劳动者，实现智能机器人与高素质劳动力协调发展与优势互补。二是加强技术应用，促进农业生产方式的变革。新质生产力的形成，是各种要素组合的综合效果的体现，新型劳动工具如机器人、物联网、自动化装备等新型劳动工具是新质生产力的重要载体。我们要加快农业高新技术产业体系建设，提升效率和促进共同富裕。三是优化要素配置，促进农业生产力提升。一方面，我们要通过大数据的收集处理与智能化应用，研究传统生产要素与新技术相结合的新工艺、新流程、新模式；另一方面，我们要依靠科技进步，突破土地等自然资源的有限性约束，丰富食物来源与功能服务，拓展农事活动的空间和技术边界。四是拓展发展思路，开辟农业发展新领域、新赛道，这主要是指：提高生产能力，保障粮食和重要农产品稳定安全供给；积极推动生产效率提升，增强大农业观、大食物观，在传统的依靠耕地的农业领域之外，开辟新的发展空间；提高生产效益，鼓励利用新技术，创造新模式，发展新业态，深度开发农业多种功能与挖掘乡村多元价值，促进三次产业融合发展、乡村产业全链条升级，提升市场竞争力和可持续发展能力；加强农业新质生产力的理论研究，大力发展前沿农业科技，特别是以现代生物技术、信息技术、工程技术、人文社会科学技术交叉融合为特征的"大农科"，以跨领域、高技术融合为特征，涉及信息工程、基因编辑、合成生物学等颠覆性技术，重点面向全球未来农业产业高地，实施"未来农业科技行动计划"；着力强化创新性人才培养，特别是高水平农业创新型人才培养，鼓励新质技术创新、培养"新质人才"，构建现代农业产业体系，实施"农业新兴产业科技行动计划"；加大农业企业的创新支持力度，着力发展涉农新业态，加强对农业创新创业的支持，聚焦农业现代化、绿色化发展，实施"农业数字化生产力行动计划"，落实"绿色低碳农业发展科技行动计划"，开展"乡村全面振兴科技行动计划"，等等。

新质生产力是推动农业强国建设的重要力量。我们要通过加强科技创新和产业升级，加快发展农业新质生产力，推动农业生产力的发展由量变到质变，实现农业的高质量发展，提升农业强国的新动能。建设农业强国要坚持山水林田湖草沙一体化保护和系统治理，积极应对气候变化，发展智慧农业，促进人与自然和谐共生，将农业建设成绿色产业。我们要通过加强新质生产力的创新和应用，推动农业强国建设，实现农业高质量发展，提升农业的综合效益和竞争力，为国家繁荣富强作出重要的贡献。

5. 新质生产力与金融强国

金融强国战略是重大的国家战略，需要创新驱动，需要聚焦新产业、未来产业，优化全要素，推动重点产业聚集发展。2023 年召开的中央金融工作会议提出，要加强金融强国建设，推动我国金融高质量发展，把更多金融资源用于促进科技创新、先进制造、绿色发展和中小微企业，大力实施创新驱动发展战略。金融强国建设的重要目标在于"为以中国式现代化全面推进强国建设、民族复兴伟业提供有力支撑"。建设金融强国应坚持中国共产党的集中统一领导，应坚持高质量发展，并不断提升科技水平，聚焦重点产业集中发力。

习近平总书记在省部级主要领导干部推动金融高质量发展专题研讨班开班式上强调，金融强国应当基于强大的经济基础，具有领先世界的经济实力、科技实力和综合国力，同时具备一系列关键核心金融要素，即拥有强大的货币、强大的中央银行、强大的金融机构、强大的国际金融中心、强大的金融监管、强大的金融人才队伍。

发展新质生产力，科技创新是核心驱动力。科技创新尤其是颠覆性技术和前沿技术创新，是新质生产力的主导因素。发展新质生产力，加快实现高水平科技自立自强，科技金融是重要支撑、是关键支点。金融是国民经济的血脉，是国家核心竞争力的重要组成部分。加快建设金融强国是新时代新征程金融事业发展的重大目标任务。建设金融强国是复杂的系统工程，必须保持战略定力和历史耐心，按照目标分阶段持续推进，稳扎稳打，久久为功。坚持金融工作的政治性、人民性，以"新金融"润笔着墨，奋笔疾书"五篇大文章"：科技金融迎难而上，支持以科技创新引领现代化产业体系建设，大力发展科技金融，引导金融资源精准滴灌科技创新领域，促进发展新质生产力。绿色金融乘势而上，完善政策、标准和产品体系，深入推进生态文明建设和绿色低碳发展。普惠金融雪中送炭，持续加大对民营经济、中小微企业、"三农"等领域的金融支持，提高服务保障和改善民生水平。养老金融健全体系，丰富金融产品服务供给，加大对健康和养老产业、银发经济的支持。数字金融把握机遇，加快金融数字化、智能化转型，提高金融服务的便利性和竞争力。我们要赋能新质生产力，为国家强盛和民族复兴贡献创新动力。

新质生产力的形成和发展必然要求生产关系发生相应变革。现代金融体系和金融制度是生产关系的重要组成部分。金融体系包括各类金融机构、金融市场及其提供的金融工具、金融产品和各种类型的金融服务，金融制度是规范和支撑金融市场运行和交易的各种法律、规则和惯例的总和。企业是产业发展的微观经济主体，是加快形成新质生产力的重要力量。金融是国民经济的血脉，加快新质生产力的形成与发展，需要商业银行不断探索支持科技创新的新路径，持续为发展新质生产力注入金融动能。

新质生产力与金融强国之间存在紧密的、正向的联系。新质生产力的特点是创新，关键在质优，本质上是先进生产力。新质生产力的形成和发展，必然要求生产关系发生相应的变革。新质生产力作为创新起主导作用的先进生产力形态，是推动经济社会发展的重要引擎。而金融强国建设是指一个国家提升金融领域的实力和影响力，为经济发展和国际地位提供有力支撑。

首先，新质生产力的发展离不开金融的支持。新质生产力的形成和发展需要大量的资金投入，金融作为现代经济体系的核心，能够为新质生产力的研发、创新和应用提供必要的资金保障。通过优化金融资源配置，金融强国建设能够更好地满足新质生产力发展的资金需求，推动科技创新和产业升级。

其次，金融强国建设为新质生产力提供了良好的金融环境和服务。金融强国建设的目标是拥有健全的金融体系和制度，包括银行、证券、保险、信托等多种金融机构，以及完善的金融监管和调控机制。这些机构和机制为新质生产力提供了多样化的金融服务，包括融资、投资、风险管理等，助力其快速发展。金融强国建设是加快形成新质生产力的必然要求。金融作为现代经济的核心，对于促进科技创新、先进制造发展、绿色发展和中小微企业发展等具有重要作用。金融资源的优化配置，可以推动产业深度转型升级，进而形成新质生产力。金融强国建设也需要新质生产力的支撑，以更好地服务于实体经济和推动经济高质量发展。我们要系统协同构建现代金融体系，建立健全科学稳健的金融调控体系，建设现代中央银行制度，加强货币政策与其他各类政策协调配合。

再次，新质生产力促进了金融的创新和发展。新质生产力带来的新技术、新产业和新模式，为金融领域提供了巨大的创新空间。金融机构可以借助新技术手段，如大数据、人工智能等，优化金融产品和服务，提高金融效率，更好地满足新质生产力的金融需求。金融机构可通过多种方式赋能新质生产力的形成和发展。例如，金融机构可以加大对科技创新的支持力度，通过提供融资、保险、咨询等服务，推动科技创新成果的转化和应用。金融机构可以利用自身技术和数据优势，通过数字化转型升级，提高服务效率和风险管理水平，为实体经济提供更加高效、便捷的金融服务。

最后，新质生产力与金融强国建设的风险管理和稳定性存在相关性。新质生产力的发展往往伴随着一定的风险和挑战，金融强国建设通过建立完善的风险管理体系和监管机制，能够有效地应对这些风险，保障金融体系的稳定运行。我们要加强中央和地方协同，完善风险处置策略方法，强化风险处置资源保障，健全权责一致、激励约束相容的风险处置责任机制。我们要以严密、过硬的监管保障金融稳定发展，落实金融监管全覆盖，依法将所有金融活动全部纳入监管。金融强国建设可以通过跨境金融合作和风险管控，应对国际金融风险，为新质生产力的发展提供稳定的金融环境。

综上所述，新质生产力与金融强国之间存在着相互促进、共同发展的关系。金融强国建设为新质生产力提供必要的资金支持和良好的金融环境，新质生产力推动金融的创新和发展，提升金融效率和竞争力。加强新质生产力与金融强国的互动，可以实现经济社会的可持续发展。

习近平总书记指出，金融强国应当基于强大的经济基础，具有领先世界的经济实力、科技实力和综合国力，同时具备一系列关键核心金融要素，即拥有强大的货币、强大的中央银行、强大的金融机构、强大的国际金融中心、强大的金融监管、强大的金融人才队伍，为我国由金融大国迈向金融强国指明了目标方向和实践路径。

党的领导是坚持中国特色金融发展之路最本质的特征和建设金融强国最根本的政治优势。我们要坚持不懈用党的创新理论培养干部，毫不动摇坚持和加强党中央集中统一领导。金融发展要时时刻刻以人民为中心，牢牢把握住金融高质量发展的正确方向。我们要以深化金融供给侧结构性改革为主要攻坚方向，坚持金融服务实体经济的根本宗旨，通过持续创新和改革支撑新质生产力的加快形成，以法治维护金融市场秩序。统筹发展与安全是金融强国建设的根本保障。我们要大力发展资本市场，加强资本市场的制度建设，充分发挥资本市场在金融强国建设中的枢纽功能；在确保国家金融和经济安全的前提下稳步推进金融领域的高水平对外开放，以中国特色金融文化匡正行业风气。我们要坚持法治和德治相结合，新质生产力与金融强国建设相互促进、相互依存。在新时代背景下，我们应加强金融强国建设，推动新质生产力的形成和发展，为实现经济高质量发展和社会全面进步提供有力支撑。

6. 新质生产力与"一带一路"建设

和平稳定、发展繁荣是国际社会的共同追求，摆脱贫困、幸福地生活是各国人民的共同期盼，互利合作、实现共赢是时代进步的逻辑。中国不断推进高质量发展，加快发展新质生产力，不仅造福中国人民，也将惠及世界。

中央提出大力推进新质生产力发展，这是中国在大国崛起道路上重要的里程碑，它将当今世界上最先进的高科技产品和技术如大数据、人工智能、互联网、云计算、量子通信等包含进去了，为中华民族伟大复兴指明了下一步发展方向。新质生产力将是全球竞争的焦点，也是今后很长一段时期国内各省份、各行业的投资热点和发展方向。

2024年3月27日，巴基斯坦总理前特别助理、博鳌亚洲论坛秘书长政策顾问扎法尔在博鳌亚洲论坛年会举行期间接受中新社记者采访时表示：新质生产力的提出对中国经济发展意义深远。相信中国向创新、绿色、数智、融合四个方面重点发力，不仅助力中国经济高质量发展，也会通过"一带一路"将高质量发展的模式传递到全世界。

2023年是中国提出共建"一带一路"倡议十周年，其主推的基础设施建设在全球产生了巨大的影响力。十年来，我国已与152个国家、32个国际组织签署了200多份共建"一带一路"合作文件，覆盖我国83%的建交国。共建"一带一路"旨在给共建国家人民带来福祉，为发展中国家提供发展机遇。"一带一路"投资规模已经在全球范围内拉动近万亿美元，形成合作项目3000多个，为共建国家创造42万个就业岗位。该倡议是对推动全球走向共同繁荣、构建人类命运共同体的美好愿景的积极探索。

共建"一带一路"倡议在发达国家中引起了反响，美国、欧洲、日本等策划了相关的抗衡项目、战略替代方案，较重要的是美国2022年的"PGII"计划（"全球基础设施和投资伙伴关系"计划，预估总投资6000亿美元）、"B3W"（"重建更美好世界"计划，预估总投资40万亿美元）、印度-中东-欧洲经济走廊（India-Middle East-Europe Economic Corridor,

IMEC）和欧盟提出的"全球门户"（Global Gateway）等是在基础设施领域抗衡"一带一路"的重要一环。欧盟提出的"全球门户"（Global Gateway）项目优先考虑推出 70 个国际基础设施项目。

新质生产力与共建"一带一路"倡议的有机融合体现在：

推动国际合作：通过加快发展新质生产力，为共建"一带一路"国家提供新的机遇。这种合作有助于推动各国产业的共同发展，为世界经济复苏增添动能。

促进科技创新：新质生产力的核心在于科技创新和绿色发展。在"一带一路"框架下，中国将与共建"一带一路"国家共享科技成果，共同开发新技术、新产品，推动产业升级和结构优化。

深化产能合作：中国与共建"一带一路"国家在产能合作方面存在广阔的空间，可以通过深化合作解决现有的问题和挑战，实现高质量共同发展。

开辟新领域、新赛道：依托新质生产力的发展，中国可以在"一带一路"建设中开辟新的合作领域和赛道，赢得国际竞争的战略主动。

催生新产业、新模式：颠覆性技术和前沿技术的应用是新质生产力发展的关键。这些技术的应用不仅能够催生新产业和新模式，还能够为共建"一带一路"国家带来新的发展动能。

增强发展新动能：新质生产力发展有助于中国在新的历史条件下增强经济发展的新动能，这对于共建"一带一路"倡议的深入推进具有重要意义。

文化和科技结合：在文旅产业，新质生产力的发展理念是数字化和智能化。推动中华优秀传统文化的创造性转化和创新性发展，需要与科技创新相结合，这在"一带一路"文化交流中尤为重要。

绿色可持续发展：新质生产力强调的绿色发展与共建"一带一路"倡议中的可持续发展目标相契合，共同促进了环境保护和生态文明建设。

基础设施建设：新质生产力的发展需要完善的基础设施作支撑，而共建"一带一路"倡议中的基础设施建设项目为此提供了技术基础和物质基础。

人才培养和流动：共建"一带一路"倡议促进了人才的国际流动，为新质生产力的发展提供了丰富的人力资源。

政策沟通和协调：共建"一带一路"倡议下的政策沟通有助于形成有

利于新质生产力发展的政策环境，降低贸易和投资壁垒。

资本投入和金融创新：新质生产力的发展需要大量的资本投入和金融支持，共建"一带一路"倡议下的金融合作为此类投资提供了相应平台和机制。

市场拓展和贸易便利化：共建"一带一路"倡议通过促进贸易便利化，帮助新质生产力带来的产品和服务进入更广阔的市场。

文化交流和相互理解：新质生产力的发展提升了技术和经济质量，推动了文化和社会进步。共建"一带一路"国家间的文化交流，可以增进各国相互理解，为新质生产力的推广创造良好的社会环境。

综上所述，新质生产力与共建"一带一路"倡议的融合可以促进中国经济的高质量发展，带动共建"一带一路"国家和地区的共同繁荣，实现共赢共享。

当前，世界变局加速演进，多重冲击给全球经济增长带来新的压力，外部的严峻环境对"一带一路"建设提出了更高要求。共建"一带一路"倡议面临更加复杂的国际形势，需要将贸易一体化、数字与绿色合作发展等提升到全新的高度。预计到 2030 年，共建"一带一路"可使相关国家 760 万人摆脱极端贫困、3 200 万人摆脱中度贫困，将使全球收入增加 0.7% 至 2.9%。我们要推动"一带一路"建设全面提升，使其成为贸易一体化、绿色发展、数字经济发展合作、推进全球基础设施建设、实现联合国 2030 年可持续发展目标的重要支撑和载体。

从长远来看，世界多极化的趋势没有变，经济全球化的大方向没有变，共建"一带一路"的未来充满希望。党的二十大报告指出，"共建'一带一路'成为深受欢迎的国际公共产品和国际合作平台"，并提出了"推动共建'一带一路'高质量发展"的要求。因此只有坚持《全球文明倡议》，遵循平等性、多样性、包容开放性、共享性的基本原则，依托中华文明，才能形成"一带一路"文明交流互鉴的内生机制，才能构筑"一带一路"文明交流互鉴的外在机理；只有坚持《全球发展倡议》的"引进来与走出去"相结合的发展战略，才能实现"一带一路"高质量发展，推动构建人类命运共同体。中国将继续以自身新发展为世界提供新机遇，稳步扩大规则、规制、管理、标准等制度型开放，为推动构建人类命运共同体增添新动能。

当前，我国经济发展的外部环境更趋严峻，但我国经济底子厚、韧性强、发展潜力和空间很大，保持经济运行在合理区间仍然具备好的基础和条件，所以经济长期向好的基本面不会改变。中国始终是世界和平的建设者、全球发展的贡献者、国际秩序的维护者、公共产品的提供者。共建"一带一路"倡议是一个长周期、跨国性、系统性的重大工程，必须坚持久久为功，持续发力。共建"一带一路"必将在开展更大范围、更高水平、更深层次国际合作的生动实践中开启新征程。

巩固现有的合作成果，稳固基本盘。我们要按照"三个倡议"要求，更稳妥地统筹好发展和安全、文明之间的关系。努力营造更加和谐的共建"一带一路"国际舆论氛围。在现有合作方面要持续发展有优势的合作领域，如基础设施建设、产业园区建设、投资合作；把握重点合作伙伴，如东南亚、中亚和非洲国家。在拓展新的合作领域方面，我们要突出国际健康、数字、绿色、创新、减贫等项目。我们要为共建"一带一路"持续地增添新活力，激励跨国公司、国际金融机构积极参与共建，鼓励、引导有条件的民营企业积极"走出去"，加快培养国内高端服务业，服务"走出去"的企业，培养一批有国际视野、有国际运作能力的 NGO（非政府组织）等。

拓展合作领域，共创发展新机遇。共建国家是平等的参与者、贡献者、受益者。各国人民追求美好生活的愿望没有变，发展中国家整体崛起的势头没有变，各国大体上都能从自身长远利益出发、从人类整体利益出发，共同管控风险、应对挑战、推进合作，建设更加紧密的卫生合作伙伴关系、互联互通伙伴关系、绿色发展伙伴关系、开放包容伙伴关系、创新合作伙伴关系、廉洁共建伙伴关系等。

多讨论可行性，找准研究方向。未来的"一带一路"研究不能局限于讨论必要性，要尽快明确"一带一路"的学理化定义；回归"一带一路"的目标和定位，不宜过分拓展；明确"一带一路"治理结构；加强对绿色"一带一路"顶层设计与重点领域发展、"一带一路"数字融合发展以及"一带一路"卫生与健康领域发展等的研究。

大力推进现代化产业体系建设，加快发展新质生产力。通过共建"一带一路"倡议等，中国高质量发展惠及各国，推动许多行业发展变革，为世界经济复苏增添动能。2024 年的中国全国两会期间，中国经济政策走向和发展前景是各界关注重点，中国加快发展新质生产力的努力，能推动世界各国产业合作、科技合作与互利共赢。

习近平总书记指出，发展新质生产力不是忽视、放弃传统产业，要防止一哄而上、泡沫化，也不要搞一种模式。中国大力推进现代化产业体系建设，加快发展新质生产力，而各地区资源禀赋差异明显，发展新质生产力应符合每个地区的实际情况。各地区要加强对资源的有效利用，科学布局产业，因地制宜、循序渐进，使科技创新成为推动高质量发展的高效引擎。从长远看，注重不同产业、不同地区的平衡发展，有助于中国经济稳定发展，也将为各国加强同中国的互利合作创造机遇。

新能源汽车领域，中国新能源汽车产销量占全球比重超过60%。近年来，中国对东盟国家新能源汽车产业的直接投资增长迅速，在泰国建立了整车组装、汽车电池、零配件生产等完整的产业链。根据泰国工业联合会的数据，2023年泰国纯电动车销量超过7.3万辆，比上一年增长603.66%，其中相当一部分是中国生产的电动汽车。中国新能源汽车进入泰国交通系统，助力曼谷素万那普机场打造泰国首个绿色出行机场。中国在民航飞机、人工智能、量子技术等领域都实现了创新发展，给全球相关行业的发展带来新动力。

共建"一带一路"成为各国携手前进的重要趋势，为推进经济全球化健康发展注入强劲动力，推动各国人民一起维护世界和平、促进共同发展。展望未来，中国式现代化是走和平、发展、繁荣道路的现代化，倡导践行开放、融通、互利、共赢的合作观，推进"一带一路"建设是具体体现。这条和平之路、机遇之路、繁荣之路将越走越宽广，更好地造福世界各国人民。

（四）新质生产力的理论基础

当前，关于新质生产力建设的理论研究很少。发展新质生产力，必须进一步全面深化改革，形成与之相适应的新型生产关系。新质生产力需要政府超前规划引导、科学政策支持，也需要市场机制调节、企业等微观主体不断创新，新质生产力是由政府"有形之手"和市场"无形之手"共同培育和驱动形成的。习近平总书记强调：高质量发展需要新的生产力理论来指导，新质生产力已经在实践中形成并展示出对高质量发展的强劲推动力、支撑力，需要我们从理论上进行总结、概括，用以指导新的发展实践。

生产力理论。它构成了新质生产力的理论根基，新质生产力概念的提出是在继承马克思主义生产力理论的基础上作出的具有前瞻性、原创性的理论贡献，实现了对马克思主义生产力理论的丰富和创新发展。马克思主义认为，生产力是由多重要素构成的有机整体，涵盖了劳动者、劳动资料、劳动对象等实体性要素，以及科学技术、教育和管理等非实体性要素。其中，科学技术是第一生产力，能够渗透到劳动力、劳动资料、劳动对象之中，引起它们素质的变化，产生出巨大的物质力量。新质生产力强调了数字生产力、知识生产力、智能生产力的重要性，从科学技术层面上坚持了马克思主义生产力构成理论，突出了科技创新、劳动者、劳动资料和劳动对象的结合，丰富了劳动资料的内容，扩大了劳动对象的种类和范围，具有较强的创新性。马克思认为，社会生产力的发展本质上是一个从低级到高级、从落后到先进的不断演进的过程。新质生产力坚持以科技创新为支撑、以新产业为引领，大大提升了劳动生产率，改变了传统的生产方式、销售方式与管理模式，这一过程有效拓展了生产力发展的空间范围，也实现了生产力发展水平及其层次的提升，构成了对马克思主义生产力发展理论的突破创新。生产力是一切社会发展的最终决定力量。生产力决定生产关系，经济基础决定上层建筑，生产关系和上层建筑又分别对生产力、经济基础具有反作用。生产力是最革命、最活跃的因素。鲁政委（2024）指出，新质生产力"劳动者"的具体表现：人口红利由"数量增长"向"质量提升"转变，劳动资料由"机械化"向"智能化"和"数字化"转变，以数据、信息为代表的"无形物"开始成为重要的劳动对象。王勇（2024）认为，即使是最传统的农业，如果能通过革命性技术进行生产要素的创新型组合，也能形成新质生产力。

系统工程管理理论。经济体系是由多领域、多环节的各种因素构成的复杂系统。经济社会发展水平越高，系统性特征就越突出，任何一个环节发生变化都将影响整个系统及其他链条的运行。坚持系统观念，发展地、辩证地、全面地、系统地、普遍联系地观察事物和把握问题，才能推进新质生产力建设与产业升级。坚持系统观念，是以习近平同志为核心的党中央总结各方面实践经验后在思想方法上作出的新概括。

全要素增长率理论。全要素生产率通常也被叫作"技术进步率"，是新古典学派经济增长理论中用来衡量纯技术进步在生产中的作用的指标的新名称。纯技术进步包括知识、教育、技术培训、规模经济、组织管理等的改善，但还不能具体化为有形的效率、更高的资本设备、技巧更高的劳动、肥效更大的土地等生产要素的增加投入量，因此又被称为"非具体化的技术进步"。全要素生产率增长率指全部生产要素（包括资本、劳动、土地，通常分析时略去土地不计）的投入量都不变时，而生产量仍能增加的部分。全要素生产率增长率并非所有要素的生产率，"全"是经济增长中不能分别归因于有关的有形生产要素的增长的那部分，全要素生产率增长率用来衡量除去所有有形生产要素以外的纯技术进步的生产率增长。苏剑（2019）认为，生产率衡量资源利用效率，稀缺资源发挥最大效用是生产过程追求的目标。通过增加劳动、资本、自然资源投入实现的增长被称作"粗放式增长"，通过提高全要素生产率实现的增长被称为"集约式增长"。

四、新质生产力体系构建

新质生产力是马克思主义生产力理论的创新和发展，是新时代党领导下先进生产力的具体表现形式，是可持续发展的关键驱动因素。加快形成新质生产力需要全面贯彻新发展理念，以科技创新为引领，构建现代化产业体系，优化产业发展环境，增强发展动力，培育竞争新优势，加快形成新质生产力体系，稳健有力地向实现中华民族伟大复兴的目标迈进。

通过学习贯彻党和国家对新质生产力的重要部署，深刻领会国家部委、行业权威、院士专家关于新质生产力建设的重要论述、研究成果，提炼已有的地方政府、城市、园区、企业新质生产力相关实践经验，国合院作为中国第一家民族智库，率先发起组建了中国新质生产力促进中心（联盟），创新性地提出了我国新质生产力建设的"1381模型"，努力为国家和地方新质生产力建设贡献"民族智库"的独有力量。

（一）构建依据

新质生产力是习近平总书记提出的重要概念，发展新质生产力是中华民族伟大复兴的具体行动，是贯彻落实中央一系列重大战略的实践探索。总体来看，我国全面推动新质生产力建设，主要政策依据来源于一系列重大强国战略：人才强国战略、科技强国战略、制造强国战略、质量强国战略、网络强国战略、交通强国战略、海洋强国战略、文化强国战略等。

新质生产力为强国建设提供新动能，强国战略的实施助推新质生产力发展，是推动经济社会发展的重要引擎。中华民族伟大复兴是全体中国人民的共同梦想，也一直是中国共产党和中国政府的长期目标。党的十九大报告首次提出"强国"目标，到21世纪中叶"把我国建成富强民主文明和谐美丽的社会主义现代化强国"。党的十九届五中全会通过的《中共中央关于制定国民经济和社会发展第十四个五年规划和二〇三五年远景目标的建议》提出，"十四五"时期要推进人才强国、科技强国、制造强国、质量强国、网络强国、交通强国、贸易强国、海洋强国、文化强国建设。党的二十大报告提出，从 2035 年到 21 世纪中叶，要把我国建设成为富强民主文明和谐美丽的社会主义现代化强国，展现了中华民族伟大复兴的壮丽前景。我们要紧密团结在以习近平同志为核心的党中央周围，"像石榴籽一样紧紧抱在一起，共同团结奋斗"，全面建设社会主义现代化国家，致力于中华民族伟大复兴。

1. 人才强国

国家兴盛，人才为本。人才是一个国家、一个地方发展的核心竞争力，是先进生产力和先进文化的主要创造者和传播者，人才是社会发展的宝贵资源。当今世界正经历百年未有之大变局，新一轮科技革命浪潮汹涌而来。世界各国的竞争，是综合国力的竞争，说到底就是人才的竞争。当今世界，在综合国力竞争中，围绕科技制高点和高端人才的竞争空前激烈。世界各国竞相将增强人才竞争优势上升为国家战略。

2002 年，国务院办公厅印发《2002—2005 年全国人才队伍建设规划纲要》，提出实施人才强国战略。党的十八大以来，为实现民族复兴、国家强盛的宏伟目标，以习近平同志为核心的党中央提出了一系列强国战略，其中人才强国战略是实现国家强盛的第一战略。党的十九大指出，人才是实现民族振兴、赢得国际竞争主动的战略资源。2021 年中央人才工作会上，习近平总书记更是明确地指出：人才资源作为经济社会发展第一资源的特征和作用更加明显，人才竞争已经成为综合国力竞争的核心。党的二十大报告在强调深入实施人才强国战略时，更进一步指出，要完善人才战略布局，加快建设世界重要人才中心和创新高地，着力形成人才国际竞争的比较优势，把各方面优秀人才集聚到党和人民事业中来。

我国踏上了全面建设社会主义现代化国家、向第二个百年奋斗目标进军的新征程，我们比历史上任何时期都更加接近实现中华民族伟大复兴的宏伟目标，也比历史上任何时期都更加渴求人才。我们要深入实施人才强国战略，通过人才自主培养，提高人才供给自主可控能力。为加速新一轮科技革命和产业变革，我们要加快建设国家战略人才力量，努力培养造就更多大师、战略科学家、一流科技领军人才和创新团队、青年科技人才、卓越工程师、大国工匠、高技能人才。我们要扩大人才对外开放，坚持全球视野，引进顶尖人才，使更多全球智慧资源、创新要素为我所用。

2. 科技强国

科技兴则民族兴，科技强则国家强。科学技术是第一生产力，一个国家的前途，一个民族的命运，在很大程度上是由这个国家、民族的科技水平所决定的。当前，新科技革命与产业变革正在蓬勃兴起，科技创新的重大突破和加快应用极有可能重塑全球经济结构。科学技术从来没有像今天这样深刻影响着国家前途命运，从来没有像今天这样深刻影响着人民生活福祉。

党的十八大以来，面对日趋激烈的国际竞争，以习近平同志为核心的党中央从事关党和国家前途命运的高度出发，提出建设世界科技强国的奋斗目标，坚持把科技自立自强作为国家发展的战略支撑。国家"十四五"规划提出，要把科技自立自强作为国家发展的战略支撑，深入实施科教兴国战略、人才强国战略、创新驱动发展战略，完善国家创新体系，加快建设科技强国。党的二十大报告提出，必须坚持科技是第一生产力、人才是第一资源、创新是第一动力，深入实施科教兴国战略、人才强国战略、创新驱动发展战略。

我国已成为有重要影响力的科技大国，科技实力正在从量的积累迈向质的飞跃，从点的突破迈向系统能力的提升。"天宫"空间站建成，"嫦娥五号"登月采样，"天文一号"抵达火星，"C919"国产大飞机商业运营等重大科技创新成果不断涌现，移动通信、语音识别与图像识别、特高压输变电、高铁建设等领域的技术水平位居世界前列，科技进步贡献率逐年上升。

世界科技强国竞争，最核心的是构建国家战略科技力量。推进科技强国建设需要完善国家创新体系，强化国家战略科技力量，优化配置创新资源，加强科技基础能力建设，强化科技战略咨询，提升国家创新体系整体效能。以国家战略需求为导向，集中力量进行原创性引领性科技攻关，坚决打赢关键核心技术攻坚战，把核心技术牢牢掌握在自己手中。这也是新质生产力建设的科技引领与科技赋能的重要体现。

3. 制造强国

新质生产力建设的重要内容是传统产业升级、新兴产业与未来产业的招引聚集。制造业是实体经济的基础，是国民经济的主体，是国家经济命脉所系，是立国之本、兴国之器、强国之基。加快建设制造强国，建设以先进制造业为骨干的现代化产业体系是全国、各地区乃至城市经济迈向高质量发展的必然要求。在当前单边主义、贸易保护主义、逆全球化、新一轮科技革命和产业变革持续推进的环境下，大力发展高端制造业意义重大。

科技成果转化为现实生产力，表现形式为催生新产业、推动产业深度转型升级。为推动构建制造强国，2015 年国务院印发《2025 中国制造》，对全面推进实施制造强国战略作出部署，这是我国实施制造强国战略的第一个十年行动纲领，提出了"三步走"实现制造强国的宏伟蓝图：第一步，到 2025 年迈入制造强国行列；第二步，到 2035 年我国制造业整体达到世界制造强国阵营中等水平；第三步，到新中国成立一百年时，我国制造业大国地位更加巩固，综合实力进入世界制造强国前列。国家"十四五"规划提出，深入实施制造强国战略，构建自主可控、安全高效的产业链供应链，增强制造业竞争优势，推动制造业高质量发展。党的二十大报告提出要推动制造业高端化、智能化、绿色化发展。

目前，我国已成为全世界产业分类齐全的制造业国家，拥有全球最完整的产业链，取得了制造业规模优势，获得了"世界工厂"的称号。我国在航空航天、核电、卫星、物联网、海洋工程、轨道交通等装备和系统制造方面，走在行业前列，但在高端芯片、人工智能、高性能电子装备、特殊新材料等高端制造方面，与国际先进国家相比仍有差距。面对新一轮科技革命和产业变革，面对全球产业链供应链重构的严峻形势，如何把握先进制造业发展方向，聚焦先进制造业数字化、网络化、智能化、绿色化发展方向，探索传统制造业向先进制造业转型升级的路径，推动我国从制造大国向制造强国转变，是国家、各地区推动新质生产力建设的首要任务。

4. 质量强国

习近平总书记强调：质量是人类生产生活的重要保障。人类社会发展历程中，每一次质量领域变革创新都促进了生产技术进步、提升了人民生活品质。新质生产力的重要标准之一是质优。而质量强国战略体现的是质量提升与全球领先。我国积极推动质量强国战略，其目的是促进高质量发展，通过提升产品、服务、工程等的质量，促进企业提质增效，促进产业转型升级，主动调整产业结构，扩大有效供给，减少无效和低端供给。推进质量强国战略，提升产品和服务质量，提升产品的品质和档次，不断满足人民群众的新需求，这也是新质生产力建设的重要任务。

质量强国战略是重大的国家战略，也是习近平总书记的重大关切所在。2014 年，习近平总书记在河南考察时提出，推动中国制造向中国创造转变，中国速度向中国质量转变，中国产品向中国品牌转变。2016 年中央经济工作会议提出，要树立质量第一的强烈意识，开展质量提升行动，提高质量标准，加强全面质量管理。2017 年，党的十九大报告提出建设"质量强国"，"质量强国"的表述首次正式出现便是在中国共产党全国代表大会的报告中。党的二十大报告提出要加快建设质量强国，党代会报告中再次提出建设质量强国。2023 年两会期间，在参加十四届全国人大一次会议江苏代表团审议时，习近平总书记强调高质量发展要始终坚持质量第一、效益优先，大力增强质量意识，视质量为生命，以高质量为追求。2023 年 2 月，中共中央、国务院印发《质量强国建设纲要》，作为指导我国质量工作中长期发展的纲领性文件，掀开了新时代建设质量强国的新篇章，该纲要提出的主要目标是：到 2025 年，质量整体水平进一步全面提高，中国品牌影响力稳步提升，人民群众质量获得感、满意度明显增强，质量推动经济社会发展的作用更加突出，质量强国建设取得阶段性成效。到 2035 年，质量强国建设基础更加牢固，先进质量文化蔚然成风，质量和品牌综合实力达到更高水平。

从我国经济转型、企业产品制造等效果来看，党的十八大以来，我国的质量强国建设取得了历史性成就，全民质量意识显著提高，质量管理和品牌发展能力明显增强，产品、工程、服务质量总体水平稳步提升，一批重大技术装备、重大工程、重要消费品、新兴领域高技术产品的质量达到国际先进水平，我国涌现出了华为、海尔等一批高质量产品制造的企业以及与新能源汽车等相关的新产业。但对标具有先进制造业的德国、日本等，我国的质量强国建设之路依旧任重道远。

随着我国经济由高速增长阶段转向高质量发展阶段，社会主要矛盾已经转化为人民日益增长的美好生活需要和不平衡不充分的发展之间的矛盾。我国经济层面的主要矛盾也从供给短缺，转变为人们对产品和服务质量要求更高与产品和服务质量总体不高之间的矛盾。世界各国竞争的重点由总量规模转向质量水平，加快建设质量强国，提升我国质量水平和竞争力，是在新一轮科技革命和产业变革中把握新机遇、迎接新挑战的战略选择，也是各地区新质生产力建设的重要衡量标准。

5. 网络强国

新质生产力的一个大的特征是科技应用，特别是新一代信息技术的广泛应用。网络是新一代信息技术的集成化、平台化、体系化的体现，是现代政治宣传、军事行动、经济活动、文化交流、产业升级的重要支持。网络信息技术日新月异，数字化、网络化、智能化技术发展趋势明显。在全面建设社会主义现代化国家、推动依法治国、打造卓越企业的过程中，网络化办公、工业自动化、网络强国建设有着重要的推动作用。随着人工智能、大数据、虚拟网络等新技术的应用，全球正处在新一轮科技革命中，网络成为各国实力展现、文化输出和市场博弈的重要阵地，人工智能、大数据、云计算、元宇宙等新兴科技推动新一代工业产业的变革。要全面推进中国式现代化，全面推动经济社会和国家稳定运行，就必须大力发展具有自主产权的网络信息技术产业，持续建设智慧城市、数字乡村、网络强国，这是实现全面建成社会主义现代化强国的必要举措，也是新质生产力建设的重大部署。

从强国建设方面来看，网络安全是当前最重要的工作任务，没有网络安全就没有国家安全，没有信息化就没有现代化。2014 年 2 月，在中央网络安全和信息化领导小组第一次会议上，习近平总书记首次提出"努力把我国建设成为网络强国"的战略目标，要把我国从"网络大国"建设成为"网络强国"。2015 年 10 月，党的十八届五中全会明确提出要实施网络强国战略。党的十九大提出要建设网络强国、数字中国、智慧社会，推动互联网、大数据、人工智能和实体经济深度融合，发展数字经济、共享经济，培育新增长点，形成新动能。党的二十大报告对加快建设网络强国作出了重要战略部署，网络强国建设已成为社会主义现代化建设的重要内容。

中国在网络发展和治理方面取得了显著成就，建成了全球规模最大、技术领先的网络基础设施，人工智能、云计算、大数据、区块链、量子信息等新兴技术领域跻身全球第一梯队。数字经济发展规模全球领先，总量连续多年位居世界前列，数字经济规模 2022 年达到 50.2 万亿元，总量稳居世界第二。截至 2024 年底，我国 5G 移动电话用户达 10.14 亿户，我国 5G 基站数量达 425.1 万个，占移动电话基站总数的 33.6%。工业和信息化部接连推出"信号升格"行动、5G 应用"扬帆"行动，5G 覆盖和应用持续升级。我国网民规模、电商交易额、移动支付交易规模均居全球第一。

全球网络信息技术的飞速迭代、网络空间的持续发展，深刻改变着全球经济格局、利益格局、安全格局。网络技术、网信建设代表着一国新的生产力发展方向，没有高度的信息化就没有我国的现代化。各地要灵活运用数字技术、产业自动化技术，全面发挥网络对全国、各地区高质量发展的赋能、推动作用，运用大数据、人工智能、云计算、虚拟应用等技术，为国家治理体系和治理能力现代化提供专业支持，为各省市、园区、企业的现代化、信息化、数字化提供科技支撑，为网络强国、网络强市、网络强企建设，为中华民族伟大复兴，提供强大的技术支撑。

6. 交通强国

新质生产力建设涉及科技、产业、要素、劳动力、仓储物流等，其中，交通网络与交通工具等是重要的配套基础设施。交通运输属于人类社会最基本的经济活动，是一个国家的基础性、战略性、服务性、先导性产业，是社会和经济运行的基本载体和必要条件，是兴国之要、强国之基。建设交通强国是实现中华民族伟大复兴的重要内容，是我国立足国情、着眼全局、面向未来作出的重大战略决策部署，也是把握新技术革命机遇，打造世界一流交通系统的必由之路。

党的十八大以来，党中央高度重视交通运输工作。党的十九大报告提出建设交通强国，为新时代交通运输发展指明了方向，将我国的交通建设重心从追求发展规模转向追求质量效益，从各种交通方式独立发展转向建设多层次交通一体化体系，体现出对交通运输高质量发展的要求。中共中央、国务院先后印发《交通强国建设纲要》《国家综合立体交通网规划纲要》，明确了加快建设交通强国的顶层设计。国务院印发的《关于"十四五"现代综合交通运输体系发展规划的通知》提出，到 2025 年，综合交通运输基本实现一体化融合发展，智能化、绿色化取得实质性突破，综合能力、服务品质、运行效率和整体效益显著提升，交通运输发展向世界一流水平迈进。党的二十大报告对交通运输工作进行了部署安排，进一步强调加快建设交通强国，提出了一系列交通运输发展的新要求，赋予了加快建设交通强国新的使命任务。2023 年 4 月，交通运输部、国家铁路局、中国民用航空局、国家邮政局、中国国家铁路集团有限公司联合印发《加快建设交通强国五年行动计划（2023—2027 年）》，明确了未来五年加快建设交通强国的思路目标和行动任务，对于行业上下全面贯彻落实党的二十大精神，奋力加快建设交通强国、努力当好中国式现代化的开路先锋，具有重要指导作用。

为构建全球综合竞争力，加快发展现代化产业体系，中国正在由"交通大国"向"交通强国"迈进。习近平总书记对交通事业发展作出了系列重要论述，明确了我国交通运输发展的战略任务和路线图，为加快建设交通强国提供了根本遵循。我国在航天、高铁等领域建设中取得的成绩，为国民经济持续健康发展提供了强力支撑。目前，中国已成为世界上运输最繁忙的国家之一，铁路、公路、水运、民航的客货周转量、港口货物吞吐量都在世界前列。截至 2022 年末，我国综合交通网络总里程超过 600 万千米，其中高速铁路里程占到全球一半以上，达到 4.2 万千米；高速公路里程 17.7 万千米，位居全球第一。港口拥有生产性码头泊位 2.1 万个，全国内河航道通航里程 12.8 万千米。民用颁证机场达 254 个，共有 55 个城市开通运营城市轨道交通，运营总里程超过 1 万千米，达到 10 291.95 千米，位居世界第一。中欧班列已通达欧洲约 25 个国家 208 个城市，覆盖共建"一带一路"的 45 个国家和地区。国产首艘大型邮轮于 2024 年元旦正式投入运营，C919 国产大飞机正式投入商业运营，新能源和清洁能源运输装备加快应用。截至 2023 年末，我国铁路营业里程已达到 15.9 万千米，其中高铁 4.5 万千米，电气化率达到 73.8%。2023 年全国公路总里程 544.1 万千米，其中高速公路 18.4 万千米。

交通运输现代化是衡量国家现代化水平的重要标志。加快建设交通强国，仍面临综合交通网络布局不均衡、运输结构需优化调整、关键核心技术不够领先等问题，需加强政策协调、科技研发、资源投入，重点发展智慧交通、智慧物流、智慧制造，推进充电桩、新能源电池等绿色交通设施建设，推动应用新能源、清洁能源营运车船，提升交通基础设施互联互通水平，全力推进可持续交通高质量发展，夯实新质生产力建设的交通基础。

7. 贸易强国

新质生产力建设需要树立国际视野，构建国内国际商品交易市场与贸易规则，构建良好的国际商贸环境。外贸是中国经济对外开放的重要窗口，是拉动经济增长的重要引擎，是落实国内国际双循环新发展格局的主要载体，是优化全球资源要素配置的有效渠道，是国民经济增长的发动机和新质生产力的助推器。从我国改革开放以来的国际商贸活动来看，国际贸易对于我国经济发展、技术进步与产业革命起到了积极的引领、推动作用，它是强国战略的重要推动力量。当前，美国推动单边主义、贸易保护主义，给多边主义和自由贸易的发展环境带来了巨大的挑战，给我国积极推动的共建"一带一路"倡议造成了不小的困难。如何推动贸易强国建设，是我国落实新质生产力建设目标、增强综合国力、提升国际经济地位、建设世界强国的必然选择，也是各地区、城市、园区、企业高质量发展的重要条件。

为推动对外商贸活动，加强我国与海外各国的科技、商贸联系，提高我国商品的国际竞争力，2014 年，习近平总书记指出，要加快从贸易大国走向贸易强国，巩固外贸传统优势，培育竞争新优势，拓展外贸发展空间，积极扩大进口。2022 年，党的二十大报告指出，推动货物贸易优化升级，创新服务贸易发展机制，发展数字贸易，加快建设贸易强国。党的十八大以来，我国持续完善贸易政策体系，搭建国际贸易载体和平台，推动国际贸易高质量发展，取得了历史性成就。2013 年我国成为货物贸易第一大国，2020 年我国货物与服务贸易总额跃居全球第一位。汽车、船舶等高技术含量、高附加值的产品逐步成为新的增长点。2023 年，我国货物进出口总额达 41.76 万亿元，比上年增长 0.2%。我国有进出口实绩的外贸主体达到 64.5 万家。其中，民营企业连续 5 年稳居我国第一大外贸经营主体，民营企业数量占比达到 86.2%。我国已经形成多主体、多领域的贸易竞争优势矩阵。国有企业是我国轨道交通装备、船舶等出口的核心主体，民营企业是新材料、生物医药、风电、光伏等领域出口的主力军。新能源汽车、锂电池、光伏产品成为我国外贸"新三样"。2023 年，"新三样"产品合计出口 1.06 万亿元，首次突破万亿元大关，增长 29.9%。

对外贸易是我国开放型经济的重要组成部分，是经济增长的"三驾马车"之一，是畅通国内国际双循环的关键枢纽，是新质生产力建设的重要内容。当前，世界经济复苏乏力，全球贸易回暖速度缓慢，地缘政治影响外溢、贸易保护限制增多等不利影响仍在持续，世界主要经济体外贸额普遍大幅下滑，外贸发展面临不少困难和挑战，但回稳向好的积极因素仍在集聚。为应对国际贸易政策与国际商贸环境的变化，必须积极探索具有高技术、高附加值、绿色低碳等特征的外贸新模式，积极推动外贸结构调整与区域优化组合。为破解欧美国家的贸易壁垒，加快建设贸易强国，积极推动贸易强省、强市、强企建设，我国必须加快新质生产力实践，不断构筑更多的国际商贸新高地，搭建更多的国际合作新平台，积极开拓全球市场，高效利用全球资源，改善供给结构，提升供给水平，激发国内市场潜力，进而实现国内国际两个市场两种资源深度融合，有效构建国际商贸领域的新质生产力，全面推动社会主义现代化建设。这是需持续研究与积极探索的重大话题。

8. 海洋强国

我国传统上更多地发展陆地经济，当前要向海洋发展，建设海洋强国是重大的国家战略，也是新质生产力建设的重要维度与推进方向。海洋蕴含着丰富的生物、能源、矿产等资源，全面开发利用海洋，对人类的生存和发展至关重要。发展海洋经济已成为拉动中国经济发展的有力引擎，建设海洋强国是实现可持续发展、维护国家安全的重要保障，对于推动我国高质量发展、全面建设社会主义现代化国家、实现中华民族伟大复兴，具有重大而深远的意义。

习近平总书记高度重视海洋经济。2018 年习近平总书记强调，"建设海洋强国，我一直有这样一个信念。发展海洋经济、海洋科研是推动我们强国战略很重要的一个方面，一定要抓好。关键的技术要靠我们自主来研发，海洋经济的发展前途无量"。党的十八大报告首次完整提出了中国海洋强国战略目标，提高海洋资源开发能力，发展海洋经济，保护生态环境，坚决维护国家海洋权益，建设海洋强国。党的十九大报告对海洋强国战略进一步深化，指出要坚持陆海统筹，加快建设海洋强国；要以"一带一路"建设为重点，形成陆海内外联动、东西双向互济的开放格局。党的二十大报告再次对海洋强国战略进行部署，提出要发展海洋经济，保护海洋生态环境，加快建设海洋强国，将海洋强国建设作为推动中国式现代化的有机组成和重要任务。

中国海洋经济保持良好发展势头，已成为国民经济尤其是沿海地区经济稳步发展的重要增长点，海洋经济在国家发展战略中的地位稳步提升。党的十八大以来，海洋强国建设实现一系列突破性进展，取得一系列标志性成果，在深水、绿色、安全的海洋高新技术领域不断取得突破，一批海洋"国之重器"创造多项世界之最。2023 年全国海洋生产总值达 99 097 亿元，比上年增长 6.0%，增速比国内生产总值高 0.8 个百分点；占国内生产总值比重为 7.9%，比上年增加 0.1 个百分点。2023 年，海洋制造业增加值达 29 861 亿元，比上年增长 7.0%，比全国制造业增速高 2 个百分点。其中，海洋船舶工业增加值 1 150 亿元，比上年增长 17.6%，船舶制造高端化、智能化、绿色化发展扎实推进，已进入产品全谱系发展新时期。海洋工程装备制造业发展良好，国际市场份额继续保持全球领先，全年实现增加值 872 亿元，比上年增长 5.9%。海洋服务业助推国民经济增长。2023 年，海洋服务业增加值达 58 968 亿元，占国内生产总值比重为 4.7%，拉动国民经济增长 0.3 个百分点，为国民经济增长助力。接触型、聚集型服务业恢复较快，海洋交通运输业增加值达 7 623 亿元，比上年增长 8.5%，沿海港口货物吞吐量近 110 亿吨。海洋旅游业增加值达 14 735 亿元，比上年增长 10.0%，居民旅游需求得到释放，多家邮轮港实现邮轮复航。海洋能源、食物和水资源供给能力稳步提升。海洋油气增储上产成效显著，亿吨级油田渤中 26-6 油田等勘探取得新发现，海洋原油、天然气产量同比分别增长 5.8% 和 9.1%，海洋原油增产量连续 4 年占全国原油总增量的 60% 以上，成为能源上产的关键增量。深远海养殖加快推进，优质海产品供给能力不断提高，海洋水产品产量超 3 500 万吨，同比增长近 3%，国家级海洋牧场示范区数量达到 169 个，比 2022 年增加 16 个，沿海各地深远海养殖装备制造和投产运营不断取得新进展。海水淡化工程规模持续扩大，海水淡化规模化利用积极推进，天津、山东、浙江等地海水淡化项目稳步推进。海洋科技创新取得突破性成果。以"蛟龙"号、"深海勇士"号、"奋斗者"号、"海斗"号、"潜龙"号、"海龙"号等潜水器为代表的海洋探测运载作业技术实现质的飞跃。自主建造具有世界先进水平的"雪龙 2"号破冰船，填补了我国在极地科考重大装备领域的空白。全球首个半潜式波浪能养殖平台"澎湖号"和全潜式深远海养殖装备"深蓝 1 号"交付使用。

21 世纪是海洋的世纪，以海洋为核心的蓝色经济成为拉动中国经济增长的新引擎，海洋在推动国家经济发展、维护国家主权和安全等方面的地位更加突出。我们要将海洋强国建设作为推动中国式现代化的重要任务，有效保护海洋、利用海洋、治理海洋，为全面建成社会主义现代化强国、实现中华民族伟大复兴中国梦提供新的思路与中国方案。同时，我们要强化海洋新质生产力的研究，推动海洋技术的科技研发、产业升级、人才聚集与平台建设。

9. 文化强国

推动全球范围的文化交流和弘扬中华优秀传统文化是推进中国式现代化的重要内容，也是新时代中国高质量发展的力量源泉。文化领域的新质生产力建设是中央、国家部委以及各地区、城市、企业等的重要研究内容，也是构建新质生产力示范的关键驱动。文化是一个国家、一个民族的灵魂。一个民族的复兴需要强大的物质力量，也需要强大的精神力量。文化兴则国家兴，文化强则民族强。2013 年习近平总书记就提出，要加强社会主义核心价值体系建设，倡导富强、民主、文明、和谐，倡导自由、平等、公正、法治，倡导爱国、敬业、诚信、友善，积极培育和践行社会主义核心价值观，使之成为全体人民的共同价值追求。习近平总书记强调，以中国式现代化全面推进强国建设、民族复兴伟业，是新时代新征程党和国家的中心任务，是新时代最大的政治。通过弘扬中华优秀传统文化，坚定文化自信，激发全民族文化创新创造活力，建设社会主义文化强国。

历史一再证明，文化自信是国家繁荣昌盛的根本。2011 年 10 月，党的十七届六中全会首次提出建设"文化强国"，提出培养高度的文化自觉和文化自信，提高全民族文明素质，增强国家文化软实力，弘扬中华文化。2012 年党的十八大报告提出"扎实推进社会主义文化强国建设"，标志着我国正式确立了"文化强国"的国家战略。2017 年党的十九大报告提出新时代文化建设的目标就是坚持中国特色社会主义文化发展道路，激发全民族文化创新创造活力，建设社会主义文化强国；同时，提到"没有高度的文化自信，没有文化的繁荣兴盛，就没有中华民族伟大复兴"，第一次将文化自信作为检验文化强国和民族复兴的重要标尺。2020 年 10 月，党的十九届五中全会通过的国家"十四五"规划提出了到 2035 年建成文化强国的战略目标，并强调在"十四五"时期推进社会主义文化强国建设，吹响了推进社会主义文化强国建设的号角。

党的十八大以来，文化建设取得历史性成就，中华文明传播力、影响力显著增强，我国由"文化大国"向"文化强国"转变，2022 年，我国对外文化贸易额超过 2 200 亿美元，文化产品进出口规模多年位居世界第一。《2023 年中国游戏出海研究报告》显示，2023 年中国自主研发游戏在海外市场的实际销售收入约为 1 175.16 亿元。《2023 年中国网络文学发展研究报告》显示，网络文学海外规模突破 40 亿元。网络游戏、网络文学、网络影视等数字文化产业成为我国"文化出海"的"三驾马车"，提升了中华文化影响力。

文化是民族的灵魂和精神标识，也是民族生存和发展的重要力量。为推动文化繁荣、建设文化强国、建设中华民族现代文明，必须坚持中国特色社会主义文化发展道路，持续建设具有强大凝聚力和引领力的社会主义意识形态，持续提高全社会文明程度，繁荣发展文化事业和文化产业，不断提升中华文化影响力。同时，积极探索与构建文化新质生产力，提升科技成果在文化领域的应用，打造文化产业，培育文化金融与文化服务平台，提升中华文化在国际上的影响力与传播力。

10. 金融强国

新质生产力建设离不开金融的支撑与赋能。金融产业也需要构建新质生产力，打造科技金融、产业金融、绿色金融等。金融是现代经济的核心，金融强国建设是推动城市、园区、企业高质量发展的关键。金融强国建设的目标是构建市场导向、开放包容、创新驱动、绿色普惠的现代金融体系，提升金融服务的质量和效率，促进资本要素的有效配置，推动创新和科技的发展，为实体经济发展提供全方位的金融服务，提高实体经济的整体竞争力。为增强金融产品对产业转型的推动力，2017 年，在全国金融工作会议上，习近平总书记指出，金融是实体经济的血脉，为实体经济服务是金融的天职，是金融的宗旨，也是防范金融风险的根本举措。2019 年，习近平总书记在中共中央政治局第十三次集体学习时再次强调，金融要为实体经济服务，满足经济社会发展和人民群众需要。2023 年 10 月，第六次中央金融工作会议提出，金融是国民经济的血脉，是国家核心竞争力的重要组成部分，要加快建设金融强国，全面加强金融监管，完善金融体制，优化金融服务，防范化解风险，坚定不移走中国特色金融发展之路，推动我国金融高质量发展，为以中国式现代化全面推进强国建设、民族复兴伟业提供有力支撑。在不断推动金融改革的基础上，习近平总书记逐步构建了金融强国战略。"金融强国"在党的二十大后在中央层面首次被提出，凸显了金融在经济高质量发展阶段的重要性。

为落实金融强国战略，各级政府全面推动金融改革，金融系统精准实施稳健的货币政策、适度宽松的财政政策，加大对实体经济的支持力度。数据显示，我国对实体经济发放的人民币贷款余额在 2023 年 9 月达到 230 多万亿元，多年来年均增速在 10% 以上。目前，中国银行业资产规模位居全球第一，股票、债券、保险规模位居全球第二，外汇储备规模稳居世界第一，普惠金融走在世界前列。

为健全完善金融体系，更好地服务创新驱动发展战略，中央金融工作会议指出，优化资金供给结构，把更多金融资源用于促进科技创新、先进制造、绿色发展和中小微企业发展，大力支持实施创新驱动发展战略、区域协调发展战略，确保国家粮食和能源安全等。在新质生产力建设工作中，金融、产业、数据等要素将共同发挥作用，协同推动地方高质量发展。

国合院研究员陈炳才认为，实现金融强国目标，需要具备三大基础条件，其依据来自习近平总书记在 2023 年中央金融工作会议上的讲话。习近平总书记提出，加快建设金融强国。习近平总书记在 2024 年中央党校举办的省部级主要领导干部金融研讨班提出，金融强国应当基于强大的经济基础、科技实力和综合国力。

一是强大的经济基础。强大的经济基础包括强大的经济规模和经济质量，尤其是制造业产品具有很高的国际水平和充分的国际竞争力。强大也应该体现为技术、管理和服务必须是现代化的。所谓现代化，从技术上来说，就是网络化（互联网、物联网）、数字化（包括大数据、云计算、数字经济和数字化技术和产品）、智能化、区块链化、App（应用软件）化等。这些新技术，要不断运用到生产、消费、生活、医疗、教育等行业和产业，运用到管理和服务，运用到传统行业尤其是制造业，而且必须走在世界前列。

二是强大的科技实力。我国科技在国际上要处于第一阵列，能够引领世界科技发展，掌握最前沿的科技，进行科技创新，尤其是原始创新、颠覆性创新。没有科技的原始创新、颠覆性创新，科技实力和综合国力的强大难以持续。英国自 18 世纪 20 年代以来，作为金融强国，其工业革命走在世界前列。英国工业革命的很多技术都是原创的，实现了机械化、动力化，在交通运输工具、军工产品、枪炮和军舰技术等方面领先，这在当时的世界是具有引领性和开创性的。第二次工业革命，美国在工业技术、科学基础理论研究、技术创新方面领先，突出表现在煤炭、钢铁、汽车、飞机制造、舰艇制造等方面，而且在电力、石油工业、电子产品方面完全创新，领先世界。不仅如此，美国在原子弹制造方面也领先世界。

三是强大的综合国力。强大的综合国力包括教育、文化、国家制度等方面的竞争力，其中一个突出的指标是军事技术领先和强大，没有这个，金融缺乏保障。英国曾是科技、经济、军事强国，但第一次世界大战、第二次世界大战期间，英国的经济、科技、军事都落后于美国，英镑在第一次世界大战之后开始衰落，在第二次世界大战后垮掉了，1947年后英镑区国家的贸易被迫接受与美元的自由兑换，此后美元替代英镑，成为全球最具有影响力的计价、支付结算和交易、融资货币。

陈炳才认为，建设金融强国需要满足六大核心要素：

一是拥有强大的货币，即本币在国际贸易投资和外汇市场广泛使用，具有全球储备货币地位。货币的强大，体现在货币能够作为世界贸易的计价、支付、结算货币，在今后还要能够作为国际投资、融资、利率、汇率交易的货币，作为国际储备货币。特别需要指出，货币在国际上要用于计价、支付结算和融资、交易，就要有相应的全球金融基础设施体系，没有这些，这些交易无法完成。所以，强大的货币，必须具有无可替代、具有竞争力的全球化的金融基础设施。

二是拥有强大的中央银行，即本国中央银行有能力做好货币政策调控和宏观审慎管理，及时有效防范化解系统性风险。金融强国的中央银行必然是强大的，这种强大体现在本国货币政策能够不被国际金融市场的货币政策、汇率政策左右，国内金融市场能够不被国际金融市场的波动冲击，同时能够影响他国货币政策、汇率政策，能为国际金融稳定作出应有的贡献。强大的中央银行与强大的货币是相辅相成的，没有强大的货币，就不可能有强大的中央银行；没有完全自主、不受国际市场影响和冲击的货币政策、汇率政策，就会面临或遭遇国际金融风暴的冲击。当然，从狭义来说，中央银行能够保持国内金融稳定，不发生系统性金融危机，有效促进本国经济发展，这就算是强大。

三是拥有强大的金融机构。这是指，金融机构运营效率高，抗风险能力强，门类齐全，具有全球布局能力和国际竞争力。在全球化时代，要想金融强大，金融机构就要能够进行全球化、国际化的布局。这种布局一方面是因为经济强大，实现了全球化的布局和供求，乃至有了自己的供应链、价值链，金融需要跟随产业提供服务和便利；另一方面是，金融机构是货币国际化和金融业务国际化的操作机构和执行机构，没有机构的国际化，没有业务的国际化，以及支付结算体系的国际化，国际贸易、投资、融资和交易等就无法实现。强大的金融机构必须具有全球化的布局和竞争能力，而且具有领先地位乃至主导地位，能够适应贸易、投资、融资、交易全球化的要求，不断推进金融业务、技术、服务的现代化，将资金的流通、支付、到账等时间缩到最短，同时保障这种跨境交易和资金流动的安全、可靠，具有信用和信誉，让其他国家的企业、机构、个人愿意使用本机构提供的业务、服务。

四是拥有强大的国际金融中心。这是指，本国金融市场能够吸引全球投资者，影响国际定价体系。国际金融的发展是源于强大的经济、科技推动了贸易、投资的发展，由贸易的支付结算和资金头寸的借贷以及融资需求发展相应的票据交易、本币资金拆借市场，外汇交易市场，黄金、大宗商品交易市场，以及吸引全球投资者进行股票、债券投资的资本市场乃至股权市场。强大的国际金融中心要允许计价支付结算的国际货币资金自由进出，不同货币自由交易、可兑换，本币自由进出，没有外汇或资本管制，本国股票、债券市场能够吸引全球投资者来进行融资、筹资以及进行外汇交易、资金拆借。

五是拥有强大的金融监管。这是指，本国金融法制健全，在国际金融规则制定中拥有强大的话语权和影响力。金融是高风险套利、投资、支付结算和资金快速进出往来的行业，资金的进出、交易自由，必须有完善的信用和监管，否则，货币和交易的信誉无法建立起来。这意味着监管制度、规则、语言和适用法律等必须是国际化、国际认可的，符合国际商业和金融交易习惯。这一方面是历史的继承，另一方面，后崛起的金融强国，必须建立起与现行的金融信誉和信用、商业习惯等相适应而且具有超越其竞争力（包括低成本、高效率、更安全、非政治化等）的监管制度和规则、信用，否则，货币、金融中心的强大、金融机构的强大，难以得到国际信任和接纳，故监管规则制定必须考虑国际化因素。作为后起国家，要从参与、代表走向主导和引领，才能真正实现监管的强大，助力货币的强大。

六是拥有强大的金融人才队伍。一切事情的完成离不开人，金融强国建设也离不开人。金融人才队伍强大，不仅是相对于国内的强大，同时也是相对于国际的强大。人才队伍的人才不仅仅是国内的，也应该是国际的，否则国际化的布局和货币国际化无法实现。这种金融人才既要懂国内业务、制度和规则，又要懂国际业务和规则，而且要能够进行国际交流、沟通，能够参与支付结算、金融业务的全球布局、业务拓展和市场竞争。

综上所述，新质生产力建设需要在人才、创新、质量、网络、交通、贸易、海洋、文化建设等方面统筹谋划，有序推进，需要与诸多强国战略紧密结合，不断创新突破。为减小我国与发达国家在关键核心技术创新、"卡脖子"项目等方面的差距，我们要坚持问题导向、需求导向、目标导向，深刻认识我国社会主要矛盾变化带来的新特征、新要求，深刻认识错综复杂的国际环境带来的新矛盾、新挑战，聚焦问题，聚焦目标，以实现目标、解决问题为主线，制订新质生产力建设方案与行动计划，采用积极有效的创新方法，逐步破解强国战略推进中的难题。要强化全国一盘棋，推动中央、地方和各方面的协同，积极推动固根基、扬优势、补短板、强弱项，推动金融强国、网络强国等各个强国战略的协同发力，有效推动社会主义现代化事业不断前进，有序构建国家级新质生产力示范省份、城市、园区、企业等。

（二）顶层逻辑

国合院认为，国家及各地创建新质生产力的基本模型是 OTFSP "五要素" 顶层逻辑架构，主要内容包括但不限于（具体逻辑架构将根据中央、国家部委即将出台的相关政策文件动态调整、优化）：

1. OTFSP "五要素"

目标（objectives）：新质生产力创建包括国家级、省级、地市级（含国家级园区）、县区级（含省级园区）、企业级等不同维度。各层级创建的目标有差异。同时，直辖市、地级市、县区又可以以城市的名义创建。因此，目标选择应因地制宜，各有侧重。

任务（task）：指新质生产力建设的主要内容与工作重点，包括但不限于科技研发、成果转化、创新赋能、劳动者培养、人才优化、三次产业升级、新兴产业壮大、未来产业招引、土地资金等要素聚集、开放与展示平台建设、激励机制与补偿体系构建等。

要素（factor）：主要指新质生产力建设需要的资源、资金、工具以及相关基础配套等。

体系（system）：指新质生产力建设的政策体系、科技体系、人才体系、组织体系、产业体系、激励体系、开放体系、保障体系等。

项目（project）：主要指新质生产力建设的科技项目、产业项目、支撑项目、企业项目、赋能项目、配套项目等，具体有不同的呈现形式。

2. 顶层逻辑架构

各省市、县区、园区、行业、企业、院所等试点示范的实践操作，应严格遵循中央关于新质生产力建设的重要指示精神，学习贯彻国家部委及上级政策文件，结合各自资源禀赋、发展需求与创建潜力，强化创新，科学谋划，突出特色，不搞一刀切，精准发力，注重实效，积极构建新质生产力建设总体路径，通过搭建OTFSP"五要素"逻辑架构，进行各自新质生产力建设的顶层谋划与决策部署：

一是目标（objectives）确立。各省市县、园区、企业等可根据国合院独创的"345规划模型"，基于问题导向、目标导向、需求导向，研究国际环境、国家政策、上级文件、本级五年经济社会规划、科技创新规划、人才战略、产业规划、金融规划等，测算并确定创建新质生产力的主要目标与指标体系。目标又可分为近期目标（1~3年内）、中长期目标（3~10年及10年以上）。

二是任务（task）分解。这是指围绕创建目标与主要指标，确立实现新质生产力建设的主要任务，包括但不限于科技创新、成果转化、干部培养、人才聚集、企业家打造、产业升级、新兴产业壮大、未来产业招引、金融创新、市场营销、品牌塑造、开放发展等重点内容。上述任务可分解到党委、政府、园区、行业、企业、院所等，形成合力，协同推进，阶段性评估。

三是要素（factor）聚集。这是指聚焦新质生产力建设需要的人、财、土地、矿产、能源、水利、交通、物流、劳动工具、生态环境以及相关资源，进行统筹规划，协同调度，有效整合，集约节约利用。

四是体系（system）建设。这是指为满足新质生产力高水平建设，需要搭建有利于工作开展与效能提升的各类体系，包括但不限于政策体系、科技体系、人才体系、组织体系、产业体系、激励体系、开放体系、保障体系等。

五是项目（project）实施：项目是新质生产力建设的重要支撑，也是提升科技水平、推动要素聚集、实现产业升级、培育新兴产业与未来产业，实现产业链供应链优化，推动全要素聚集、全员劳动生产率提升的重要抓手，包括科技类、产业类、人才类、基础服务类、企业类、平台类等。项目实施因城而异，一企一策，体现各自优势与特征。

我们基于OTFSP"五要素"顶层逻辑架构，进行特定省市、县区、园区、企业等的新质生产力建设顶层逻辑与架构设计，为各级党委、政府、城市、行业、企业等提供系统、前瞻、科学、实操的方法论与施工图、场景图。具体顶层逻辑架构见图4-1。

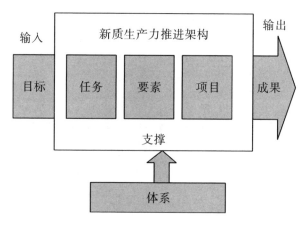

图4-1　国合院独创新质生产力 OTFSP "五要素"顶层逻辑架构

（三）研究方法

1. 实地调研法

实地调研法是指通过实地走访、观察和访谈等方式，直接获取研究对象的第一手资料，以便对研究问题的了解更加准确和深入。实地调研法可以通过多种方式获取资料，如观察、访谈、问卷调查等，综合了解研究对象的各个方面。

2. 专家访谈法

专家访谈法是一种定性研究方法，通过与相关领域的专家进行深入的交流和讨论，收集并整理专家们的见解和经验，进而为观点或决策提供科学依据。

3. "345" 模型

"345" 模型中，"3"（三大导向）就是问题导向、需求导向和目标导向；"4"（四大维度）就是规划与实践要有"高度、宽度、亮度与精度"；"5"（五大属性）就是规划与实践要有系统性、前瞻性、层次性、操作性和规范性（见图4-2）。

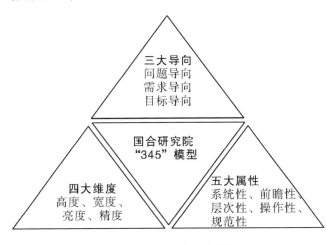

图 4-2　国合院 "345" 模型

4. "6+" "6 找" 模型

"6+" "6 找" 模型表明，编制政府规划、产业规划及企业战略，需要运用模型，寻找规划编制的方法；需要研究政策，寻找规划编制的依据；需要进行现场调研，确定规划方向；需要进行行业对标，确定规划制定的标准；需要分析规划实施基础，确定规划的方位；需要进行规划路径选择，确定规划的实施策略（见图4-3）。

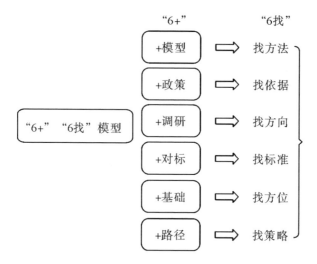

图 4-3　国合院"6+""6 找"模型

（四）"1381 模型"

为加快我国新质生产力的改革创新与持续发展，推动我国经济社会高质量发展，积极推动创建国家级、区域级新质生产力样板，国合院邀请院士专家、部委学者、行业权威，组建了中国新质生产力促进中心，积极开展基层调研，系统分析新质生产力的内涵外延，剖析国际形势与宏观经济规律，遵循上述新质生产力 OTFSP"五要素"顶层逻辑架构，立足我国产业基础，进行新质生产力建设路线图与施工图等实操层面的总体谋划，创新性地提出了新质生产力建设的"1381 模型"："1"是一个目标，"3"是三大特征，"8"是八大体系，"1"是十大重点工程。

国合院创建的新质生产力建设"1381 模型"既有目标定位，又有创建标准，同时，明确提出了创建内容与运行体系，还对实施策略进行了 10 个方面的系统设计，基本实现了规划、产业、项目、平台、政策、体系融为一体，相互驱动。具体内容如下：

1. 一个目标

一个目标：实现中华民族伟大复兴（创建国家级新质生产力示范省市县/园区/企业）。

实现中华民族伟大复兴是中国 14 亿人的伟大梦想。中华民族是世界上历史悠久而伟大的民族，创造了灿烂文明，为人类文明进步作出了不可磨灭的贡献。但由于西方列强入侵和封建统治腐败，中华民族遭受了前所未有的劫难。历经挫折与抗争，中国共产党引领中华民族从苦难走向辉煌。党的十九大报告指出，不忘初心，方得始终。中国共产党人的初心和使命，就是为中国人民谋幸福，为中华民族谋复兴。党的二十大报告明确提出，新时代新征程中国共产党的中心任务是，团结带领全国各族人民全面建成社会主义现代化强国、实现第二个百年奋斗目标，以中国式现代化全面推进中华民族伟大复兴。

从国家层面积极推动新质生产力建设，是推进中国式现代化，实现中华民族伟大复兴的基础保障与战略选择。

从各省市、县区、园区、企业等层面来看，进行新质生产力建设，就要推动编制新质生产力示范创建方案，打造国家级、省级新质生产力示范省市县/园区/企业等。

2. 三大特征

关于新质生产力的基本特征，习近平总书记在中共中央政治局第十一次集体学习时强调，新质生产力是创新起主导作用，摆脱传统经济增长方式、生产力发展路径，具有高科技、高效能、高质量特征，符合新发展理念的先进生产力质态。

（1）高科技：高科技是新质生产力的本质属性。习近平总书记指出，科技创新能够催生新产业、新模式、新动能，是发展新质生产力的核心要素。高科技的发展和利用使生产效率与产品质量均得到了大幅提升，为产业进步提供了强大的技术支撑。高科技表现为云计算、大数据、物联网、移动 5G 互联网、区块链、人工智能等新一代数字技术，以及新材料、新能源、生物医药等高精尖科技。

（2）高效能：高效能是新质生产力的核心。高技术的应用，可优化资源配置，提高管理运营的效率，使生产过程高效运转。高效能就是要摆脱依靠大量资源投入、高度消耗能源的传统生产力发展方式，实现生产要素投入少、资源配置效率高、环境污染成本低、经济社会效益好的新发展路径。高效能就是要通过技术和生产要素的交叉融合，形成复合型产业生态系统，实现生产效率的大幅增长。高效能体现为劳动生产效率不断提升。随着数字技术的突破和迭代，智能化、无人化、数字化的新一代生产工具不断涌现，促进了劳动生产效率的大幅度提高。人工智能的快速发展，促进了数据和信息的快速加工，知识生产的效率也大幅度提升。

（3）高质量：高质量是新质生产力的发展导向。新质生产力的发展目标是更好地满足人民群众对美好生活的向往，实现人与自然和谐共生的绿色发展。为满足人民群众对美好生活的更高需求，高质量发展成为全面建设社会主义现代化国家的首要任务，而发展新质生产力是推动高质量发展的内在要求和重要着力点。绿色化、低碳化、规模化、国际化发展是实现经济社会高质量发展的重要趋势。以科技创新为驱动，推动低能耗、低排放、低污染的可持续性生产，是经济高质量发展的基本实现路径。习近平总书记指出，绿色发展是高质量发展的底色，新质生产力本身就是绿色生产力。要加快推进绿色科技创新与绿色技术应用，大力发展清洁生产、循环再生等绿色技术，充分利用太阳能、氢能、生物质能等绿色新能源，构建绿色低碳循环的产业发展体系，构建资源节约、环境友好的社会。

3. 八大体系

学习贯彻中央关于新质生产力建设重要指示精神，突出各省市县、各园区等的综合优势，积极探索构建适合各自发展阶段的新质生产力建设路径，国合院独创了新质生产力建设的八大运行体系，包括但不限于：组织体系、人才体系、产业体系、科创体系、要素体系、流通体系、金融体系、开放体系。在后续党中央、国务院、国家部委等出台具体政策文件与实施策略的条件下，国合院相关课题组将对八大体系进行优化与调整，以更加精准、系统地服务于各省市县、园区、企业的新质生产力建设的规划与落地。

（1）组织体系

组织体系主要包括党委体系、政府体系、实施体系、管理体系、考评体系等。组织是以价值创造活动为纽带，能够实现依靠个人力量所不能实现的目标，通过一定的约束机制而形成的人群集合体系。组织部门作为管党治党的重要职能部门，要锚定"围绕经济发展中心、服务高质量发展大局"的功能定位，在"干部队伍、第一资源、基层党建"新质化过程中不断提高组织工作质量，以组织"内力"在护航新质生产力上迈出新步伐，在推进中国式现代化这一过程中展现组织担当。

①党委体系

党委是党的各级委员会的简称。在新质生产力发展过程中，党委的作用至关重要。要充分发挥党组织的政治核心和政治引领作用，把握方向和大局，聚焦发展与转型、活动与创新，通过党建融入机制，将党的政治优势、组织优势转化为企业发展优势、竞争优势，助力地方、城市、园区、企业等加快形成新质生产力，为发展新质生产力提供坚强的政治和组织保障。

党的十九大报告指出，要以提升组织力为重点，突出政治功能，把企业等基层党组织建设成为宣传党的主张、贯彻党的决定、领导基层治理、团结动员群众、推动改革发展的坚强战斗堡垒。新时代背景下，国有企业党委地位重要、职责重大、任务艰巨，要勇于挑起重担，在深化国有企业改革、充分发展新质生产力中发挥领导作用。

党建引领是发展新质生产力要坚持党的领导的生动实践。只有把党建工作贯穿到新质生产力发展的各个环节，贯穿到产业链上，才能把党的工作覆盖到技术研发、生产运营等一线，充分发挥党组织把握方向的重要作用，保证高质量发展。

充分发挥党组织的政治功能是发展新质生产力的有效途径，为新质生产力注入了活力。习近平总书记强调，发展新质生产力是推动高质量发展的内在要求和重要着力点。要充分落实党委组织制度，不断提升党员的党性，为新质生产力提供发展动能，不断推动生产力迭代升级。

②政府体系

政府负责行政事务，具体执行党委的决定。在新质生产力的发展中，政府的作用主要体现在政策支持、优化发展环境、完善市场经济基础制度、加强服务监管等方面。发展新质生产力被列为2024年政府工作之首。各级政府要营造市场化、法治化、国际化的营商环境，改善生产、生活、生态环境，鼓励构建科研成果转化和创新的生态体系，支持城市、园区、企业加大科技投资，支持企业技术改造和产业升级，大力发展文化教育事业，培养高素质的干部队伍、专业人才以及智库专家，搭建科技创新平台，并促进科技成果转化。

政府要通过制定和实施相关政策，提升传统产业、培育新兴产业、谋划未来产业；加大对新能源、新材料、先进制造、电子信息等战略性新兴产业的支持力度，加快形成新质生产力，增强发展新动能。未来产业由前沿技术驱动，当前处于孕育萌发阶段或产业化初期，是具有显著战略性、引领性、颠覆性和不确定性的前瞻性新兴产业。大力发展未来产业，是引领科技进步、带动产业升级、培育新质生产力的战略选择。政府要把握全球科技创新和产业发展趋势，加强前瞻谋划部署。

政府要注重发展环境建设，优化创新生态。政府要注重制度创新、管理创新，为新质生产力营造良好的发展环境和创新生态，激发企业创新的积极性、主动性，加速科技成果转化，促进新质生产力发展。

政府要全面完善产权保护、市场准入、公平竞争、社会信用等市场经济相关基础制度建设，促进各类生产经营主体充分竞争，使人才、资金等创新要素向优势企业聚集。

政府要加强服务与监管，通过放管服改革等措施，提高公共服务质量，切实解决企业在发展中遇到的问题。

新质生产力体系构建，需要国家层面、区域层面、行业层面的七个协同，即"思维协同、战略协同、目标协同、政策协同、产业协同、要素协同、激励协同"。其中，"关键少数"的多维协同与知行合一决定了我国新质生产力建设的成效。这里的"关键少数"指中央、国家部委主要负责同志，省市党政一把手，国家级科研院所掌门人，国务院国资委及央企主要负责人等。这些"关键少数"的思维与决策会严重影响新质生产力的理论与实践，影响到全国各省市、各行业的科技创新、劳动者（包括领导干部）素质提升、产业转型、要素配置等方面的重大战略决策、考核激励、日常经营活动等，进而深刻影响到新质生产力的内涵解读、政策制定、业绩考核、资源倾斜、决策纠偏、产业升级、国际竞争以及全要素配置等，关系到国家战略的科学性、前瞻性、系统性、实操性与灵活性，关系到新质生产力改革与创新的成效。

"关键少数"的重大决策与战略执行力等决定了国家、省市、行业、实体经济的科技创新能力、劳动者素质培养、产业升级、对新兴产业与未来产业的选择与扶持，影响到土地、金融、科技成果等要素的流动规则与激励机制，进而传导到产业链的各环节，传导到各地区、各行业，影响新质生产力的内涵、政策机制、推进模式与行动路线等。各级党委、政府与国资委等对于干部业绩考核与激励也引导了科技创新、劳动者、产业选择与平台建设等，同时，也对国际开放与跨区域合作等产生各种影响。

为确保"关键少数"按照国家战略、经济规律、行业规则与正能量系统推动新质生产力建设，需要采取一些具体措施。一是强化党中央对新质生产力工作的集中统一领导。要强化中央、国家部委"关键少数"的政策学习与干部培养，统一"关键少数"领导干部的思想认识与专业认同，确保中央关于新质生产力的指示精神不走样，传达到每个关键领导干部。二是坚持依法治国，依法执政，坚持系统观。要强调政策与机制的规范性、指导性与激励性，尽快完善新质生产力的党中央统一领导与分工负责制，确保组织上、机制上、行动上保持一致。三是坚持政策引导、市场主体。要加大政策引导作用，强化"1+N"的政策文件出台与规范化。建议党中央出台新质生产力的核心文件，由国家发展改革委牵头，国家有关部委分工负责，健全完善"1+N"的新质生产力政策文件与行动计划，特别是强化中组部及各级组织部门对党政干部的新质生产力相关培训与指导，强化领导干部贯彻新质生产力效果的业绩考核与奖惩，避免基层出现认知偏差。同时，鼓励科研院所、实体经济、社会各界等积极参与到新质生产力的改革创新中，争做行业标兵。四是坚持理论联系实际。要强化新质生产力的系统性、持续性、链条性、操作性等的研究与实践，现在部分省市县区已开展新质生产力试点，要提炼经验逐步推广，并积极优化提升。五是坚持正向激励，强化创新协同。要加大新质生产力改革试点的激励机制，强化国家部委的自我学习、主动创新与能力提升，强化国家发展改革委、科技部、工业和信息化部、中组部、商务部等各部委的政策协同与跨部委协调，尽快构建跨部委、跨行业的新质生产力政策发布、改革试点、产业协调机制。六是坚持监督约束。要鼓励各级领导干部积极作为，勇于创新。要强化主要领导干部的权力监督与决策质量考核。要强化"关键少数"的重大决策监督与行为指导引导，鼓励各部委、各省市领导干部开展问题研究，搞好基层调研，立足本地实际，因地制宜，创新发展。要对新质生产力组织培训，开展基层调研与群众座谈，主动部署试点工作，积极推动科技创新、管理创新、市场创新与企业创新，避免躺平式高级干部出现，减少或避免漂浮式、报喜不报忧、欺上瞒下等行为，避免"一刀切"及盲目追风的习气。要鼓励各省市县、各园区、各企业、各院所、各智库等积极参与和推动新质生产力的理论研究与社会实践，以高度的责任感、危机感与历史使命感，积极参与新质生产力的研究和项目实践。要积极扶持各类园区、企业等参与新质生产力的各类实践活动。要因地制宜，实事求是，积极开拓，不搞花架子，不搞形式主义。七是强化对国际形势与国际规则的研究与融合。要坚持对外开放，坚持包容合作，强化对国际市场的深层次研究与对国际环境的改善的研究，强化国家发展改革委、商务部、外交部、工信部等在国际合作工作中的全局观、战略观、国家安全观，特别要强化对欧美市场的政策研究、规则研究与主动布局，加大国际风险识别与防范力度，坚决打破国际市场的贸易封锁与技术封杀，持续改善国际发展环境，提高国际软实力。要努力打造国际领先的新质生产力，把新质生产力的"中国创新"转化为"全球优势"，把"民族自信"转化为"全球认同"，通过新质生产力示范与创新，推进中国式现代化。

③规划体系

发展新质生产力需要做好全面规划。做好发展规划，是为了实现经济社会发展目标和任务，要紧密结合新时代经济社会发展的新要求和新挑战，明确总体目标、基本原则、重点任务和政策措施，提高规划质量和实施效果，推动经济社会持续健康发展。

发展规划体系包括国家发展规划、专项规划、区域规划等。国家发展规划是指引领国家全局发展的长远性、战略性规划。专项规划是指针对特定领域或特定问题制定的规划，涉及经济发展、科技创新等多个领域。区域规划是为了实现区域内经济社会发展目标，统筹规划区域内各城市和地区的发展。我们通过建立规划体系，可以统筹规划各个领域和地区的发展，确保经济社会发展的协调性和一致性。

做好新质生产力发展规划，要遵循几个原则。一是先立后破原则。我们在发展新质生产力时，应先确保新经济体系能够稳定成长，避免落后产业体系退出时对经济增长和财政收入造成冲击。我们在发展中要通过渐进式的改革和调整，推动产业结构的优化和升级。二是分类指导原则。我们要根据不同新质生产力的特征和发展需要，制定针对性强、可执行性高的发展策略和路径，以有利于平衡和缓解新产业兴起和旧产业有序退出过程中出现的矛盾，顺利实现腾笼换鸟。三是科技创新驱动原则。我们要打造新型劳动者队伍，创造和应用新质生产力资料，用好新型生产工具，适应新质生产力的生产关系，让生产要素顺畅流动和高效配置。四是因地制宜原则。我们要依据本地的资源禀赋、产业基础、科研条件等，有选择地用新技术提升传统产业，促进产业高端化、智能化、绿色化发展，推动产业结构优化升级。

④执行体系

我们要完善由各级党委领导、各级政府推动，以企业为主体的新质生产力建设体系。我们要巩固企业科技创新主体地位，鼓励企业参与创建新质生产力示范试点。我们要加快新质生产力试点城市、试点园区与试点企业建设，积极探索现代农业产业化体系建设与自动化、机械化农业生产工具的广泛应用。我们要加快各类园区产业升级与新兴产业、未来产业招引培育。我们要加快建设世界一流企业和科技领军企业，发展壮大制造业单项冠军企业和高新技术企业，打造更多专精特新中小企业和"独角兽"企业，促进大中小企业融通创新。我们要建设新型劳动者队伍，重点培养现代农业、高端制造、科技研发、精密制造、金融创新、国际合作以及现代服务业相关的干部队伍、职业工人、科学家、企业家、金融家，大力培育和招引智慧制造领域的应用型人才，掌握关键核心技术的科技人才，熟悉国际商贸规则的战略型人才。我们要持续优化、构建适应新质生产力的生产关系，加大各方面的改革开放，打通束缚新质生产力发展的堵点卡点，让各类先进优质生产要素向发展新质生产力的方向顺畅流动和高效配置。

⑤管理体系

管理体系是组织用于建立方针、目标以及实现这些目标的过程的相互关联和相互作用的一组要素。管理体系包括管理的目标、管理的原则、管理的方案、方案执行的方式、执行过程中具体的操作、所有活动的轨迹、执行的有效性。搭建高效的新质生产力管理体系是各级党委、政府、园区、企业等提升竞争力和实现可持续发展的重要途径。各级党委、政府要构建公开、透明、公正、科学的决策机制与重大项目评估机制，要形成数字化、系统化、全过程的党政干部任用、项目审批、科技投入、产业规划、园区开发、要素聚集等方面的决策运营与评估体系。园区要构建开放性、市场化、系统化的管理运行机制。企业要建立全员参与的管理机制，优化生产销售流程，加强数据管理和分析，培养员工技能，推行全面质量管理，加强供应链管理，推广智能制造技术，建立绩效考核制度，持续改进和创新，建立学习型组织，逐步形成高效、系统、有前瞻性的新质生产力党委统筹、政府决策、园区招商、企业管理等方面的系列重大决策与管理运行体系。

建立全员参与的管理机制。企业要搭建高效的新质生产力管理体系，首先要建立全员参与的管理机制，让每个员工都能够参与到新质生产力管理体系中来，充分发挥每个员工的潜力。企业要优化重大决策与生产流程。政府、企业在搭建各自新质生产力管理体系时，需要不断优化决策流程、生产流程、项目流程，运用大数据手段，采用先进的生产技术和设备，提高决策水平，提高决策透明度与科学性，提高生产效率和产品质量，降低决策成本和生产成本，提高决策质量，提高盈利能力。

加强数据管理和分析。企业要搭建高效的新质生产力管理体系，还需要加强数据管理和分析能力，通过数据的收集、分析和应用，实现对生产过程的精细化管理和优化。

培养员工技能。企业要搭建高效的新质生产力管理体系，必须重视员工技能的培养和提升，通过培训和学习，提高员工的专业技能和工作能力，增强企业的竞争力。

推行全面质量管理。全面质量管理是搭建高效新质生产力管理体系的重要组成部分，企业要将全面质量管理理念贯穿到生产过程的每一个环节，确保产品质量和服务质量的稳定提高。

加强供应链管理。在搭建新质生产力管理体系过程中，企业还需要加强供应链管理，与供应商建立长期稳定的合作关系，确保原材料的质量和供应的及时性，提高生产效率。

推广智能制造技术。智能制造技术是提高生产效率和产品质量的重要手段，企业要积极推广智能制造技术，引入人工智能、机器学习等先进技术，实现生产过程的自动化和智能化。

建立绩效考核制度。为了激励员工的工作积极性和提高生产效率，企业需要建立科学合理的绩效考核制度，通过对员工的绩效进行评估和奖惩，推动员工不断提升工作水平。

持续改进和创新。企业要搭建高效的新质生产力管理体系，必须持续改进和创新，不断探索新的管理模式和技术手段，适应市场需求的变化，确保企业始终保持竞争优势。

建立学习型组织。为适应快速变化的市场环境，企业需要建立学习型组织，鼓励员工不断学习和创新，培养团队合作精神，促进知识共享，实现企业持续发展。

⑥考评体系

考评体系是由一组既独立又相互关联并能较完整地表达评价要求的考核指标组成的评价系统，绩效考评体系的建立，有利于评价领导干部、企业家及各类员工工作状况，是开展各级干部、企业家与员工考核工作的基础，也是保证考核结果准确、合理的重要因素。可从科技创新、新型劳动者、新质劳动资料、新型劳动对象、要素优化组合五个维度构建新质生产力评价指标体系。

科技创新维度主要聚焦科技创新投入、科技创新成果和成果转移转化三个关键创新环节。新型劳动者维度主要聚焦战略科技人才、应用型人才两类重点人才。新质劳动资料维度主要聚焦新型生产工具领域。新型劳动对象维度主要聚焦新型生产要素、新产业新业态两个方面。要素优化组合维度主要聚焦数字化、绿色化和配置效率三个方面。

（2）人才体系

人才体系主要包括：政策扶持体系、党政人才体系、企业经营管理人才体系、专业技术人才体系、高技能人才体系、农村实用人才体系、社会工作人才体系等。人才体系是指为了充分发挥各类人员的才能而进行的一系列活动，包括人才的选拔、培养、使用和管理等方面。它涉及个体素质结构和群体结构以及社会结构的不同层面。人才体系的建设和发展取决于社会的政治结构、经济结构、教育结构、产业结构、技术结构等因素。

①政策扶持体系

人才是国家和组织发展的重要资源，为了促进人才培养、吸引、留用和发展，建立一个完善的人才政策体系至关重要。人才政策体系是指为培养、吸引、留用和发展人才而建立的一系列政策和措施所形成的整体。它涵盖了教育培训、人才流动、薪酬福利、职业发展等方面，旨在提高人才的素质和能力，推动国家和组织的创新、竞争力提升和可持续发展。该体系包括人才培养和教育的政策措施、人才引进与留用的政策措施、人才评价和激励的政策措施、人才流动和交流的政策措施。人才政策体系中的重要组成部分是人才培养和教育的政策措施，包括提供高质量的教育资源，改善教育体系，培养具备创新思维和实践能力的人才；同时，还需要关注终身教育，为人才提供持续学习和进修的机会，以适应不断变化的社会和经济环境。吸引和留用人才是人才政策体系中的重要环节。为了吸引国内外优秀人才，可以制定相应的政策措施，如提供优厚的薪酬待遇、良好的职业发展机会、灵活的工作环境等。同时，为了留住人才，还需要关注各级干部、企业高管及其他员工的工作满意度、发展机会、福利待遇等方面，以提高人才的忠诚度和留存率。为激励人才发挥潜力和能力，人才政策体系需要建立科学的人才评价和激励机制。这包括制定公正的绩效评价体系，通过绩效激励、奖励和晋升等方式激发人才的工作积极性和创造力。此外，还可以完善知识产权保护制度，鼓励人才进行创新和知识产出。人才流动和交流对于人才的培养和发展至关重要。因此，人才政策体系需要提供相应的政策措施来促进人才流动和交流。这包括建立人才交流平台、提供人才流动的便利条件、鼓励跨部门和跨地区的合作项目等，以便人才能够充分发挥其专长和经验，推动不同地区和组织之间的合作与发展。

②党政人才体系

党政人才指党委和政府中的人才，比如领导干部、政府工作人员等，具有执法权力，维护社会稳定，同时也是受群众监督。

我们要坚持党管人才的原则，确保领导干部工作的正确方向。通过党对人才工作的领导，优化领导干部人才工作体系。

我们要持续优化领导干部人才队伍结构，塑造与产业、社会发展匹配的人才支撑体系，为高质量发展提供充足的人才储备和创新力量。

③企业经营管理人才体系

企业人才指的是企业经营管理者，一是出资人，如投资该企业的股东，代表人物有各个董事；二是公司的管理者，如企业各个岗位的管理者责任人，如总经理、总监等岗位的人才。

④专业技术人才体系

专业技术人才是指有一项专业技能，在相应岗位上担任重要角色的人才。专业技术型人才也是我国的稀缺人才，我国应重点培养高精尖人才。专业技术人才是我国人才队伍的骨干力量，在我国发展中发挥着重要的作用。

⑤高技能人才体系

高技能人才指在生产领域中能够解决操作上或者工艺上的难题，在关键时刻发挥重要的作用的高级技师或者高级专业人员等，是我国人才队伍的重要组成部分。

⑥农村实用人才体系

农村实用人才在农村的特色发展道路上，起到了一定的带头和示范作用，他们是为农村经济的发展作出了重大贡献的实用人才。

⑦社会工作人才体系

社会工作人才一般指社工或者义工，他们是在社会救济或者慈善上提供服务的专业人员，无偿参加社会服务工作，为社会的和谐发展作出了巨大贡献。

（3）产业体系

产业体系主要包括传统产业体系、新兴产业体系、未来产业体系等。产业体系是一个复杂而庞大的系统，包括多个方面和层次，完善产业体系旨在提高整个社会的生产效率和经济效益。习近平总书记指出，要以科技创新为引领，统筹推进传统产业升级、新兴产业壮大、未来产业培育。

①传统产业体系

传统产业通常指传统制造业、采矿业、农业等，这些产业在生产方式、技术水平、管理模式上相对较为落后，主要依靠人力和机械设备进行生产，产品结构单一，市场竞争激烈，发展受到资源约束和环境污染等问题的制约。

②新兴产业体系

新兴产业指关系到国民经济社会发展和产业结构优化升级，具有全局性、长远性、导向性和动态性特征的产业。与传统产业相比，新兴产业具有高技术含量、高附加值、资源集约等特点，也是促使国民经济和企业发展走上创新驱动、内生增长轨道的根本途径。新兴产业包括新一代信息技术、新能源、新材料、高端装备、新能源汽车、绿色环保、民用航空、船舶与海洋工程装备等产业。

③未来产业体系

未来产业是尚处于孕育孵化阶段的具有高成长性、战略性、先导性的产业，包括元宇宙、脑机接口、量子信息、人形机器人、生成式人工智能、生物制造、未来显示、未来网络、新型储能等。

（4）科创体系

科创体系主要包括创新激励体系、成果转化体系、企业孵化体系、平台赋能体系等。科技创新是新质生产力的核心要素，它是推动经济发展和社会进步的重要动力。只有不断地进行科技创新，才能提高生产效率，降低生产成本，提高产品质量，满足人民日益增长的美好生活需要。

①创新激励体系

创新激励体系是通过人性化的人才激励机制，具有竞争力的薪酬制度，畅通的晋升渠道，鼓励创新、容忍失败的创新环境和文化氛围等，充分调动创新人才的积极性，激发和保持人们创新的激情和热情的一套体系。

建立激励创新的工作机制。这是指，要建立激励创新的工作机构，设立专职部门，配备专职人员，负责创新工作的评价与考核、激励创新制度的制定、创新工作培训等。要做好创新成果的保护工作，防止创新成果当事人的利益受损。

建立科学有效的创新考核评价体系。这是指，要建立一套衡量创新成果考核评价体系，作为对创新成果进行考核奖励的基础。该体系要体现公平性和客观性，以有利于奖惩兑现为前提。评价体系的内容涵盖要全，评价指标要尽可能量化。以减少人为评价产生的误差。

健全创新激励方式。这是指，要加强对创新工作考核奖惩的兑现，使员工的创新成果价值与其所得合理匹配，从而激发员工的创新积极性。这要从物质鼓励、精神激励和文化建设三个方面加强和完善。物质激励形式主要有工资、奖金、红利、福利以及人事待遇。精神激励可授予员工某种称号，员工可享受一定的权利，如评先选优时予以加分等；在职务级别晋升上，也可将创新能力纳入考核内容。要将创新纳入企业文化建设，在各级领导、员工中营造一种创新光荣、创新受尊重的良好企业文化氛围，体现对创新人才的尊重。

②成果转化体系

科技成果转化是指为提高生产力水平而对科技成果所进行的后续试验、开发、应用、推广直至形成新技术、新工艺、新材料、新产品，发展新产业等。随着科技的不断进步和发展，科技成果的转化问题已经成为当前社会发展的重要问题之一。要更好地推动国内科技成果的转化与应用，就要建立健全科技成果转化体系。该体系应包括科技成果的孵化、技术转移、技术服务、产业化等多个环节。

科技成果的孵化是科技成果转化的第一步。该环节应注重发现、培育和引进优秀的科技成果，从而为后续的转化提供有力的支持和保障。

技术转移是将科技成果进行有效推广和应用的重要环节。该环节应注重促进科技成果的技术转移和转让，提供技术支撑和服务，以便更好地推进科技成果的应用和推广。

技术服务注重提供高质量的技术服务，包括技术咨询、技术应用、技术培训等方面，为产业化提供坚实的技术支持。

产业化是将科技成果转化为实际生产力的过程。该环节应注重对科技成果的产业化推广，包括技术加工、产品开发、市场营销等方面，从而提升科技成果的应用和推广效果。

③企业孵化体系

企业孵化是指为促进科技创新和经济发展，为新兴企业提供基础设施、技术支持、资金扶持等，帮助它们快速成长并取得商业成功。企业孵化体系可以促进科技创新的发展，推动技术进步和产业升级，带动就业增长和提升经济活力，培养和吸引高端人才，为国家培养未来的科技领军人才。构建企业孵化体系要注意几个方面：

办公场所和设施。要为各类干部、企业家、创业者等提供安全、可用的办公场所、会议室、网络等基础设施，以及接待、行政等日常服务，使各类人才、创业者等专注于本职工作，积极开展科技研发，有效推动项目落地或业务发展。

法律和知识产权咨询。初创企业往往在法律和知识产权方面存在较多疑问，孵化器通常会提供这方面的专业咨询，帮助创业者避免潜在的风险。

创业培训和融资服务。要建设一批服务平台或科技孵化器，定期举办各类创业培训和辅导课程，包括商业计划书撰写、融资技巧、产品开发等，帮助创业者提升创业技能。政府、园区、行业组织等应主动与风险投资机构、天使投资人等建立合作关系，为项目落地等提供融资机会，甚至直接进行投资。要建立包括合作伙伴、客户、投资者等在内的广泛网络，为创业者提供资源共享和合作机会。要协助创业者进行市场推广，包括组织商业推广活动、建立媒体关系等。要针对技术型初创企业，提供技术咨询、研发支持等服务。

④平台赋能体系

平台赋能是指互联网平台通过技术、资源、信息等手段，为其他参与方提供支持和帮助，使其能够更高效地实现自身目标。平台赋能的核心在于为其他参与方创造价值，促进其个体或组织的发展。常见的赋能手段包括但不限于技术支持、资源共享、信息传递、市场拓展等。通过这些赋能手段，互联网平台为其他参与方提供了更广阔的发展空间，帮助其打破局限，发挥出更大的发展潜力。为了更好地发挥平台经济的作用，我们要围绕集中力量创新技术、切实结合国家重大方针、参与国际化进程以及营造公平的营商环境等方面加强平台赋能体系建设。

推动科技创新。集中力量创新可帮助平台经济进一步深入发展，解决目前平台经济所面临的各种问题；为民众带来更加便利和高效的生活方式，做到有效赋能实体经济。另外，新技术会增加对于相关领域人才的需求，即更多的就业岗位会出现。新技术的开发还有利于我国数字经济产业体系的发展。

鼓励国际化发展。中国的平台经济处于世界领先地位，相关企业掌握了诸多高精尖的技术，在提高民众生活水平、提升国家经济快速发展方面起到了重要作用。而对于全球很多国家来说，这些技术的实现都是极其困难的。因此，将中国经验、中国技术、中国理念传递给全球，可以在很大程度上推动许多国家的未来发展，达成人类共同进步的伟大目标。

提升营商环境。要让平台经济更好、更快地发展，公平稳定的营商环境必不可少。虽然平台经济有着信息对称、透明度高的特点，但平台企业所享有的机会则是不同的，导致了部分平台经济的行业门槛过高，新的企业难以进入，行业发展停滞不前。因此，当平台经济的营商环境问题解决，各平台企业得以公平竞争后，越来越多的商户就会涌入平台经济相关行业，为平台经济的发展提供新的动力。

（5）要素体系

要素体系主要包括文化融合体系、土地开发体系、资源利用体系、先进生产体系、生态质量体系、网络安全体系、劳动工具体系等。

发展新质生产力需要激发文化融合、土地开发、资源利用、先进生产、生态治理、网络安全、劳动工具等要素体系，并通过其优化组合实现生产力的跃升。

①文化融合体系

文化具有时代性和民族性。一个民族既不能全盘吸收外来文化，也不能排斥外来文化。文化融合是一个民族在文化交流过程中以其传统文化为基础，根据需要吸收、消化外来文化，促进自身发展的过程。随着全球化的不断深入，不同文化之间的交流和融合已经成为当今世界的重要趋势。文化融合是跨文化交流的必然结果，也是推动多元文化发展的重要力量。

尊重文化的多样性。在跨文化交流中，我们要尊重不同文化的多样性和差异性，不轻易评价和贬低其他文化，以平等、包容的心态去了解和学习其他文化。

促进文化交流。我们要通过各种途径和渠道，促进不同文化之间的交流与互动。例如，举办文化节、艺术展览、音乐会等文化活动，加强国际学术交流与合作，推动人才的流动与培养。

创新文化的表现形式。我们要在保留原有文化特色的基础上，创新文化的表现形式，使其更具有时代感和现代性。

扶持文化产业。我们要通过政策引导和市场机制的完善，推动文化产业的发展，鼓励企业加强国际合作与交流，提升产品的质量和竞争力。同时我们也要注重传统工艺的保护和传承，培育具有地域特色和民族特色的文化产业。

提高国民素养。加强国民的文化素养教育和提高国民对自身文化的认知度和自豪感是实现文化融合的重要基础，只有当国民具备了较高的文化素养，才能够更好地吸收借鉴其他文化的优秀元素，使自己的文化更加丰富多彩，提高国际竞争力，实现文化的双向交流与融合。

保护文化的生态环境。在推进文化融合的过程中，我们要注重保护文化的生态环境，避免盲目照搬和滥用外来文化以及贬低和排斥本土文化的现象发生，要保持各民族文化的独立性和特色，同时也要吸收其他文化的优秀元素，实现各民族文化的和谐共存、共同发展。

健全法律法规。我们要为推进文化融合提供保障，通过制定相应的政策法规来规范不同文化之间的交流与融合，保障各民族文化的平等权益，促进各民族文化的共同繁荣发展。

②土地开发体系

土地要素涵盖了岩石、土壤、植被等，这些要素相互交织，共同塑造了土地资源的多样性和独特性。土地类型、土壤性质、气候条件等均是决定土地用途和农业生产潜力的关键因素。作为自然物的土地，是一切生产资源和生产资料的源泉和依托。土地不仅具有使用价值，还有价值。

随着经济社会的发展，土地要素的合理利用和保护变得尤为重要。土地是人类赖以生存和发展的重要物质基础，不仅是农业生产的基础，也是城市扩张、工业发展的重要载体，是支撑高质量发展、实现中国式现代化的重要保障。

为了促进新质生产力的发展，我们要推进土地要素市场化配置，建立健全城乡统一的建设用地市场。我们要加快修改完善土地管理法及实施条例，完善相关配套制度。我们要深化产业用地市场化配置改革，健全长期租赁、先租后让、弹性年期供应、作价出资（入股）等工业用地市场供应体系。我们要鼓励盘活存量建设用地，充分运用市场机制盘活存量土地和低效用地，研究完善促进盘活存量建设用地的税费制度。我们要完善土地管理体制，完善土地利用计划管理，实施年度建设用地总量调控制度，增强土地管理灵活性，推动土地计划指标更加合理。我们要加强土地供应、利用的统计监测。

土地开发是指地面及地下资源、自然环境开发利用、管理和维护的过程，它关系着国民经济和社会发展的全局。随着我国经济的快速发展和城市化进程的加速推进，土地的开发也越来越受到人们的关注。

土地开发体系具体包括五大体系：

土地开发规划体系。实现土地开发工作全过程规划的覆盖和管理的全面性。

土地开发科技体系。推进科技创新，加快环保和节能技术的应用。

土地开发管理体系。完善土地开发管理机制，建立管理体系和规划体系，对土地开发工作进行科学的掌控和管理。

生态环境保护体系。加强生态环境保护，实现可持续发展，保证土地资源合理利用和保障资源的质量和安全。

土地开发服务体系。优化土地开发服务，提高技术水平，提供土地开发服务的专业性和专一性。

③资源利用体系

资源是指能够满足人类需求，具有使用价值的自然物质、能源、资金以及技术等要素。资源的存在为人类的生存与发展提供了保障。我们可以通过加强科学规划、推进技术创新、强化监管与法治建设以及加强人力资源开发等措施，实现资源开发利用的可持续发展，促进经济社会的繁荣与进步。

加强科学规划。我们要根据资源的特点和分布情况，制定科学合理的资源开发利用规划，充分考虑生态环境保护和社会经济可持续发展的需要，避免盲目开发和浪费。

推进技术创新。我们要加大对资源开发利用领域的技术研发投入，提高技术水平，推动创新发展。我们要引进和采用先进的技术手段，提高资源开发利用效率，减少对环境的影响。

强化监管与法治建设。我们要建立健全资源开发利用的监管机制，加大对资源利用过程的监督和管理力度，严厉打击违法违规行为。同时，我们要完善资源利用的法律法规，增强资源开发利用的规范性和可持续性。

加强人力资源开发。我们要加大对人力资源开发的投入，提高劳动者的素质和技能水平，为资源开发利用提供人才支持。我们要通过教育和培训，使劳动者具备适应资源开发需求的能力和技术。

④先进生产体系

先进生产体系是一个复杂的系统，不仅包括生产数据、生产数据处理系统和生产网络等基本元素，还涉及创新、质量、柔性、继承性、自我完善和环境保护等功能特性，以及生产管理系统和安全生产管理体系。

生产数据包括生产过程中的所有数据信息，如生产计划、物料需求、成本数据等。

生产数据处理系统负责收集、处理和分析生产数据，以支持生产决策和管理。

生产网络涉及生产过程中的人、机器、设备和信息系统的网络连接，确保生产活动的顺畅进行。

生产管理系统包括生产计划管理、成本管理、物料需求计划管理、采购管理、库存管理、质量管理等，这些管理系统的共同作用在于提高生产效率和管理准确性。

安全生产管理体系包括政策、目标、组织、计划、实施、检查、纠正和持续改进等环节，旨在确保生产活动的安全性和员工的健康。

⑤生态质量体系

生态质量体系是指为保证产品或服务质量满足规定的要求，由组织机构、职责、程序、活动、能力和资源等构成的有机整体，用于协调、控制和管理产品或服务质量，涵盖产品或服务的整个生命周期，包括产品开发、生产、销售、服务等各个环节。

质量策划。质量策划是组织制定的，描述了如何实施和维护质量管理体系，包括确定质量目标和指标，制定质量计划以及制定有效的质量管理方法和工具等。

质量控制。质量控制是指，通过一系列的过程和活动，确保产品符合规定的质量标准和要求，包括制定检验和测试程序，对原材料、在制品和成品进行抽样检验，以及监测生产过程中的关键控制点，以避免质量问题。

过程管理。过程管理是指，对所有生产过程进行深入的分析和优化，以降低出现质量问题的风险，包括定义和规范生产过程，建立并监控关键指标，持续改进和优化生产流程。

质量改进。质量改进是指，通过持续改进和创新，不断提高产品质量和生产效率，包括收集和分析数据，识别质量问题的根本原因，并采取适当的措施，以预防类似的问题再次发生。

培训和培养人员。在有效的质量管理体系中，员工是质量管理的重要组成部分。培训和培养员工的质量意识和技能，有助于提高产品质量和组织绩效。培训包括对员工进行相关的技能培训和质量管理知识的传授。

供应商管理。高质量的供应商可以确保提供的原材料和服务符合质量要求，供应商管理包括选择和评估供应商的能力，建立供应商质量要求和要求供应商提供质量保证。

客户关系管理。客户关系管理包括收集客户反馈和意见，及时解决客户问题和投诉，以及持续改进产品和服务以满足客户需求。

内部审核。内部审核是指，通过对质量管理体系的内部评估，发现和纠正潜在的问题，并持续改进质量管理体系的效能。

⑥网络安全体系

网络安全体系是由多个安全要素组成的一套网络保护系统，旨在确保信息系统的完整性、可用性和保密性，包括网络设备安全、网络安全策略、网络防御措施、网络监测和管理、网络安全培训和意识提升等。

网络设备安全包括网络硬件设备和软件的安全配置和管理，如防火墙、入侵检测系统、入侵防御系统等的部署和配置，可以识别和阻断网络中的恶意流量，保持网络的正常运行，并提供安全日志和报告用于事后分析和溯源。

网络安全策略是指确定和实施网络安全保护措施的指导原则，包括网络访问控制策略、身份认证与授权策略、数据加密策略等，制定和执行这些策略，可以确保网络资源只能被授权用户使用，关键数据得到适当的保护。

网络防御措施。网络防御措施包括防火墙、入侵检测系统、反病毒软件等，用于检测、阻断和清除恶意软件和网络攻击。此外，还可以使用漏洞扫描和弱点管理工具来及时修复系统中的漏洞，以减少潜在的威胁。

网络监测和管理。网络监测和管理包括实时监测网络流量、日志分析、事件响应等活动。通过对网络日志和事件的分析，技术人员可以及时发现和响应可能的安全事件，保护网络不受攻击。此外，还可以定期进行网络漏洞扫描和渗透测试，以评估网络的弱点和安全性。

网络安全培训。员工是网络安全的关键环节，他们的行为和意识直接影响着网络的安全性。因此，定期组织网络安全培训和意识提升活动，可以提高员工对网络安全的认识和理解，帮助他们识别和防范潜在的网络威胁。

⑦劳动工具体系

劳动工具是指人类用来改变自然环境、满足自身需求的工具。它是人类文明发展的重要标志，也是人类社会生活的重要载体。劳动工具的使用，可以极大地提高人类的劳动效率，改善人类的生活质量。它不仅可以帮助人类完成繁重的体力劳动，还可以帮助人类完成复杂的技术劳动。劳动工具的变革经历了从最初的石器到现在的数字化、自动化和智能化工具的过程，每一次变革都极大地提高了生产效率和人们的生活水平。劳动工具的发展，也给人类社会带来了巨大的影响。农业机械化时代，机械器具逐步替代了手持工具和畜力农具的功能，畜力在农耕中的作用逐渐消失。电气化时代，生产工具变得更加自动化。数字化时代，开始大规模普及数字控制技术，智能化和自动化程度更进一步。新材料时代，制造业需要更加精密和高效的加工工具，以满足加工新材料的需求，激光加工、电子束加工、等离子切割等新的先进加工技术和工具迅速发展起来。随着计算机技术的快速发展，生产工具变得更加智能化和开放化。通过开发更多模块化的开放工具，人们可以轻松地对不同任务进行编程，实现更精确的操作。

（6）流通体系

流通体系主要包括仓储物流体系、交通运输体系、数据流动体系、AI应用体系等。随着经济全球化的推进，一个国家的综合竞争力更多取决于现代流通能力，流通体系在国民经济中发挥着基础性作用。党的二十大报告提出"建设高效顺畅的流通体系"，并将其作为建设现代化产业体系的重要内容作出安排部署。我们需要加强仓储物流体系、交通运输体系、数据流动体系、AI 应用体系建设。

①仓储物流体系

仓储物流是指将生产或采购的商品存储在仓库中，并通过合理的物流方式进行调配和配送，满足市场需求的过程。仓储物流体系包括入库管理、库存管理、出库管理、物流配送、信息管理、仓储设备和设施管理。

入库管理是指将采购的商品或从生产线上生产出来的商品通过合理的方式入库，并对入库商品进行质量检查、分类、编码、标识等处理，确保库存信息的准确性。

库存管理是指对仓库中的库存进行统一管理，包括库存量、库龄、库存状态等，实现库存信息的全面监控和实时更新。库存管理还包括库存分布、调拨、盘点等，确保仓库中的货物始终处于适当的状态。

出库管理是指按照订单或客户需求从仓库中调配商品，并进行出库管理，包括出库计划、拣货、装箱、打包、发货等环节，确保商品能够准确无误地到达客户手中。

物流配送是指将商品从仓库运输到指定地点的过程，包括运输方式的选择、运输路线的规划、货物的装卸、运输跟踪等，确保货物在配送过程中的安全和及时性。

信息管理是指对仓库管理和物流配送过程中的信息进行采集、处理、存储和传递的过程，包括库存管理、出入库记录、运输跟踪、订单管理、客户服务等。信息管理可以实现仓储物流过程的信息化和智能化，提高管理效率和服务质量。

仓储设备和设施管理是指对仓库的设备、设施、安全等进行管理和维护，包括货架、叉车、气调库、冷链设备、防火、防盗等。科学的设备管理和设施维护，可以提高仓库效率和货物质量。

②交通运输体系

交通运输体系是指各种运输方式在社会化的运输范围内和统一的运输过程中，按其技术经济特点组成的分工协作、有机结合、连接贯通、布局合理的体系。安全便捷的交通运输系统，不仅可以满足人们的出行需求，同时可以推动城市甚至国家的可持续发展。交通运输体系包括运输系统、运输基础设施系统和综合运输管理。运输系统包括铁路运输、公路运输、水上运输、航空运输和管道运输等，运输基础设施系统包括公路与桥梁、铁路、航道及运输工具的制造、维修与保障等。

③数据流动体系

随着数字贸易的不断发展，全球数据储备量呈爆发式增长。近年来，我国数字经济蓬勃发展，数字经济与实体经济加速深度融合，产业数字化和数字产业化加速推进。数据信息资源成为全球焦点，数据跨境流动及规则体系建立也成为各国参与数字经济的重要突破口。我们要在统筹好发展与安全关系的基础上，从提高跨境数据流动规则体系的系统性、主动参与国际数据规则议题谈判和国际协议制定、构建中国特色全球跨境数据流动规则体系等方面入手，建立发展与安全相协调的跨境数据流动规则体系，切实发挥数据支撑经济社会发展的重要作用。

提高跨境数据流动规则体系的系统性。我国要加强顶层设计，成立专门的数据保护监管机构，明确跨境数据流动规则体系的主导思想和总体安排。在完善相关立法的基础上，我国应出台专门的顶层设计文件，统筹国内数据治理与跨境数据流动的关系，协调跨境数据流动中安全与发展之间的关系。

参与国际数据规则和国际协议。在数据安全可控的前提下，我国应主动参与国际数据规则议题谈判，将数据跨境流动纳入双、多边贸易投资谈判内容，促进数据合法有序流动。

构建中国特色全球跨境数据流动规则体系。加强与新兴国家之间的科技合作，利用多边机制的召集力和广泛影响力，达成相关协议。我国应着力推进"一带一路"合作框架下数据流动协议与标准的制定，构建数字命运共同体，推动全球跨境数据流动规制形成新局面。

④AI 应用体系

在数据时代大背景下，物流行业以互联网为依托，运用大数据、人工智能等先进技术，对线上线下的数据进行深度整合，并利用一套完善的系统来进行库存管理、需求预测等。随着 AI 技术的不断发展，其在各个领域的应用也日益广泛。在商品流通领域，AI 的应用正逐渐改变着传统的商业模式，给企业带来了巨大的机遇和挑战。Al 变得越来越强大之后，新一代物流架构将以智能为主要特征，人作为监督者与管理者参与物流运作中，而体力劳动力和脑力劳动力由机器代替，数字化进度不断加深。AI 在流通领域的应用主要体现在智能供应链管理、智能仓储管理、智能售货机、智能营销和推广、智能风险控制等方面。

智能供应链管理。AI 技术可以通过数据分析和预测，帮助企业优化供应链，提高物流效率和准确性。通过智能算法和机器学习，AI 可以实时监测和分析供应链中的各个环节，包括订单处理、库存管理、运输调度等，从而提供最佳的运营方案和决策支持。

智能仓储管理。传统的仓储管理往往需要大量的人力和较高的时间成本，而且容易出现错误。AI 技术的应用可以实现仓储管理的自动化和智能化。通过物联网技术和传感器，AI 可以实时监控仓库中的货物存放和流动情况，提高货物的管理和追踪能力。同时，AI 还可以通过分析历史数据和预测模型，优化仓储布局和货物的配送路线，提高仓储效率和准确性。

智能售货机。传统的售货机往往只能提供有限的商品选择，而且无法根据消费者的需求进行个性化推荐。而 AI 技术可以通过人脸识别和行为分析，实现对消费者的识别和了解，从而为其提供个性化的商品推荐和定制化服务。同时，AI 还可以通过数据分析和预测，优化售货机的货物管理和补货策略，提高销售效率和用户满意度。

智能营销和推广。通过数据分析和机器学习，AI 可以对消费者的购买行为和偏好进行分析和预测，从而为企业提供个性化的营销方案和推广策略。通过智能算法和自然语言处理技术，AI 还可以实现智能客服和在线问答功能，提高用户体验和满意度。此外，AI 还可以通过社交媒体和互联网平台，实现精准广告投放和用户群体定位，提高营销效果和销售额。

智能风险控制。商品流通过程中存在一定的风险，如盗窃、损坏、假冒伪劣等。AI 技术可以通过图像识别和数据分析，实现对商品和货物的风险控制和监测。通过智能算法和模式识别，AI 可以识别出潜在的风险和异常情况，并及时采取相应的措施。同时，AI 还可以通过数据分析和预测，帮助企业预防和减少各类风险，保障商品流通的安全和可靠性。

（7）金融体系

金融是国民经济的血脉，金融部门是社会资源配置的重要部门。在新质生产力的培育和发展中，金融起到了关键的支持和推动作用。完备的现代金融体系适应我国经济发展方式转变、产业结构升级、经济动力增长的要求，是金融业高质量发展的有力支撑。为提升我国金融体系服务高质量发展的效率，我们应从金融调控体系、金融市场体系、金融机构体系、金融监管体系、金融产品和服务体系、金融设施体系六个方面入手，构建现代金融体系。

①金融调控体系

现代市场经济国家一般都拥有收入政策、财政政策、货币政策、产业政策和社会保障制度五大政策组成的金融调控体系。

收入政策。收入政策主要是指政府为了调节和改善国家经济和社会发展而采取的一系列措施和政策，主要内容包括薪资和工资、税收政策、跨地区收入差距调整、教育和培训政策。收入政策主要关注薪资和工资的调控，包括最低工资标准的设定、工资调整机制的建立等，旨在确保劳动者的合理收入水平。收入政策中的重要一环是税收政策，包括个人所得税、企业所得税等，通过税收的征收与调整实现财富的再分配，促进社会公平和经济可持续发展。在不同地区，会存在收入差距问题。因此，收入政策也要关注跨地区收入差距的调整，采取措施促进经济发展和就业机会的平衡分布，减少地区间的收入差距。为了提高人力资源的素质和竞争力，收入政策还包括教育和培训政策的制定和实施，即通过提供优质的教育和培训资源，确保个人能够获得更好的就业机会和收入水平。收入政策旨在实现社会公平，促进经济发展，提高人民群众的收入水平和生活质量。

财政政策。财政政策是指为促进就业，减轻经济波动，防止通货膨胀，实现稳定增长而对政府财政支出、税收和借债水平所进行的选择，或对政府财政收入和支出水平所作的决策。财政政策是国家整个经济政策的组成部分，同其他经济政策有着密切的联系。财政政策的制定和执行，要有金融政策、产业政策、收入分配政策等其他经济政策的协调配合。财政政策的手段有国家预算、税收、财政投资、财政补贴、财政信用、财政立法和执法、财政监察。国家预算主要通过预算收支规模及平衡状态的确定、收支结构的安排和调整来实现财政政策目标。税收主要通过税种、税率来确定和保证国家财政收入，调节社会经济的分配关系，以满足国家履行政治经济职能的财力需要，促进经济稳定协调发展和社会的公平分配。财政投资通过国家预算拨款和引导预算外资金的流向、流量，以实现巩固和壮大社会主义经济基础、调节产业结构的目的。财政补贴是国家根据经济发展规律的客观要求和一定时期的政策需要，通过财政转移的形式直接或间接地对农民、企业、职工和城镇居民实行财政补助，以达到经济稳定协调发展和社会安定的目的。财政信用是国家按照有偿原则，筹集和使用财政资金的一种再分配手段，包括在国内发行公债和专项债券，在国外发行政府债券，向外国政府或国际金融组织借款，以及对预算内资金实行周转有偿使用等。财政立法和执法是国家通过立法形式对财政政策予以法律认定，并对各种违反财政法规的行为（如违反税法的偷税抗税行为等），由司法机关按照法律条文的规定予以审理和制裁，以保证财政政策目标的实现。财政监察是实现财政政策目标的重要行政手段，即国家通过财政部门对国有企业、事业单位、国家机关团体及其工作人员执行财政政策和财政纪律的情况进行检查和监督。

货币政策。货币政策是中央银行采用各种工具调节货币供求以实现宏观经济调控目标的方针和策略的总称。货币政策调节的对象是货币供应量，具体表现形式为流通中的现金和个人、企事业单位在银行的存款。货币政策工具是指中央银行为调控货币政策中介目标而采取的政策手段。我国银行的货币政策工具有存款准备金率、利率、再贴现、中央银行再贷款、公开市场操作和贷款规模等。货币政策的最终目标是保持币值稳定，防止通货膨胀，并以此促进经济发展。

产业政策。产业政策是指国家根据国民经济发展的内在要求，为促进各生产企业部门均衡发展而采取的政策措施及手段的总和。产业政策包括产业组织政策、产业结构政策、能源政策等。产业组织政策是国家根据国民经济运动规律调整产业组织形式和结构，从而提高供给总量的增长速度，使供给总量适应需求总量要求的所有政策措施及手段的总和。产业组织政策的任务是协调生产者之间的关系及组织结构、规模结构，使之合理化和高效化，促进资源的有效分配和产业效率的提高，最终促进供给的增加。产业结构政策是根据经济发展的内在联系，揭示一定时期内生产结构的变化趋势及过程，并按照生产结构的发展规律规定各产业部门在社会经济发展中的地位和作用，同时提出协调生产结构内部比例关系及保证生产结构顺利发展的政策措施。能源政策指一个国家或国际组织围绕能源生产、供应、消费所制定的一系列方针和策略，是涉及能源产品价格、国际经济发展趋势、各国能源战略储备以及能源价格争夺和对冲博弈等多方面的行动纲领和政策规划的微观或宏观的策略。

社会保障制度。社会保障制度是国家根据一定的法律法规，以社会保障基金为依托，为社会成员的基本生活权利提供保障的一种制度。国家和社会通过国民收入的分配与再分配，依法对社会成员的基本生活权利予以保障。社会保障的本质是维护社会公平进而促进社会稳定发展。《中华人民共和国宪法》规定："中华人民共和国公民在年老、疾病或者丧失劳动能力的情况下，有从国家和社会获得物质帮助的权利。"社会保障制度包括社会保险制度、社会福利制度、社会救济制度、社会优抚制度。社会保险制度是由国家依法建立的，使劳动者在年老、患病、伤残、生育和失业时，能够从社会获得物质帮助的制度。社会福利制度是国家或社会在法律和政策范围内向全体公民普遍地提供资金帮助和优化服务的社会性制度。社会救济制度指国家通过国民收入的再分配对因自然灾害或其他经济、社会原因而无法维持最低生活水平的社会成员给予救助，以保障其最低生活水平的制度。社会优抚制度指国家依法定的形式和政府行为，对有特殊贡献的军人及其眷属实行的具有褒扬和优待赈恤性质的社会保障制度。

②金融市场体系

金融市场体系是金融体系的重要组成部分，金融市场体系的结构包括多个层面。

金融市场包括货币市场、资本市场、外汇市场、黄金市场。其中，货币市场包括承兑贴现市场、拆借市场、短期政府债券市场。资本市场包括储蓄市场、证券市场（包括发行市场、交易市场）以及中长期银行信贷市场、保险市场、融资租赁市场。外汇市场是进行外汇买卖的交易场所，包括各国中央银行、外汇银行、外汇经纪人及客户间的外汇交易。黄金市场涉及黄金的买卖和投资。金融市场具备资本积累、资源配置、调节经济等功能。金融市场的主要参与者包括政府、中央银行、金融机构、企业和居民。

结构合理的金融市场体系应是多元化、层次化、有序化且各市场间相互协调、互为补充的金融生态系统。

③金融机构体系

改革开放40多年来，我国已建立了门类比较齐全、功能比较完备的金融机构体系。建立健全分工协作的金融机构体系，可以优化金融资源配置、提高金融资源分配效率、提升我国金融业的经营稳健性和产品服务竞争力，更好地满足全社会多元化、综合化、便捷化的金融服务需求。

不同类型的银行要准确定位。大型银行应进一步提升自身实力，成为服务实体经济的主力军和维护金融稳定的关键力量，更好地发挥"安全网"和"稳定器"的作用，在市场稳定和应对突发重大风险事件中扮演更重要的角色。中小银行应优化特色经营，积极探索特色化经营道路，通过深耕区域、客户和产业，发挥经营运作的活性和专业性，满足不同区域经济发展的结构性需求。

我国应提升证券业的金融创新和服务能力，加快培育一流的投资银行和投资机构。证券公司应持续提升其在投资银行、资产管理、销售交易及财富管理等核心业务领域的专业能力。

我国应加强保险业的基础保障功能，发挥保险业经济减震器的作用。在国家公共保险体系的基础上，我国应大力推进市场化保险体系的发展，鼓励居民增加养老保险投入，适当提高税收递延型养老基金的免税额度。

我国应增强信托业资产管理受托服务功能、期货业的风险管理功能和基金业的融资支持功能，支持各类地方金融组织的规范发展，优化小额贷款行业结构，完善融资担保服务体系，发展融资租赁，提升商业保理的专业水平。

④金融监管体系

金融监管是指政府对金融活动进行调节、管理、监督和制定规则的过程，目的在于维护金融市场的稳定、保护金融消费者的权益、预防金融风险和促进经济发展。金融监管的内容体系包括金融机构的稳定性、金融消费者权益保护、风险防范和跨国金融监管合作四个方面。

金融机构的稳定性。金融机构是金融体系的基础，安全稳定的金融机构保障了金融系统和经济体系的健康发展。因此，金融监管机构需要加强对金融机构的监管，遵守适当的监管规则和标准；在发现潜在的风险和挑战时，及时采取措施，确保金融机构的安全和稳健运行。

金融消费者权益保护。金融市场是一个复杂的市场，很多人参与其中但可能并不具备足够的金融知识，容易受到误导或遭遇骗局。因此，金融监管机构需要制定相应的法律法规，保护消费者的合法权益，促进金融市场健康发展。

风险防范。金融市场存在各种风险，如市场风险、信用风险、操作风险等。金融监管机构的任务是通过收集、分析并监控市场信息，及时掌握金融风险的发生和变化趋势，预测可能出现的风险，并采取适当的措施防范风险，减少损失。

跨国金融监管合作。随着经济全球化的不断推进，金融监管之间的国际合作显得尤为重要。金融监管机构需要通过协调合作，共同应对国际金融风险，推进全球金融体系健康和平稳发展。

⑤金融产品和服务体系

金融产品和服务体系的多样化、专业性，既是金融服务实体经济、满足人民群众金融需求的重要表现，也是度量金融高质量发展的重要指标。党的十八大以来，中国金融产品更加多元化，金融服务专业性不断提升。

我国应鼓励金融机构紧扣市场需求，开发更多创新性金融产品，特别是做好科技金融、绿色金融、普惠金融、养老金融、数字金融。我国应大力发展科技金融，鼓励金融机构将资源更多向科技企业倾斜，支持科技创新，同时利用现代科技手段改进金融服务。我国应加快绿色金融发展，加大金融支持环保项目和绿色企业的发展力度，促进绿色经济可持续发展。我国应加快构建高水平普惠金融体系，通过小额贷款、移动支付等方式，让金融服务更加普及，提高金融服务的覆盖面和可得性。在养老金融方面，我国应发展面向老年人的金融产品和服务，支持银发经济的高质量发展，满足老龄化社会的金融需求。在数字金融方面，我国应利用区块链、云计算等技术，提高金融服务的效率和安全性，开发新的数字金融产品。

金融服务是基于金融技术，利用电子设备实现的从金融交易市场到金融产品的一整套服务，以满足人们的财务需求。金融服务包括银行业服务、投资理财服务、在线支付服务、保险服务、信用卡服务和第三方支付服务。

银行业服务指银行向客户提供的一系列金融服务，主要包括存款、贷款、结算、外汇、票据融资、票据担保、支付、网上银行、互联网金融、保险服务等。

投资理财指个人或企业根据自身需求，在金融市场上进行相应投资理财活动，以获取收益或降低风险。投资理财服务包括投资顾问服务、私人银行服务、财务策划服务、投资计划设计服务以及基金、资产管理服务等。

在线支付服务指借助网络技术对账单、信息、交易等内容进行网上处理的服务，是传统支付业务的一种升级版，主要有采用电子货币、财付通、支付宝、网络银行等渠道的支付服务，以及使用移动支付技术、实体卡支付技术、信用卡企业客户网上支付技术等多种技术的支付服务。

保险服务指由具备法律资格的保险公司提供的依照保险合同双方约定内容承担风险的安全保障服务，主要包括寿险、健康险、财产险、意外险等。

信用卡服务指银行持卡人可以根据预付款额度，通过自己的信用卡获得一定数量的货币资金，这种货币资金可以用来购买相关商品、服务等。

第三方支付服务指支付机构与网站或商家之间的支付交易服务，主要包括支付宝、财付通、快钱、银联等，只要是有网络的地方，都可以使用第三方支付服务。

金融服务还包括开发性金融服务和国际结算服务。

开发性金融机构有世界银行、亚洲开发银行等。开发性银行的资金主要用于开发和发展。开发性金融是实现政府发展目标，弥补体制落后和市场失灵，有助于维护国家经济金融安全，增强竞争力的一种金融形式。开发性金融一般为政府拥有、赋权经营，具有国家信用，体现政府意志，把国家信用与市场原理特别是与资本市场原理有机结合起来。

开发性金融不同于政策性金融，政策性金融是把信贷资金财政化，而开发性金融则是财政资金信贷化。开发性金融是资本融资的过程，我国绝大多数的融资都通过银行实现，开发性金融承担了长期融资的任务。开发性金融以政府干预为主要特征。开发性金融市场运作有明确的定价理论和产权关系。

国际结算是指全球金融市场中的货币、支付、清算和结算机制。这个体系主要用于国际贸易和投资活动中的货币兑换、支付和风险管理。国际金融结算可以促进国际贸易交易，服务国际经济文化交流，促进国际金融一体化，进而繁荣整个世界经济；同时还可以为本国创收和积累外汇，引进外资。合理使用外汇，输出资金向外投资，能起到巩固本国货币汇率，提供本国对外支付能力的作用。

随着信息技术的快速发展和全球化的加速，国际结算体系也在不断创新和发展。除了传统的银行间结算和跨境支付外，电子支付、虚拟货币、区块链等新兴技术正在不断涌现。这些新技术和新业态将会对传统的国际结算体系带来深远的影响，未来也将会呈现出更加多元化和复杂化的发展趋势。

跨境人民币结算是指企业在自愿基础上与境外所有国家和地区以人民币进行跨境贸易和投资的结算，商业银行在人民银行规定的政策范围内，直接为企业提供跨境人民币相关结算服务。跨境人民币结算对我国意义重大，有利于加强中国对外经济、贸易和投资，促进中国金融业的开放和发展。对于企业而言，跨境人民币结算一方面可以帮助企业有效规避因人民币和外币间的汇率波动而带来的损失，节省汇兑成本及外币衍生品交易费用，降低企业运营风险，锁定利润空间；另一方面可以提高企业国际结算速度和资金使用效率，促进境内企业走出去。对于银行而言，可以增加银行中间业务收入，改善业务结构、收入结构和盈利模式，提高国际竞争力。

⑥金融设施体系

金融基础设施主要由支付清算系统、中央托管机构、证券结算系统、中央对手方和交易数据库、会计审计准则、征信系统、反洗钱监测系统以及金融法律环境等构成，是金融活动和金融交易中不可或缺的基础性条件。

金融基础设施是金融资源交易运行的"道路桥梁"，在金融市场运行中居于枢纽地位，是金融市场稳健高效运行的基础性保障，是实施宏观审慎管理和强化风险防控的重要抓手。

目前，我国已逐步形成了为货币、证券、基金、期货、外汇等金融市场交易活动提供支持的基础设施体系，功能比较齐全、运行整体稳健。

随着现代科技的进步、金融市场的快速发展、金融产品和金融交易的创新，金融设施体系不断升级换代。

关于金融设施体系的监管，在完善对运营机构监管的基础上，我国应随着金融科技的发展，将监管视野扩展到包括硬件设施和技术平台在内的更广泛的领域。同时在保证金融基础设施体系自主可控的前提下，我国应加强全球范围内的互联互通和金融领域的对外开放与合作，保障金融安全，建成具有中国特色的自主可控安全高效的基础设施体系。

（8）开放体系

开放体系主要包括制度规则体系、国际贸易体系、海外工程体系、技术服务体系、跨境电商体系、全球产业链供应链体系、全球智库平台体系等。

①制度规则体系

中国一直奉行互利共赢的对外开放战略，不断以中国自身的发展为世界提供新机遇。党的二十大报告指出，要推进高水平对外开放，稳步扩大规则、规制、管理、标准等制度型开放。新时代新征程，我们要深刻领会制度型开放对于高水平开放的重要性，从制度、规则等方面打通各种壁垒，畅通国内国际双循环，进一步推动高质量发展。

我国推动高水平对外开放，要准确把握国际合作的演变特征和发展趋势，建设更高水平的开放型经济新体制。要通过对标高水平国际经贸规则，稳步扩大制度型开放，形成发展更高水平开放的制度环境和制度优势，从而进一步明确相关改革发力的突破口和关键措施，为建立具有国际竞争力的现代化产业体系和成熟的治理体系提供有力支撑。

我国应稳步扩大制度型开放，加大高水平制度供给，打造新的比较优势。以国际高标准、高水平为标杆，持续推动贸易和投资自由化、便利化，全力打造市场化、法治化、国际化一流营商环境，消除国际市场与国内市场联通的制度壁垒，促进国内外规制对接与融通，推进统一大市场建设。深化市场化改革，探索构建我国在知识产权保护、数字贸易等领域的高水平制度型开放举措，降低经营主体制度性交易成本。通过产业链、供应链和创新链的协同互动提升对外开放发展质量，深化与区域经济合作伙伴的机制化联动，推进产业链、供应链和创新链布局优化，逐步形成我国产业链、供应链和创新链在全球价值链分工中的新比较优势。

积极参与国际规则制定，提升我国制度性话语权。当前，经济全球化遭遇逆流，世界进入新的动荡变革期，各国对和平发展的期盼更加殷切，对公平正义的呼声更加强烈，对合作共赢的追求更加迫切。在此背景下，我国要主动担当作为，积极参与国际经济贸易领域相关规则制定，推动形成公正合理透明的国际规则体系，增强我国在全球治理体系变革中的话语权和影响力，推动经济全球化朝着更加开放、包容、普惠、平衡、共赢的方向发展。

充分利用共建"一带一路"这一国际合作平台，总结、创新、推广全球治理的中国方案，打造国家和地区间高标准经贸规则对接的示范性制度安排，逐步形成符合经济全球化发展要求的更高标准的国际经贸规则。

国际标准对于推动全球经济的发展具有不可替代的作用。随着中国影响力的不断提升，中国在对外开放战略和国际标准制定方面也将越来越有话语权。

②国际贸易体系

国际贸易体系是指国与国之间进行商品、服务、资本和劳动力的交流和交易的一系列规则、制度和机构。这些规则和机构旨在促进贸易自由化和贸易便利化，加强国际合作，确保贸易活动的公平性和可持续性。随着全球化的深入发展，国际贸易已经成为各国经济发展的重要推动力。为了适应国际形势的变化，各国需要加强多边贸易体制、推动数字经济发展、加强贸易合作等，建立新的国际贸易新格局。

各国应加强对世界贸易组织的支持，加强区域贸易协定的建设，推动多边贸易谈判的顺利进行，推动区域贸易的自由化和便利化。

各国应加强数字经济的政策研究和规划，加强数字经济的横向合作，推动数字经济的创新发展，共同应对数字经济带来的挑战。

各国应加强贸易合作的机制建设，加强贸易投资便利化，推动贸易合作的深入发展，提升贸易合作的效率和效益。

③海外工程体系

我国应积极拓展海外工程，完善所在国基础设施，提供就业机会，培养专业人才，促进当地经济社会发展，也推动中国技术、装备、施工管理等"走出去"。完善的海外工程体系可以有效规范工作流程，提高工作效率，提升工作质量。工程体系建设包括工程管理体系、工程技术体系、工程质量体系、工程安全体系。

工程管理体系，包括项目规划、项目立项、项目执行、项目验收等各个环节的管理制度和流程。

工程技术体系，包括工程设计、工程施工、工程监理等技术规范和标准。

工程质量体系，包括质量管理、质量控制、质量评估等质量管理机制。

工程安全体系，包括安全管理、安全监测、安全培训等安全管理制度。

④技术服务体系

党的二十大报告指出，构建优质高效服务业新体系；推进高水平对外开放，稳步扩大规则、规制、管理、标准等制度型开放。服务业对外开放是我国构建新发展格局、推进新一轮高水平对外开放的重要着力点，主动有序扩大服务业开放是构建优质高效服务业新体系的重要内容。

推动高水平对外开放，以国际大循环提升国内大循环的效率和水平，有利于推动实现我国经济更高水平的动态平衡。中央经济工作会议提出，放宽电信、医疗等服务业市场准入。服务业对外开放是巩固壮大实体经济的客观需要，是我国推进新一轮高水平对外开放、构建新发展格局的重要着力点。

服务业是扩大内需的关键领域，是现代化产业体系的重要支撑。扩大服务业开放，有利于集聚全球优质生产要素，提升国际循环质量和水平，也有利于促进制造业与服务业融合发展，加快发展新质生产力，推动经济高质量发展。

服务贸易正成为世界各国引领创新与推动合作的重要力量。扩大服务业开放，有利于提升服务贸易质量、促进服务业提质增效，塑造我国参与国际合作和竞争的新优势。

扩大服务业开放有助于我国参与全球经济治理体系改革。随着经济全球化的深入发展，国际经贸规则正发生深刻变化。扩大服务业开放是争取和提高我国在国际规则制定中的话语权的重要途径。

新形势下，我们要主动作为，以开放促改革、促发展，持续推进服务业高水平开放，稳步扩大服务业规则、规制、管理、标准等制度型开放，着力构建高标准服务业开放制度体系。

我们应以国际高标准为引领，构建服务业开放制度体系。积极参与世界贸易组织以及双边、多边自贸协定框架下服务贸易、数字贸易、电子商务等领域的谈判，提升我国对新兴领域国际经贸规则制定的话语权。我们应主动对接高标准国际经贸规则，分类梳理服务业开放以及跨境服务贸易相关条款，更加聚焦规则、规制、管理、标准的协同对接，开展更大力度的先行先试、更大范围的压力测试，有序推进服务业制度型开放。

我们应破除市场壁垒，营造更加开放、透明、包容的服务业发展环境。我们应推动服务业更深层次改革开放，从深化审批改革、创新发展模式、提升投融资便利化水平、完善风险防控体系等角度推进服务业创新发展，营造国际一流的服务业发展环境。我们应破除影响公平竞争的隐性壁垒，防止相关领域的市场垄断与行政性垄断，依法查处不正当竞争行为。我们应发挥超大规模市场优势，吸引服务领域专业人才、资本、技术、数据等资源要素集聚。

我们应深化服务业国际合作与交流。我们应以共建"一带一路"为引领，加强与有关国际组织、政府、行业协会和企业在服务业和服务贸易领域的多层次、多渠道合作。我们应发挥行业协会沟通协调、制定团体标准等方面的作用，鼓励服务业企业通过海外并购、设立分支机构等方式在全球范围配置资源、拓展市场。我们应积极参与世贸组织、区域和双边经贸协定框架下服务贸易、数字贸易、电子商务等议题的谈判，推进服务业规则、规制等制度型开放与合作。我们应支持优质服务业发展和服务贸易国际交流平台建设，鼓励先进服务理念和经验交流互鉴。我们应加强国内外规制衔接，进一步提升服务贸易自由化、便利化水平。

⑤跨境电商体系

跨境电商是在全球范围内进行贸易的商业模式，随着全球化的发展，跨境电商成为企业拓展海外业务的重要途径。跨境电商体系是针对跨境电商行业特点和需求而建立的一套规范体系，涵盖了跨境电商的各个环节和流程，包括供应链管理、物流配送、海关合规、支付结算等。

供应链管理包括供应商选择、采购、库存管理、订单管理等。

物流配送涉及货物的运输、仓储和配送等。

跨境电商涉及不同国家和地区的海关进出口业务，因此海关合规是跨境电商体系中的一个重要环节。企业需要了解各国和各地区的海关法规和政策，确保符合相关要求并避免运营风险。同时，各国和各地区还需要建立海关清关流程，加强海关事务的管理，确保货物能够顺利通过海关。

支付结算涉及货款的收付和结算等，我们应建立快速和便捷的支付结算流程，确保货款能够及时到账，便于账务管理，确保账目的准确性和完整性。

⑥全球产业链供应链体系

产业链供应链安全稳定是构建新发展格局、推动高质量发展的重要支撑。习近平总书记指出：中国要坚定不移维护产业链供应链的公共产品属性，保障本国产业链供应链安全稳定，以实际行动深化产业链供应链国际合作，让发展成果更好惠及各国人民。建立互利共赢的跨国产业链供应链体系可从制度框架与规则体系、多层次网络系统等发力。

构建多元化产业链供应链合作的制度框架与规则体系。产业链供应链合作制度框架包括正式制度安排与非正式制度安排。正式制度安排主要是指在已有国际组织以及国际公约中推动产业链供应链合作。正式制度具有正式的国际法地位（自由贸易协定、经济联盟等），在缔约国之间发生争端时援引条约证明或强化行为的正当性或非法性。非正式的国际制度安排包括建立谅解备忘录、准立法协议、公报、商定记录等多种形式。通常，非正式制度安排不具备国际法效力，生效不经过复杂的批准程序，也不需要国内立法机构批准。

构筑多层次产业链供应链合作网络系统。构建以国内大循环为主体、国内国际双循环相互促进的新发展格局，是构筑循环畅通的产业链供应链网络系统的依托。一方面，我们要以国内大循环为主体，提升国内产业链现代化水平。我们应利用国内超大规模市场优势，锻造产业链供应链长板；利用产业门类齐全优势，补齐产业链供应链短板，加大重要产品和关键核心技术攻关力度，形成具有更强创新力、更高附加值、更安全可靠的产业链供应链网络。另一方面，国内国际双循环相互促进，推动产业链网络系统循环畅通。我们应打通产业链供应链堵点，推动产业链网络循环畅通。我们应继续扩大对外开放，对接高标准国际经贸规则，持续优化外商投资环境，推动产业链网络循环畅通。

⑦全球智库平台体系

党的十八大以来，我国高度重视中国特色新型智库建设。智库已经成为国家软实力的重要组成部分，建立客观公正的智库评价体系，对于提升智库的影响力具有重要作用。全球智库平台体系包括资金管理体系、人员管理体系、成果推广体系、对外合作交流体系。

资金管理体系。智库资金主要来源于政府拨款、社团捐献、研究收入、出版物收入、会议培训收费等。官方智库资金来源于政府资助及财政拨款，主要服务于政府政策研究。独立型智库一般由高校、公司或民间组织管理，其经费主要来源于社会资助和捐赠，部分也来源于政府财政支持。

人员管理体系。智库作为智囊机构，人的智慧是关键因素，需要建立人才的招聘、选拔、录用、管理、考核、培训等流程，建立开放人才选拔机制、多学科交叉研究机制、科研考核机制。

成果推广体系。智库需要重视成果宣传，以扩大影响力。要充分利用网络、报纸与电视等主流传媒，以及会议、讲座、培训等形式，扩大宣传和影响力。

对外合作交流体系。我国智库要与各国智库及高校建立紧密的联系与学术交流合作，定期举办学术会议，促进智库之间的学术创新合作；针对一些国际问题形成跨智库研究小组，合作完成科研项目。

4. 十大工程

"1381模型"中最后一个"1"是十大重点工程（措施）。详见本书第九章。

五、新质生产力发展
目标与建设要点及步骤

围绕新质生产力建设目标，部委、各省市、县区、园区、企业、智库院所等（以下简称"各主体"），应因地制宜，有序研究和构建适合各自资源禀赋、发展需求的指导思想与总体思路。

（一）指导思想

新质生产力发展的指导思想的构建需要明确党中央重要指示精神、相关政策依据、产业基础、基本理念、创建主线、总体思路、主要内容以及目标方向等。

不同的层级、单位、领域，其新质生产力发展的指导思想各不相同，但是都要与国家战略、党的路线方针、经济主线、产业布局、资源要素提升方向、未来发展目标等相匹配，并且各具特点。

这里，以某城市、园区为例，确立其新质生产力发展的指导思想：

以习近平新时代中国特色社会主义思想为指引，全面贯彻落实党的二十大和二十届三中全会精神，认真学习贯彻党中央加快发展新质生产力、扎实推进高质量发展的决策部署，落实省委和省政府工作要求，以科技创新引领现代化产业体系建设，持续推动传统产业转型升级，大力培育战略性新兴产业和未来产业聚集发展，着力构建现代化产业体系，增强城市经济首位度与"集约度"，加快建设全国领先的新质生产力新示范，尽早建成中国式现代化强市。

各主体可以借鉴上述指导思想的基本思路与研究规范，科学制定各自的新质生产力发展的指导思想，作为各自新质生产力建设的决策依据。

（二）创建原则

各主体的新质生产力示范试点规划与创建方案必须有清晰的创建原则。各主体要遵循国家有关政策文件、发展规划与创建标准等，并在实际工作中认真实施。一般来说，各主体创建新质生产力示范的基本原则如下：

一是党建统领，系统谋划。各主体应坚持党对新质生产力建设工作的集中统一领导，强化新质生产力建设的组织领导、政策引导与创建导向。完善组织领导与运行机制，强化新质生产力建设的组织性、政策性、战略性、程序性、规范性。科学编制创建方案与专项规划，形成统筹布局、规划引领、政策激励、要素优化、项目带动、产业提升、平台支撑的协同创建大格局，高效高质高水平打造示范企业、试点园区、示范城市。

二是因地制宜，先立后破。各主体应坚持需求导向，实事求是，量力而行，不搞"大跃进"，不搞一刀切，立足城市、园区、企业的资源禀赋、产业基础等，积极推动传统产业升级，有选择地推动新产业、新模式、新动能发展，用新技术改造提升传统产业，积极促进产业高端化、智能化、绿色化，打造新质生产力发展的新思维、新格局、新模式。

三是创新驱动，自立自强。各主体应坚持自主创新，加强原创性、颠覆性科技创新，加快实现高水平科技自立自强，打好关键核心技术攻坚战，使原创性、颠覆性科技创新成果竞相涌现，培育发展新质生产力的新动能，推动产业发展的新源泉。

四是绿色发展，优链强链。各主体应以新技术、新工具推动节能降碳，加快绿色转型发展，助力碳达峰碳中和，积极融合绿色农业产业，做强做优绿色高端制造业，培育发展绿色服务业，壮大绿色能源产业，强化绿色低碳产业链供应链，充分发挥绿色金融的牵引作用，打造绿色高效低碳产业集群。

五是开放共享，协调发展。各主体应强化对外开放，高水平推进国内跨区域合作，主动参与国际竞争与标准建设；深化经济体制、科技体制、管理体制、金融体制等深层改革，优化发展环境；建立高标准市场体系，加快形成新型生产关系；畅通教育、科技、人才的良性循环，完善人才培养、引进、使用、合理流动的工作机制，强化全要素流动配置，建设新质生产力的改革试验田。

（三）发展目标

"发展目标"是新质生产力建设的主要方向与衡量指标。不同省市、县区、园区、企业、院所等的"发展目标"各不相同，但是具有相似的目标体系与定位路径等。

发展目标一般分为近期目标（1~3 年内）、中长期目标（含五年规划目标）等。

1. 近期目标

近期目标为各主体在本年内或者 3 年内的发展目标。从现有研究成果看，相关发展目标应包括但不限于科技创新、人才建设、劳动生产率提升、新兴产业发展、未来产业发展、质量优化、高质量发展、改革开放等方面的内容，并且可以用概括性语言阐述近期（3 年内）目标。

某城市创建新质生产力示范样板的近期"发展目标"如下：

未来 3 年，传统产业科技含量与聚集发展能力持续提升，战略性新兴产业集群逐步构建，未来产业有效培育壮大，龙头企业综合竞争力进一步增强，科技创新能力行业领先。全社会研发经费投入、每万人口高价值发明专利拥有量、数字经济核心产业增加值占地区生产总值比重、战略性新兴产业增加值等实现中高速增长，全要素劳动生产率达到较高水准，主导产业集群化发展，规模以上工业企业、国家高新技术企业数量达到较高规模，等等。

2. 中长期目标

中长期目标为各主体在 5 年经济社会规划期限内，或者 10 年内、30 年内等较长时期内的发展目标。从现有研究成果看，中长期发展目标应包括但不限于科技创新、人才建设、劳动生产率提升、新兴产业发展、未来产业发展、质量优化、高质量发展、改革开放等方面的重点指标与预期效果，可以用概括性语言阐述中长期发展目标。

某城市创建新质生产力示范样板的中长期"发展目标"如下：

基本建成科技强市，主导产业集群规模超过××亿元，基本建成具有区域优势的现代化产业体系，战略性新兴产业集群和未来产业成为新质生产力的主阵地，全要素配置与劳动生产率达到全国领先水平，基本建成国家级新质生产力示范城市。

各主体具体的发展目标会有所差异，要根据国家和区域战略、上级战略部署、产业基础、资源禀赋以及新质生产力发展潜力、未来预期等，研究确定发展目标并进行专家论证与集体审核，按程序报批后执行。

3. 指标体系

各主体建设新质生产力示范，应确定具体的指标体系，指标可根据不同时期的战略定位，结合发展目标以及产业基础、科技创新规划、产业规划、资源条件等测算并确定。可能的新质生产力指标（国家发展改革委、工业和信息化部、科技部等将出台具体规划与方案等）包括如下领域：科技创新、劳动效率、资源节约、绿色发展、新兴产业、人均专利、劳动质量、基础设施、品牌建设、开放程度等。某城市新质生产力建设指标体系见表5-1。

表5-1 某城市新质生产力建设指标体系

序号	主要指标	单位	属性	2025年	2030年
1	绿色地区生产总值	亿元	预期性		
2	全社会研发经费投入增长	%	预期性		
3	每万人口高价值发明专利拥有量	件	预期性		
4	数字经济核心产业增加值占地区生产总值比重	%	预期性		
5	全员劳动率	%	预期性		
6	新质人才比例	%	预期性		
7	战略性新兴产业增加值	亿元	预期性		
8	千亿级产业集群	个	预期性		
9	国家高新技术企业数	家	预期性		
10	新质生产力支持政策	项	预期性		
11	外向型经济比重	%	预期性		
12	市场竞争力	%	预期性		

注：各主体的指标体系可参考国家部委、国资委等发布的各类政策文件、地方战略布局、新质生产力发展规划等予以调整。

（四）建设要点及步骤

各主体创建新质生产力示范一般应遵循的建设要点及步骤如下：

1. 七大创建要点

一是顶层规划设计。新质生产力建设是一项内容广泛的重大发展战略，也是各级党委政府统筹协调的战略性工作。要推进新质生产力建设，就要引进智库专家，多方参与，研究新质生产力发展规划与创建方案，实行三年行动计划，明确重大项目、重点工程、政策机制、资源要素、责任分工、考核激励，要做好顶层设计，有序规划，分工负责，统筹推进。单靠某一个部门、个别领导等无法完成这一点，也无法真正推动实施。

二是资源要素重构。发展新质生产力是一个系统的经济社会工程，需要一批善于学习新知识、掌握新技术、创新能力强的新型劳动者，开发使用人工智能、机器人、虚拟现实等新型工具，实现先进生产要素自由流动，塑造符合新质生产力发展的新的生产关系，通过创新驱动、业态重构等，推动传统产业转型升级，并培育新兴产业，孵化未来产业。

三是技术创新驱动。教育、科技、人才的良性循环是发展新质生产力的基础保障。我们要实施科教兴国、人才强国、创新驱动发展战略，培育和招引人才，鼓励人才创新，发挥人才的引导作用。我们要培育国家战略科技力量，完善新型举国科技创新体制，抓好关键核心技术攻关与科研成果转化，完善科技布局、优化转化机制、提高产业化能力，构建国家创新能力与激励体系。我们要瞄准世界科技前沿，实现前瞻性基础研究、引领性原创成果重大突破，夯实世界科技强国建设的根基，构建科技产业化的实施路径。

四是企业主体推进。我们要强化企业在科技创新中的主体地位，完善政府引导、政策激励、企业主体、市场化运作的国家科技创新决策与实施机制，支持龙头科技企业聚焦国家重大需求，牵头组建科技创新联合体，引导创新要素向园区、企业聚集。我们要营造勇于创新、善于创新、崇尚创新的良好发展环境，加大政府、行业、企业的研发费用加计扣除、税收优惠等普惠性政策落实，强化科技创新政策与财税、金融、人才等建设体系的衔接协同，推动园区、企业的创新链、信息链、产业链、供应链、数据链、资金链、服务链、人才链等全面融通，构建大中小企业相互依存、相互促进的区域或企业创新发展生态圈、科技链、资金池。

五是制度创新赋能。我国要持续推进政府深层次改革，推进依法治国，构建统一大市场，畅通新质生产力发展的渠道与流程。我国要深化要素参与收入分配机制改革，大力发展数字经济，激活知识、技术、管理、数据等优质生产要素的活力，扶持和引导各类要素向先进生产力所在行业集聚。我国要积极破除地方保护和市场分割现象，促进商品要素资源在全国范围内畅通流动，降低市场交易成本，加快建设高效规范、公平竞争、充分开放、协同发展的全国统一大市场。

六是内生动力驱动。我国要激发各方面的内在动力，鼓励创新创业，鼓励新质生产力探索与实践。我国要实施国企改革深化提升行动，更大力度鼓励国企发展战略性新兴产业和未来产业，维护产业链供应链和能源资源安全。我国要扶持民营企业参与新质生产力建设，在市场准入、要素获取、公平执法、权益保护等领域实现公平、公开、公正，进一步建设市场化、法治化、国际化的营商环境，促进实体经济高质量、协同发展。

七是开放创新支撑。我国要坚持开放发展，积极推进高水平对外开放，深度参与全球产业分工和科技合作，用好国内国际两个市场两种资源，更高质量"引进来"，更加积极"走出去"，汇聚全国全球创新要素，招引外资参与我国科技研发、项目合作、市场竞争、国际贸易。我国要放宽电信、医疗、投资等服务业市场准入，有效引进外资项目，搞好综合服务。我国要加快培育外贸新动能，拓展国际贸易、跨境电商与海外投资等业务。我国要鼓励前沿科技领域的国际合作，增强全球资源整合配置能力，提升我国对外开放水平和国家竞争力，构建安全稳定、畅通高效、开放包容、互利共赢的全球产业链供应链体系。

2. 三大产业发展步骤

各主体在推动各自传统产业转型，新兴产业与未来产业招引培育的工作中，要重点落实三大推进步骤：

一是转型升级。各主体要积极推动钢铁、冶炼、建材等传统制造业升级改造，建设强大、完备、前瞻的全产业链体系，推动科技创新、链条优化、资源聚集、市场营销与产业升级，构建新质生产力的核心产业体系。

二是"无中生有"。各主体要积极引进和培育新材料、新能源、元宇宙等新兴产业并使之聚集发展，以重大前沿技术突破为核心，以重大发展需求为基础，优先发展对全产业链具有带领引领作用的特殊新材料、芯片制造等战略性新兴产业，以及具有竞争优势的量子科学等未来产业。

三是科技赋能。各主体要大力推动颠覆性技术革命与科技创新，推动科技创新与产业升级之间的良性互动，引导企业积极参与国家大型科技项目并共同建设协同创新平台，共享科研成果，形成科技和产业合力。

3. 创建流程

目前，国家没有文件明确规定新质生产力的创建流程，但基于对原有国家规则的提炼，国合院认为创建新质生产力，可以从国家层面进行全国性创建，可以立足各省份创建省级示范，也可以由各地的市县区乡镇结合自己的经济发展重点开展试点城市建设，还可以由重点产业、企业、院所结合自己的业务特点和专业定位开展各自领域的示范创建。

基于创建总体效果考虑，我们提炼出如下流程：

（1）可行性研究。

各主体要进行政策解读、目标研究，组织有关专家学者研究国家政策、相关产业发展现状、要素配置情况，用系统思维模式形成创建基础和诊断报告，用于领导决策和可行性综合评估。

（2）创建方案编制。

各主体要基于现状进行分析，委托专业机构参与调研与论证，最终形成规划和行动方案。

（3）行动计划制订。

各主体要制订明确的三年行动计划，分解到各层级、各领域、各岗位，细化实施策略。

（4）落实推进创建方案。

各主体要将创建方案提交有关部门审批，获得审批部门认可。之后，各主体要积极开展创建活动，力争较高水平地达成行动目标。

（5）进行阶段性验收或自我评价。

各主体要积极开展阶段性验收并对新质生产力创建成果进行评价，总结经验，改进不足，如有必要，邀请专业智库进行创建成果评估或工作指导。

（6）获批或者达标总结。

各主体要针对新质生产力创建成果完成申报审批与方案验收，力争获得主管部委审批及指导与支持，进行实践总结与案例提炼，确保达到预期创建目标，并形成推广经验。

六、新质生产力创建规范

各主体要积极推动新质生产力建设，通过梳理政策文件及明确各自的科技实力、产业基础、资源要素以及公共服务等，因地制宜，统筹谋划，进而形成相应的新质生产力创建维度、创建标准、创建对象以及重点工程等。

（一）新质生产力的创建维度

各主体要积极推动新质生产力建设，需要明确创建的维度与资源要素等，才能精准发力，科学推进。

1. 科技创新

科技创新是指创造和应用新知识和新技术、新工艺，采用新的生产方式和经营管理模式，开发新产品或提供新服务的过程。科技创新分为知识创新、技术创新和管理创新等。其中，知识创新是提出新观点，探索新概念、新思想、新理论、新方法、新发现和新假设的科学研究活动。知识创新与技术创新结合在一起，使人类知识系统持续完善，人的认识能力持续提高，产品持续更新。管理创新也要以信息通信技术发展为支撑，主要体现在重大决策、运营模式、竞争策略、开发业态等方面。科技创新是新质生产力与传统生产力的重要区别之一，也是新质生产力构建的力量源泉。

2. 人才引领

劳动者是影响新质生产力建设的重要因素，其中人才建设是核心。相关人才包括党组织建设人才、政府管理人才、科技研发人才、企业运营人才、金融人才、管理咨询人才、财务人才、资本市场人才、工程开发人才、国际合作人才等，涉及各行各业。培养优秀的专业人才，优化人才结构，壮大人才队伍，是新质生产力建设的重要内容。

3. 要素赋能

要素主要指劳动要素、劳动所用各类资料等。劳动过程须具备三个基本要素：一是劳动者的劳动。二是劳动对象，指人们把劳动加于其上的一切东西。三是劳动资料，指人们用来影响或改变劳动对象的一切物质资料，其中最主要的是生产工具。

要素是影响新质生产力建设的重要因素，广义的要素包括矿产、能源、土地、水源、粮食、资金、劳动工具等。

4. 工具替代

劳动工具也就是"生产工具"，是人们在生产过程中用来直接对劳动对象进行加工的物件。

古代劳动工具的演变影响了人类社会的发展，人类社会大体经历了石器时代、玉石器时代、青铜器时代、铁器时代。

一是石器时代。石器指用岩石作为原材料制成的器物，是人类社会发展初期阶段的主要劳作工具。石器时代距今6 000万~200万年，是人类历史中最早的时代，这一时期，人们利用石斧、石锛、石磨、石棒等砍伐灌木，劈地造田，磨制食物，开创了"刀耕火种"的原始农业。当时的食物主要源于采集和狩猎。学者将石器时代划分为旧石器时代和新石器时代。

二是玉石器时代。玉石器时代距今5 500~4 500年，是红山文化、良渚文化等所处的时代。玉器在当时较少用于劳作，"以玉为兵"，随后玉器逐渐成为装饰品和礼器。玉石是种独特的石，经过人为打磨可变得更加圆润美艳，玉器逐渐从石器中分化出来，形成了相对独立的玉器生产业。玉器是石器的高级阶段，玉器的使用使人类文明有了重要的飞跃。玉石器时代主要是指兴隆洼文化时期、仰韶文化中晚期、大溪文化中晚期，以及红山、大汶口、屈家岭、齐家、龙山、良渚等文化所处的时期。

三是青铜器时代。青铜器时代指以青铜器为主要劳动工具的时期。青铜具有稳定性强、耐腐蚀、易加工的特点，青铜器原材料为铜、锡、镍等元素的合金，它的铜锈为绿色，因此得名"青铜器"。在世界范围内，青铜器时代的范围是公元前4000年左右至公元1世纪初。中国在3 000多年前就掌握了青铜冶炼技术。夏商时期开始出现青铜农具，西周时期青铜器在劳作中广泛应用，有铜斧、铜铲、铜锄、铜锸、铜镰等。秦朝时，青铜器的种类繁多，青铜器发展到鼎盛，被用作生产工具、礼器、兵器、乐器等。

四是铁器时代。古人在冶铜的基础上逐步探索冶铁技术，将铁器广泛应用于农业生产中。春秋战国时期，铁和畜力被运用到耕地、播种、收获、加工等过程中，代表工具有铁犁、铁锄、铁镰等。铁器在农业生产中的应用表明农业进入了精耕细作阶段。2009 年出土于甘肃省临潭县磨沟寺洼文化墓葬的两根铁条是中国出土的最古老的铁器，它们将中国的铁器冶炼技术提早到了公元前 1510 年到公元前 1310 年。

从石器工具到青铜器工具、铁器工具，制造工具的材料的变革引导了生产方式的变革。而上述工具的动力都来自人力，因而封建社会及其之前的人类社会属于无动力工具时代。

从夏商周、秦汉、三国、两晋、南北朝、隋唐、宋元、明清，一直到近现代，我国劳动工具越来越丰富，产品品牌越来越多元。纺织行业是较早使用机具的领域之一，中国纺织机具的使用起源于五千年前新石器时期的纺轮和腰机。西周时期有简单的缫车、纺车、织机等，汉代广泛使用提花机、斜织机，唐代以后中国纺织机的功能更加完善。到了明清时期，我国军事、农业等领域逐步出现更多的机械工具。以蒸汽机和内燃机为代表的工业技术使世界范围内的劳动工具有了重大突破。1946 年世界上第一台电子计算机 ENIAC 研制成功，之后经历了电子管、半导体、集成电路、大规模集成电路和超大规模集成电路等计算机技术的迭代。计算机是人类制造技术的巨大变革。动力机器的使用开创了人类的有动力工具时代，人类进入资本主义社会，大型机械、自动化、机器人、无人驾驶等逐步普及，劳动工具的机械化、自动化、现代化等使得劳动效率大大提升。

5. 机制激励

新质生产力建设需要各类激励机制的变革、创新与逐步完善。机制激励的范围与应用较广泛，包括对劳动者的激励、劳动资料的激励、劳动工具的激励以及劳动业态的激励等。其中，劳动者激励包括物质激励、精神激励等，如工资、职级晋升、股权、期权等。

6. 企业创新

企业是科技创新的主体，是新质生产力建设的核心力量。企业创新是推动传统产业升级、培育新兴产业、拓展未来产业的重要手段。创新是引领发展的第一动力，是实现高质量发展的关键所在。党的十九届四中全会通过的《中共中央关于坚持和完善中国特色社会主义制度、推进国家治理体系和治理能力现代化若干重大问题的决定》指出，要增强国有经济竞争力、创新力、控制力、影响力、抗风险能力，做强做优做大国有资本。这对国有经济发展提出了增强"创新力"的工作要求。

企业创新主要包括：战略创新、模式创新、流程创新、标准创新、观念创新、风气创新、结构创新、知识创新、目标创新、技术创新、产品创新、制度创新、环境创新等。我们要从完善创新激励政策、加大研发投入、发挥系统集成合力、加强创新人才队伍建设等方面入手，不断提升企业创新力。

企业创新主要考虑的因素包括：一要满足创新需要的资金资源与人才力量；二要把创新的条件作为投资的重要条件；三要把投入产出风险作为投资的评估条件，同时还要考虑企业的还款保证或实施能力；四要考虑创新需要的资金来源、人才渠道以及创新尝试的综合效益。

7. 产业载体

产业载体指推动特定产业成长、发展的各种物质条件和文化条件。产业载体是实现产业集聚、促进产业经济发展的载体，是经济发展载体的表现形式，具体是指对土地、资金、技术、项目、信息、人才等有较强吸引力的产业集聚区，其承载形式主要呈现为"工业园""商务区""经济开发区""高新区""总部经济""产业城""孵化器"等。各主体要特别强化节约集约用地意识，树牢"亩均论英雄"导向，统筹推进低效用地整治和重大产业项目保供地等工作。各主体要构建完善的工业用地长期租赁、先租后让、弹性年期出让等供应体系，积极探索"大项目供地、中项目供楼、小项目租赁厂房"模式，各主体要推进工业用地"标准地"出让，推动"带项目""带方案"出让，实现拿地即开工。各主体要推进商业用地、住宅用地变为工业用地，试行以工业为主的混合产业用地供应模式；推动低效工业园批量调整规划，盘活工业载体，拓宽产业空间，提升承载能力。

8. 质量保障

新质生产力的质量保障主要是指推动新质生产力构建的保障支撑体系，包括政策、领导、人才、资源、服务、资金、智库、平台等。具体到各主体，新质生产力建设保障的内容有所不同，可以根据具体产业、项目、发展阶段、科技水平、资金实力等进行测算、确定，并形成质量保证的政策体系、标准体系、检验体系、生态补偿体系、组织体系等。各主体要加强对产业载体重点项目和重点企业的资金支持，引导银行等金融机构加大支持力度，鼓励设立园区发展基金。各主体要持续推进产业园充电桩、大数据、云计算、互联网、物联网、人工智能等相关新型基础设施建设，提高园区数字化、网络化、智能化、绿色化水平。

（二）新质生产力的创建标准

创建标准是新质生产力建设的重要工作。各主体要创建新质生产力示范，打造新质生产力典型单位，就要明确新质生产力的创建标准。

鉴于目前国家部委尚未明确新质生产力建设标准，国家部委智库、科研院所、地方政府、园区等应积极参与、联合推动新质生产力的标准研究与体系共建，积极参与到新质生产力的政策制定、标准建设、试点示范及产业培育等方面的工作中，积极创建团体标准、地方标准、国家标准，为国家、地方、行业等的新质生产力建设贡献智慧与力量。待国家标准、地方标准出台后，智库等应积极解读与参与贯彻，推动相关标准具体落地与开展地方实践。

下面重点研究现有政策框架下的新质生产力建设标准的基本思路（如果后期国家部委出台具体政策与创建标准，可参照执行国家有关政策标准，特此说明，下同）。

1. 城市新质生产力创建标准

城市作为生产力和生产关系的空间载体，既要负责空间生产，也要负责相关政策的研究和标准制定。所有生产力要素都需要城市与园区等空间的具体落位，各主体通过制定相应政策与产业标准，在约束资源保护行为的同时，推动空间规划服务于经济社会发展。研究国家战略与区域资源禀赋，组织智库专家力量，编制并颁布城市新质生产力建设标准，是解决现代城市发展面临的各种问题，并促进可持续发展的必要措施。城市的产业生态和空间结构随着国家政策、科研技术、产品制造、节能场景、综合服务的创新而不断变化，生产关系需要积极调配，系列性的空间规划和空间治理模式创新能为新质生产力发展创造适配的空间载体。

城市化进程带来的人口迁移、社会经济结构转型困难、生态环境保护与城市可持续发展之间难以平衡、区域发展不均衡引起资源配置失衡等，都是伴随城市发展的突出问题，也是城市新质生产力建设要研究的重要领域。当前，北京、上海等城市已在相关领域做出了一些新质生产力的应用示范，并且效果显著。例如，上海市政府积极推动智慧城市建设，通过引入先进的物联网技术、大数据分析和人工智能等手段，实现了交通管理优化、环境监测改善以及公共服务升级。我们通过研究新质生产力案例，可以对其背后采取的政策、技术和管理措施进行提炼，总结其中的经验教训在不同环境下可复制或调整应用之处。

制定城市新质生产力建设标准等系列标准体系，应由政府发起、协会参与、智库牵头，邀请各利益相关者参与整个制定过程，这样能确保综合考虑各方的需求和合理化意见，结合多元化视角，结合国际最佳实践和本土特色，在建立标准时融合全球视野和地方文化。各主体应建立相关标准实施、新质生产力建设的监测评估机制，根据反馈信息，优化建设标准以适应城市发展变化，满足新质生产力试点的规则需求。制定城市新质生产力建设标准既有利于提高城市建设的品质和效率，还有利于推动经济增长、改善环境质量、构建有竞争力且符合未来发展需求的城市空间。各主体应通过城市新质生产力建设标准，引入前沿的科学知识和创新理念，促进城市绿色、低碳、可持续发展，促进城市居民工作效率和生活品质改善。相关建设标准能够确保城市建设项目按照统一规范的基准、流程进行，使城市更加有序地发展，依法合规地得到管理。

制定城市新质生产力建设标准，可以推动城市决策、城市建设、城市经济、城市生活等领域的系列变化与直接、间接的影响：

一是规范化和统一性。制定城市新质生产力建设标准，可以确保各种建筑项目在设计、施工和运营过程中遵循相同的高标准，提高整体品质。

二是推动技术创新。制定先进的技术标准和环境友好型设计规范，将鼓励企业投资研发创新科技，推动城市产业升级。

三是提高社会效益。制定城市新质生产力建设标准，能使城市更加宜居宜业宜游，便利城市居民日常活动。

四是推动环保和资源管理。制定符合生态和可持续发展的城市建设标准，可以减少能源浪费和碳排放量，打造零碳城市，倡导零碳生活。

五是实施政府监察。制定新质生产力建设标准，可以规范政府、企业、居民和各方的生产生活，减少政府对城市的监察成本，增强执行力。

2. 产业新质生产力创建标准

现代化产业体系建设是学习领会习近平总书记关于新质生产力建设的重要指示精神，贯彻落实党中央、国务院、国家部委"十四五"规划重大部署，未来几十年推进中国式现代化的基本保障。各主体因地制宜，突出特色，差异化构建各自的新质生产力的产业标准，是涉及国家、地方、园区等的头等大事，也是战略性目标任务，时间价值巨大，困难与挑战很多，必须聚精会神，持续探索突破。

全面构建适合各主体的新质生产力现代化产业体系，是各地区、各单位建设新质生产力示范样板的需求。各主体要立足产业基础，因地制宜，有序布局，引进智库专家，进行产业基础分析，明确指导思想、目标路径，统筹推动传统产业转型升级，培育壮大新兴产业，布局招引未来产业，发展壮大数字经济，扩展强化国际合作，构建具有国际视野与国际竞争力、区域竞争优势的新产业、新模式、新技术、新渠道。

传统产业建设标准：各省市、县区必须依托城市、园区，分析产业现状，比较发展优势，聚焦实体经济，引进智库专家，系统诊断并研究主导产业链，采取一城一策，突出发展主线，从标准制定入手，描绘产业图谱，策划强链优链推进路线图，夯实全产业链基础，加大核心基础零部件、先进基础工艺、关键基础材料与产业技术的基础技术攻关力度，逐步向智能化、绿色化、服务化方向转变。

新兴产业建设标准：各省市、县区必须依托城市、园区，分析国家政策与产业发展规律，聚焦主导产业链，突出发展主线，从标准制定入手，描绘新兴产业招商图谱，策划补链强链优链路线图，以重大发展需求为基础，着力培育以重大前沿技术突破为核心，对全产业链有带领引领作用的战略性产业，提升新兴产业占地区生产总值比重，辐射带动相关产业，形成产业聚集和产业集群。

未来产业建设标准：各省市、县区必须依托城市、园区，分析未来产业趋势，突出科技创新，积极扶持实体经济，从标准制定入手，描绘未来产业招商与产业孵化图谱，策划强链优链路线图，突破前沿关键核心技术，形成标志性产品，打造领军企业，开拓典型应用场景，制定关键标准，培育专业服务机构，形成符合实际需求的未来产业发展模式，构建新质生产力的产业支撑体系。

数字经济建设标准：各省市、县区必须依托城市、园区，分析数字经济产业趋势，研究下一代信息技术路径，聚焦实体经济，从标准制定入手，描绘数字经济产业图谱，策划强链优链路线图，打造数字经济产业聚集区，推动数字经济核心产业增加值占地区生产总值比重显著增加，促进数字化创新力提升，实现数字技术与实体经济紧密融合。

3. 园区新质生产力创建标准

园区是各省市、县区经济发展的主阵地、核心承载区，一般都占据各城市、各地区经济总量的70%左右。探索各类园区如何创建新质生产力示范区具有重大的实践价值。

国合院认为，国家级经开区、高新区、国家级新区、自贸区等立足各自优势，因地制宜，争取申报并创建国家级、省级新质生产力示范区，符合未来的国家决策方向，也是战略选择。各类园区应聚焦培育高技术产业、提升亩均效益、实现高质量发展三大目标，编制新质生产力示范园区创建方案，并实施落地行动计划。

培育高技术产业：以国家、省、市经济战略为导向，因地制宜、量力而行，突出园区特色，积极开展科技攻关，发挥科技创新主体地位，聚集科技服务机构，依托特色园区、众创空间、孵化器、加速器等载体聚集人才，促进新技术、新产品、新业态的应用。

提升亩均效益：强化园区综合投资效益管理，强化园区空间管理与项目投资核算，坚持"亩均论英雄"，以提高规模以上工业企业效能为重点，统筹推动传统产能提质增效，突出主导产业，提升土地节约集约程度。同时，积极推动以园区为核心的三次产业融合，推动人、产、城的融合及协同发展。

实现高质量发展：以园区为载体，坚持集群化、低碳化、数字化、高端化方向，优化园区空间布局，完善园区现代物流、新能源、新基建等设施，突出实体经济的示范、带动作用，提升公共服务配套水平，加强园区融资服务支持，优化营商环境，构建绿色低碳高质量发展的主导产业体系与现代产业集群。

4. 企业新质生产力创建标准

企业是经济发展的主体，是新质生产力建设的主力军、先锋队，企业要积极参与和引领新质生产力建设，主动适应新质生产力和现代化产业体系建设大环境，进一步深化改革，不断增强核心竞争力，打造新质生产力建设的示范企业、排头兵、推动者。企业应做好建设新质生产力的示范并推动园区、城市新质生产力建设标准的形成。

体制机制改革标准：主动适应新质生产力发展而形成的新型生产关系，坚定不移深化国资国企改革，增强发展内生动力，不断塑造发展新动能、新优势。积极推动实体经济股权、产权、经营权改革，推动市场机制改革与统一大市场建设，创新企业新质生产力建设中的生产、采购、物流、仓储、运营等标准体系，构建新质生产力建设的坚实"基座"与"压舱石"。

科技与产业应用标准：强化科研与产业标准体系建设，突出实体经济的产业承载能力，充分发挥创新主导作用，加强与科技创新平台的合作，以科技创新推动产业创新，积极引进先进技术，加快推进新型工业化，提高全要素生产率。同时，构建各类企业标准与产品体系、品牌体系、业务体系，丰富新质生产力标准体系。

5. 政府新质生产力创建标准

地方政府是新质生产力建设的政策制定者、产业引导者、规划实施者、激励落地者以及标准建设者。

地方政府应围绕新质生产力高科技、高效能、高质量三大特征，打造数字型政府、高效型政府、服务型政府，构建政府、城市新质生产力建设标准。

数字型政府：以标准化建设为驱动，创新模式与业态，筹措资金，聚集智库资源，强化标准建设与路径研究，逐步建成与国家治理体系和治理能力现代化相适应的数字政府体系框架。整体协同、敏捷高效、智能精准、开放透明、公平普惠的数字政府的基本建成，将为实现社会主义现代化，打造新质生产力强国、强省、强市等，提供有力的技术与产业支撑。

高效型政府：以标准化建设为驱动，创新模式与城市业态，筹措资金，聚集智库资源，强化标准建设与路径研究，推动全要素标准体系与劳动生产率评价体系的标准化建设，牢固树立正确的政绩观，强化主动跨前一步的担当，坚持以人民为中心的发展思想，规范工作计划管理，强化目标、平台、项目、政策、改革、机制、督查考核闭环运作体系，切实改进工作作风，加强调查研究，提升政府效能，构建政府高效决策的标准化体系。

服务型政府：以标准化建设为驱动，创新模式与服务业态，筹措资金资源，聚集智库专家，强化服务型政府的标准建设与路径研究，推动政务服务标准化、规范化、便利化水平大幅提升，高频政务服务事项实现全国无差别受理、同标准办理，政务服务线上线下深度融合、协调发展，推动方便快捷、公平普惠、优质高效的政务服务体系与标准化流程、大数据系统功能全面建成。

6. 智库新质生产力创建标准

智库包括高端智库与科研院所，它们是新质生产力建设的重要参与者、推动者与践行者，也是推进中国式现代化的重要参谋力量。习近平总书记高度重视高端智库建设，多次作出重大部署。高端智库建设与智库新质生产力标准化体系应从五个方面展开。

智库学者标准。构建满足新质生产力建设需求的智库机构体系标准、智库学者从业标准、民族智库价值标准、智库人员培养标准等至关重要。这既是落实党和政府智库建设相关指示的具体体现，也是提高我国政府决策能力、企业战略能力、产业运营能力等的重大支撑，是建设中国民族智库，贯彻落实党中央重要部署的实践探索，也是提高智库软实力的国家战略的贯彻落实。其中，学者培养和建设标准是智库人才水平与从业规范的基本指南，也是劳动者在智库领域的具体筛选、任用尺度。

智库研究标准。开展各类智库院所工作职责、研究内容、政策支持、国家战略匹配性以及行为规范、业务领域等标准的研究，是国家部委智库、公益性智库、民营智库等的重要工作，也是维护国家安全与民族利益的重大举措。发展新质生产力的大背景下，智库在参与重大决策研究、宣讲贯彻政策理念、科学研究新质生产力发展路径等方面将发挥重大作用。一是参与重大决策研究。智库应坚守基础理论研究的基本原理，在完善基础理论研究的过程中，从科学性、趋势性、前瞻性、阶段性、方向性上提出自己的论证报告、对策建议。二是宣讲贯彻政策理念。智库应弘扬中国经验、宣传中国经验，推进新质生产力相关政策落地，将理论转化为实践，提升国家治理能力，让政策在社会各个层面获得认同。三是科学研究新质生产力发展路径。智库应全面梳理新质生产力的内涵、研究成果、工作成效及未来思路，提出新质生产力建设中的问题与痛点，探索新质生产力发展路径。

智库服务标准。我国应对各类智库的规划编制、课题研究、资金申报、项目科研、政府合作、企业服务、融资顾问、咨询收费、从业资质以及申报补贴等进行标准化研究和体系机制设计，形成国家和地方政策指引，推动智库建设的高端化、规范化、体系化、品牌化、国际化。

智库资源标准。我国应对各类智库的人才、专家、资金、能力、培训、创新、产业辅导等进行标准化建设与规范管理，打造行业领先的智库矩阵。

智库评价标准。我国应出台国家和地方性政策指引，推动各类智库业绩与能力评价，推动智库成果的转化，建立政府补贴机制，扶持打造部委系统创新型智库、科研型智库、服务型智库、学习型智库，构建国家和地方重大决策与经济运行的智库服务矩阵。

（三）新质生产力的创建方式

国合院认为，按照创建层级划分，新质生产力可分为国家级、省级、地市级、县区级、乡镇级、村庄级这六级。按照新质生产力创建主体的性质，其可分为党委创建、政府创建、行业创建、院所创建、社会组织创建、企业创建、个人创建等。各类主体创建新质生产力的方式如下：

1. 省级行政区如何创建新质生产力

我国是以各省级行政区为最高的行政治理单元和经济布局单元的国家，全国有 34 个省级行政单位，其中有 23 个省、5 个自治区、4 个直辖市、2 个特别行政区。

我国省级人民政府的主要职责有四个：

一是政治职责：对外保护国家安全，对内维持社会秩序。二是经济职责：对社会经济生活进行管理，履行宏观调控职能，政府通过制定和运用财政税收政策和货币政策，对国民经济运行进行调控；提供公共产品和服务职能，协调社会中介组织和企业等，共同承担提供公共产品的任务；履行市场监管职能，保证公平竞争和公平交易、维护经营主体的合法权益。三是文化职责：管理文化事业，发展科学技术，抓好各类教育，抓好卫生体育事业。四是社会公共服务职责：积极调节社会分配和组织社会保障，提高社会福利水平，推动共同富裕；保护生态环境和自然资源，完善社会服务体系，提高人口质量，促进人口生育及可持续发展等。

从全国经济发展与新质生产力建设全局看，我国需要尽快破解"胡焕庸线"难题。

1935 年，经济地理学家胡焕庸先生发表《中国人口之分布》，利用简易的人口分布调查资料，测算出当时中国的人口分布密度，揭示出我国人口空间分布规律，提出了著名的"瑷珲—腾冲线"概念。此后，这条线成为研究中国国情的重要参考，更被中外学者称为"胡焕庸线"。"瑷珲—腾冲线"揭示出当时中国人口分布的巨大差异，即我国东侧省份约 40%的国土集中了 90%以上的人口，西侧省份约 60%的国土，人口不足 10%。基于更精准的调查统计数据，"瑷珲—腾冲线"以东的国土面积约 38.12%，人口约 90%；西侧的国土面积 61.88%，人口约 10%。"瑷珲—腾冲线"被称为"基本国情线"，其在人口分布不均衡的基础上更反映出中国经济社会资源与自然资源在"瑷珲—腾冲线"东西两侧倒置错配分布的现象。我国人力资源和市场资源主要分布在"瑷珲—腾冲线"以东，而以水、煤炭等为代表的自然资源主要分布在"瑷珲—腾冲线"以西。支持我国农业、工业现代化的社会资源与自然资源沿"瑷珲—腾冲线"两侧形成分割与反向分布的状况。各省市如何破解这一发展难题呢？

进一步分析全国各省份的经济发展、科技水平、人口布局、产业空间分布、资源要素等可知，我国总体空间上呈现东强西弱、南强北弱的分布格局。高端人才、科技研发、金融资本、高端产业等相对聚集在江浙、大湾区等地的沿海城市，北京、上海、深圳、重庆等特大城市以及省会城市，还有交通发达、经济总量大的地级市等；而西部、东北部的新疆、宁夏、甘肃、青海、西藏、黑龙江等省份的经济相对落后、科技水平偏低、人才相对不足、金融创新能力偏弱，产业处于高能耗、原材料导向等发展阶段。大力提升这些地区的新质生产力发展水平，是提升其科技水平、人才资源、产业结构、劳动工具及政府决策能力的重大契机，也是历史机遇。同时，东南沿海的发达省市也要在新质生产力建设中继续发挥创新性作用。

全国各省份以及地级市是新质生产力政策的贯彻者、推动者、示范者与引领者，也是创建国家级新质生产力的主要承载者、承上启下者、实践创新者。

全国各省份、各地级市申请创建国家级、省级新质生产力示范省份、城市，在目前无国家正式政策与文件的前提下，可以采取三条推进策略，积极探索示范试点与具体落地路线图：

第一，各省市主管部门组建专题研究团队，成立领导小组，委托专业智库开展前期研究，积极申报并编制国家级、省级新质生产力创建方案、制定三年行动计划（2024—2026年），提出本地区、本城市创建新质生产力的总体背景、建设基础、指导思想、建设原则、建设目标、建设路径、建设任务、项目支撑、科技赋能、产业升级路线图、新兴产业与未来产业布局、资源要素、人才培训、劳动资料以及政策支持、服务体系等，分解到部门、年度，有序推进。同时，这些领导小组要将方案提交给有关部委部门、上级单位审批。

第二，各省市党委政府目前可不采取具体行动，委托智库研究未来趋势，加强自身政策学习，做一些局部探索，等中央、国家部委、上级单位出台明确的创建政策与管理办法，按规定动作与上级要求，编写方案进行申报，等上级审批同意后再进行建设与开发。

第三，各省市可以未雨绸缪，前瞻布局，积极试点，以点带面，逐步推广。各省市可以研究政策，鼓励各县区、乡镇、园区、企业等形成新质生产力创建方案，鼓励各地区、城市、企业、园区等申报和探索，积累实践经验，形成全省、全市的具体行动方案，然后提交国家发展改革委等部委审批，颁布并下发实施。

各省市开展新质生产力试点可能提交的规划文本，包括但不限于：

省市国家级、省级新质生产力创建方案；

省市行业（农业、文旅、工业等）新质生产力创建方案；

县区国家级、省级新质生产力创建方案；

主导产业链国家级、省级新质生产力创建方案；

园区（经开区、高新区、国家新区、自贸区等）新质生产力创建方案；

龙头企业新质生产力创建方案；

省市、县区、企业等新质生产力创建三年行动计划（2024—2027 年）；

省市、县区等新质生产力重大课题"十五五规划"前期研究；

省市、县区人才（科技、三大产业、金融、文旅休闲、康养医疗、物流、交通等）新质生产力专项规划（2024—2030 年）；

省市、县区人才（科技、产业、金融、物流、交通等）新质生产力政策激励与干部考核办法。

2. 县区如何创建新质生产力

我国现行行政区划如下：

一级为省级行政区，包括省、自治区、直辖市、特别行政区。二级为地级行政区，包括地级市、地区、自治州、盟。三级为县级行政区，包括市辖区、县级市、县、自治县、旗、自治旗、特区、林区。四级为乡级行政区，包括街道、镇、乡、民族乡、苏木、民族苏木、县辖区。截至 2023 年末，中国大陆共计 1 299 个县，117 个自治县；另有 977 个市辖区、397 个县级市、49 个旗、3 个自治旗、1 个特区、1 个林区，合计 2 844 个县级区划。

县域经济指以县城为中心、乡镇为纽带、乡村为腹地，以土地、自然资源、劳动力、资本、技术、劳动工具等为劳动资料，统筹进行育苗种业、粮食种植、果蔬种植、畜牧水产养殖、林草养护、粮食生产、深加工、纺织服装、工业制造、矿产开采、仓储物流、电子商务、文旅休闲、餐饮住宿、地产开发等产业的综合性、产业性、链条化的空间布局与产业体系的构建。县域经济是我国经济发展的主要组成部分。我国农业、工业、服务业等大多位于县区的地理空间中。县域经济具有覆盖面广、就业群体多、单个产业规模小、技术含量偏低、人才储备相对不充分、生产制造水平总体不高、资源要素相对不完善等特点。如何提升县域经济发展质量，打造新质生产力示范，是一个重大的、长期的难题，也是影响地方繁荣、国家强盛、产业转型、百姓富裕的问题。我国县域经济发展极不均衡，经济发达县的空间分布相对聚集在东南部沿海地区。截至 2022 年末，我国内地共有 1 866 个县级行政区，约占全国国土面积的 90%，占中国境内人口和 GDP 比重分别约为 52.5% 和 38.1%。千亿县域主要分布在江浙、广东、山东等东南部地区。其中有 1 471 个县级行政区（占比约 80%）的经济规模低于 300 亿元，有 70 个左右的县级行政区经济规模低于 10 亿元。

全国各县区是新质生产力政策的贯彻者、示范者与落地者，也是创建国家级新质生产力示范县的主要执行者、推动者。

全国各县区申请创建国家级、省级新质生产力示范县，在目前无国家正式政策与文件的前提下，可以采取三条措施：

第一，县区组建专题研究团队，成立领导小组，委托专业智库开展前期研究，积极申报并编制国家级、省级新质生产力创建方案，制定三年行动计划（2024—2026 年），提出创建新质生产力示范县的总体背景、建设基础、指导思想、建设原则、建设目标、建设路径、建设任务、项目支撑、科技赋能、产业升级路线图、新兴产业与未来产业布局、资源要素、人才培训、劳动资料以及政策支持、服务体系等，分解到部门、年度，有序推进。同时，这些领导小组要提交方案给有关地市、省份主管部门审批。

第二，各县区党委政府目前可不采取具体行动，而委托智库研究未来趋势，加强自身政策学习，由一些园区、乡镇等进行探索，等国家、省市出台明确的创建政策与管理办法，按规定动作与上级要求，编写方案进行申报，等上级审批同意后再进行建设开发。

第三，各县区可前瞻布局，积极在乡镇、企业、村庄等开展试点，以点带面，逐步推广。各县区可组织研究各类政策，鼓励乡镇、园区、企业等形成新质生产力创建方案，鼓励各园区、企业等申报和探索，积累实践经验，形成县区行动方案，然后提交上级单位审批，颁布并下发实施。

各县区开展新质生产力试点可能提交的规划文本，包括但不限于：

县区国家级、省级新质生产力创建方案；

重点行业（农业、文旅、工业等）新质生产力创建方案；

乡镇、村庄国家级、省级新质生产力创建方案；

主导产业国家级、省级新质生产力创建方案；

园区（经开区、高新区、国家新区、自贸区等）新质生产力创建方案；

龙头企业新质生产力创建方案；

县区、企业等新质生产力创建三年行动计划（2024—2027 年）；

县区等新质生产力重大课题"十五五规划"前期研究；

县区人才（科技、产业、金融、物流、交通等）新质生产力专项规划（2024—2030 年）；

县区人才（科技、产业、金融、物流、交通等）新质生产力政策激励与干部考核办法。

3. 城市如何创建新质生产力

城市是一个国家和地区经济活动、人民日常生活的重要承载者。我国城市等级，按照人口数量可以划分为超大城市、巨大城市、特大城市、大城市、中等城市、小城市、微型城市 7 大类别。各类城市人口规模分别是：超大城市 1 000 万人口以上，巨大城市 500 万~1 000 万人口，特大城市 300 万~500 万人口，大城市 100 万~300 万人口，中等城市 50 万~100 万人口，小城市 20 万~50 万人口，微型城市 5 万~20 万人口。

我国城市的功能主要有五个方面：

一是城市生态功能。这是指城市为满足人民生存发展的需要而在资源利用、环境保护等方面承担的责任和发挥的作用，以及由此产生的效能。

二是城市社会功能。这是指城市为满足人民生存和发展的需要而在社会关系和民生事业方面承担的责任和发挥的作用，以及由此产生的效能。

三是城市经济功能。这是指城市为满足人民生存和发展的需要而在经济发展等方面承担的责任和发挥的作用，以及由此产生的效能。

四是城市服务功能。这是指城市为满足人民生存发展的需要而在生产、生活服务方面承担的职责和发挥的作用，以及由此产生的效能。

五是城市创新功能。这是指城市为满足人民生存发展的需要而在科技研发、城市运营、产品制造、服务创新、文化教育等方面承担的职责和发挥的作用，以及由此产生的效能。

城市经济功能是城市功能的重要组成部分，是城市其他功能的前提和基础。城市经济在先进技术发展、管理方式创新、高效能源推广等方面扮演重要角色，是新动能的前沿阵地。发展新质生产力是中国高质量发展的内在要求和重要着力点。当前我国城市经济发展进入新的发展阶段，立足新时代、新格局，城市、产业、企业、个人等都产生了更为个性化、时代化的新需求，生产要素发生了巨大变化。新质生产力的核心在于创新，城市应该以科技创新为引擎，以提升核心竞争力为目标，融合人工智能、大数据等数字技术，在数字时代发展更具融合性、更体现新内涵的生产力。

以城市管理、开发、建设与经济转型为主线的生产力三要素为劳动力、劳动工具和劳动对象。城市创建新质生产力，要做好三方面的具体工作：一要打造新型劳动者队伍，包括能够创造新质生产力的战略人才和熟练掌握科技成果、现代制造工具等新质生产资料用法的技术应用型人才；二要推动城市劳动者使用的劳动工具的创新和改进，这是城市高质量发展和经济周期转换的主要因素，用好新型生产工具，特别是掌握关键核心技术，赋能新兴产业，推动城市经济、城市治理、城市服务、城市开发的现代化、数字化、自动化；三要推动城市服务的劳动对象的转变，科学技术的发展使城市生产要素不断扩展，随着大数据、人工智能、互联网、物联网、云计算、元宇宙、AI 等技术的不断应用，数据成为数字经济时代的核心生产要素，大数据服务平台与智慧城市建设提高了城市治理水平与劳动生产率，对城市的生产、生活、环境治理等都产生了积极的影响，改变了城市功能和空间结构，推动了城市新质生产力的示范试点。

城市创建新质生产力示范试点，要重点做好五项工作：

一是大力培育新产业，积极推动产业转型升级。城市经济工作包括传统产业升级、新兴产业培育、未来产业招引等工作任务。战略性新兴产业、未来产业，是城市、乡村构建现代化产业体系的关键，是城市新质生产力建设的主阵地。新一轮科技革命和产业变革加快了我国经济发展方式的转变，推动了城市现代化进程。各类城市应统筹谋划，抢抓机遇，及早布局科技创新前沿领域、提前谋划变革性技术，夯实城市经济的基础。城市经济要着力推动新一代信息技术、生物技术、新能源、新材料、高端装备、新能源汽车、绿色环保及航空航天、海洋装备等先进制造业和现代服务业发展，培育壮大城市经济的增长点，加快新旧动能转换，构建新发展格局。城市要立足新质生产力建设，着眼于引领重大变革的前沿科技和产业变革领域，编制新质生产力创建方案，推动落实新兴产业倍增计划、未来产业裂变工程，谋划布局一批未来产业，推动城市产业转型和经济高质量发展。

二是强化新质生产关系建设，构建"新质生产空间"。生产力和生产关系的相互作用是人类社会发展的根本动力，城市要积极探索新质生产力建设路径，创造新质城市生产空间。城市要深刻理解新质生产力的概念与内涵，城市新质生产力并不是全新的生产力，而是新发展要素的集合，新质生产力的空间是各种空间要素通过新的方式进行组合，支持新发展理念和新的服务场景。城市新质生产力建设要充分运用新一代信息技术，推广与信息技术、电脑类生产装备、互联网技术等相关的现代办公工具，不断提升政府、企业、院所等的办公效率，推动信息传递和交流方式的根本性转变。城市要强化知识产权、数据资产参与劳动和资本的利益分配的实践探索，彻底改变人与人之间的联系，改变人与空间的生产关系，推动国内构建新的生产关系。

三是发挥城市群集聚效应。"绿色发展是高质量发展的底色，新质生产力本身就是绿色生产力。"城市群要成为集聚发展动能、联结世界经济的重要空间节点与经济引擎，通过分工合作增强产业集群能力，通过集聚效应打造城市科技创新中心，辐射带动县区、园区、乡村等的科技提升与产业聚集。

四是健全新质生产力支撑政策。我们要积极探索满足城市新质生产力建设需要的城市空间治理模式，打造新质生产力建设的空间场景、施工图。城市规划逻辑由基于土地的二维规划转向有系统性和互联性的三维空间规划，城市空间要实现生产和使用相结合，更好地促进新质生产力发展。空间治理服务于空间生产，我们要通过制定行业标准、指南、规范等，将生产空间与新工具、新业态、新服务组合，推动新质生产关系的形成。我们要积极推动城市的产业结构和空间结构优化调整，创新空间要素的组合模式，提高空间效能，聚集创新人群，激发创新活力，培育创新产业，提供创新应用场景，构建城市新质生产力的策源地、示范区。

五是积极探索城市新质生产力试点样板。我们要按照城市新质生产力建设的总体思路、目标路径、项目清单、施工图等，进行城市新质生产力建设总体规划与创建方案编制，开展"十五五"规划前期研究，对城市经济、城市科技、城市人才、城市金融、产业图谱、金融体系、政策机制、保障体系等进行总体构建，并逐步实施。同时，我们要选择示范园区、示范企业、示范机关、示范产业等进行试点，以点带面，逐步推广，形成全方位、全过程、全周期的城市新质生产力建设路线图、施工图、运行体系、保障机制。

城市开展新质生产力试点可能提交的规划文本，包括但不限于：

城市申报国家级、省级新质生产力创建方案；

城市重点行业（园区、企业、机关等）新质生产力创建方案；

城市新质生产力建设人才发展规划；

城市新质生产力建设产业发展规划；

新质生产力建设城市金融专项规划；

龙头企业新质生产力创建方案；

城市新质生产力重大课题"十五五规划"前期研究；

新质生产力建设城市环境保护专项规划；

城市新质生产力建设政策激励与干部考核办法。

4. 园区如何创建新质生产力

园区是我国经济发展的重要载体，也是城市新质生产力建设的主阵地。工业园、开发区、产业园等都是我国经济发展的重要支柱，也是城市经济的重要组成部分。其中：

工业园：工业园是工业企业的聚集区，是按照园区规划定位而确定的具体的土地空间，是提供工业用地、引进企业投产建设并使用的专属地区，通常由制造企业、服务企业与管委会等构成。

开发区：开发区是由国务院和省、自治区、直辖市人民政府批准，在城市规划区内，出于支持地方经济或者加快城市融合等特殊原因而设立的。开发区分为经济技术开发区和高新技术开发区等。

产业园：产业园是指以促进某类或几类产业发展为主要目标而创立的特殊园区，它能有效、精准地招引产业、企业与项目入驻，创造产业聚集力，通过共享资源形成聚集效应，带动关联产业的延链强链发展，培育主导产业集群。

国家级新区：国家级新区是由国务院批准设立，承担国家重大发展和改革开放战略任务的综合功能区。国家级新区是中国于20世纪90年代初期设立的一种具有开发、开放与改革功能的大城市区。1992年后，国家级新区成为新一轮开发、开放和改革的新区。国家级新区的行政级别通常为正厅级，部分为副省级。其中上海浦东新区、天津滨海新区、重庆两江新区为副省级新区。截至2023年末，全国有19个国家级新区，分别是：上海浦东新区、天津滨海新区、重庆两江新区、浙江舟山群岛新区、甘肃兰州新区、广州南沙新区、陕西西咸新区、贵州贵安新区、青岛西海岸新区、大连金普新区、四川天府新区、湖南湘江新区、南京江北新区、福建福州新区、云南滇中新区、黑龙江哈尔滨新区、吉林长春新区、江西赣江新区、河北雄安新区。

自贸区：自由贸易区（free trade zone）是指在贸易和投资等方面实行比世贸组织有关规定更加优惠的贸易安排的区域，它一般是在主权国家或地区的关境以外，划出的特定区域，准许外国商品豁免关税自由进出。自贸区实质上是采取自由港政策的关税隔离区。自贸区狭义上仅指提供区内加工出口所需原料等货物的进口豁免关税的地区，类似出口加工区；广义上还包括自由港和转口贸易区。自贸区一般设在港口地区或邻近港口的地区。外国商品进入自贸区内免关税及海关手续，可在区内自由储存、分类、分级以及拆卸、加工、制造、重新包装、重新标签、装配再出口，不受海关监管。进自贸区的外国商品全部或部分、原样或经加工后若进入所在国的关境，则需办理海关手续并缴纳进口关税。自由贸易区可分为商业自由区和工业自由区。商业自由区内的外国商品除装卸、转换运输工具和储存外，准许为保存商品、改进包装或提高销售质量或准备装运而进行必要的作业，如散装改为包装、并包、拣选、分级和改包装等，但禁止拆包零售和加工制造。工业自由区则允许原料、元件和辅料免税进口，在指定作业区内加工；但所有进口料件和运出区外的成品均须按海关规定建立账册，以供查核。自贸区不仅可以作为商品的集散中心，为巩固该国在国际贸易中的地位发挥作用，还可通过吸收投资、扩大就业和增加收入等举措来刺激该国的经济发展。目前，我国国家级自贸区有：中国（上海）自由贸易试验区、中国（天津）自由贸易试验区、中国（福建）自由贸易试验区、中国（辽宁）自由贸易试验区、中国（河南）自由贸易试验区、中国（湖北）自由贸易试验区、中国（重庆）自由贸易试验区、中国（四川）自由贸易试验区、中国（陕西）自由贸易试验区、中国（山东）自由贸易试验区、中国（江苏）自由贸易试验区、中国（广西）自由贸易试验区、中国（河北）自由贸易试验区、中国（云南）自由贸易试验区、中国（黑龙江）自由贸易试验区、海南自由贸易港、中国（北京）自由贸易试验区、中国（湖南）自由贸易试验区、中国（安徽）自由贸易试验区、中国（浙江）自由贸易试验区等。

各类园区（经开区、高新区、自贸区、综试区等）应学习贯彻中央关于新质生产力建设的政策文件，立足各自实际，积极推动以科技创新为驱动，以自身综合优势为支撑，以政策引导、产业升级、干部能力提升、业务转型、金融赋能、资本服务、激励考核等为主要内容的新质生产力试点，以点带面，逐步推广，形成全方位、全过程、全周期的园区新质生产力建设政策体系、推进路线图、施工图、产业体系、激励机制、保障架构等。各类园区可以引进专业智库、专家学者来系统研究并编制新质生产力创建方案、行动计划，并联合实施。

各类园区开展新质生产力试点可能提交的规划文本，包括但不限于：

园区申报国家级、省级新质生产力创建方案；

园区新质生产力建设人才发展规划；

园区新质生产力建设产业发展规划；

新质生产力建设金融创新专项规划；

龙头企业新质生产力创建方案；

园区新质生产力重大课题"十五五规划"前期研究；

新质生产力建设园区绿色低碳高质量发展专项规划；

园区新质生产力建设激励考核办法。

5. 党委、政府如何创建新质生产力

各级党委、政府是新质生产力建设的指引者、政策制定者与执行者，也是新质生产力示范的推动者、实践者、激励者与推广者。我国要积极转变政府治理理念，强调"有为政府"和"有效市场"的紧密结合，运用好中央配套的各项政策工具，加快产业更新换代、形成新质生产力。我国要根据科技进步和产业发展状况，及时调整战略性新兴产业和未来产业的发展规划。

省、自治区、直辖市一级的党委、政府在新质生产力构建过程中，既要学习贯彻习近平总书记的重要指示精神，落实党中央、国务院的有关政策文件，又要积极探索，推动本级党委、政府管理下的新质生产力试点，研究部署下一级党委、政府管理下的新质生产力试点，以及园区、行业等的新质生产力试点，聚集资源与智库力量，打造国家级新样板和省级新概念、新业态。具体可从政策引导、科技设计、成果转化、干部培养、人才聚集、产业升级、未来产业培育、金融资本、资源开发、平台建设、开放发展等方面做出顶层设计，规划编制、项目驱动、资源赋能、有序推进。

各地市、县区级的党委、政府既要贯彻落实上级的政策部署、试点要

求，也要因地制宜，量力而行，研究、编制并实施自身以及下级党委、政府、园区、企业等的试点方案，以点带面，先行先试，逐步全面进行推广，提炼有关典型案例提交有关部门、国家部委审核。

各级党委、政府开展新质生产力试点可能提交的规划文本，包括但不限于：

党委/政府国家级、省级新质生产力创建方案；

城市、行业（园区、企业、机关等）新质生产力创建方案；

党委/政府新质生产力建设人才发展规划；

党委/政府新质生产力建设科技创新专项规划；

党委/政府新质生产力建设重大决策运行方案；

党委/政府新质生产力重大课题"十五五规划"前期研究；

新质生产力建设党组织建设专项规划；

新质生产力建设干部激励与考核办法。

6. 企业如何创建新质生产力

企业是新质生产力建设的主体，也是科技创新、人才培养、产业打造、项目实施、资源聚集、平台建设的重要参与者、实施者、推动者。我国实体经济的发展主要是由各类企业推动的，因此，企业积极承接新质生产力试点任务，既是抢抓发展机遇、立足资源优势、聚集科技力量、推动产品升级、提高企业竞争力、打造强势品牌的战略选择，也是落实国家新质生产力战略部署的具体行动、责任担当。当前，全球经济总体低迷，欧美一些国家遏制中国高科技进口，中国国内消费总体不足，投资预期疲软，我国企业生产销售面临挑战，企业面临的国内国际环境日益复杂。科技含量、资源要素、人才素质等是企业高质量发展的决定性因素。建设新质生产力示范企业，可以提升企业的科技研发与成果应用能力，提高产业层级与产品质量，打造产品品牌、企业品牌与提升竞争优势，提高企业盈利能力。

创建新质生产力示范企业，可能需要提交的规划文本，包括但不限于：

国家级、省级新质生产力示范企业创建方案；

重点产品新质生产力创建方案；

企业新质生产力建设人才发展规划；

企业新质生产力建设科技创新专项规划；

企业新质生产力重大课题"十五五规划"前期研究；

企业新质生产力建设党组织建设专项规划；

企业新质生产力建设干部考核与激励管理办法。

7. 院所/智库/科研团队如何创建新质生产力

习近平总书记强调，加快科技创新是推动高质量发展的需要，是实现人民高品质生活的需要，是构建新发展格局的需要，是顺利开启全面建设社会主义现代化国家新征程的需要。"扎实推动科技创新和产业创新深度融合，助力发展新质生产力""融合的基础是增加高质量科技供给""要积极运用新技术改造提升传统产业，推动产业高端化、智能化、绿色化"这些重要论述为新质生产力发展指明了路径，阐明了科技创新和产业创新深度融合的理论内涵。科技创新是发展新质生产力的核心要素，能推动和引领产业创新，产业创新则能够实现科技创新的价值，二者深度融合、互促共生，对建设和完善现代化产业体系具有重要意义，是加快培育新质生产力的重要驱动力量。现在，我国经济社会发展和民生改善比以往任何时候都更加需要来自科学技术领域的解决方案，都更加需要增强创新这个第一动力。

党的十八大后，以习近平同志为核心的党中央延续科学决策、民主决策、依法决策的治国理政基本理念，将发挥智库（思想库）作用纳入党决策咨询制度化建设的范畴，并就新型智库建设多次发表重要论述。2012年底，习近平总书记在中央经济工作会议上强调，高质量智库在国家决策制定过程中能够发挥重要作用。2013年11月，党的十八届三中全会通过的《关于全面深化改革若干重大问题的决定》首次出现"中国特色新型智库"的表述，并公布了"加强中国特色新型智库建设，建立健全决策咨询制度"22字方针。与此同时，原中央全面深化改革领导小组也着手推动"新型智库"的顶层设计与发展规划。2014年10月，原中央全面深化改革领导小组审议通过《关于加强中国特色新型智库建设的意见》并于2015年1月由中共中央办公厅、国务院办公厅联合发布，明确了中国特色新型智库发展的总体目标和发展路径。2015年11月，原中央全面深化改革领导小组公布《国家高端智库建设试点工作方案》，非常详细地从指导思想，试点工作的基本要求，入选的具体条件，首批试点的认定、类型和结构及运行管理五方面对新型高端智库试点工作予以规范。中央有关部门相应的配套文件，如《国家高端智库管理办法（试行）》《国家高端智库专项经费管理办法（试行）》迅即出台，负责议事与评估工作的国家高端智库理事会等机构也迅速得以组建。2015 年 12 月，国家高端智库建设试点工作会议的召开标志着高端智库试点工作全面展开，中国特色新型智库建设作为国家战略已全面推进，中国智库建设迈入高质量发展阶段。2020 年初，中央全面深化改革委员会立足党和国家事业全局，通过《关于深入推进国家高端智库建设试点工作的意见》，对建设中国特色新型智库作出重要部署，要求高端智库须做到"精益求精、注重科学、讲求质量"，切实提高服务决策的能力水平。

这一系列的重要会议和政策文件，为中国智库的改革发展指明了方向与目标，也为各类智库干部培养与产业转型提供了依据。各类高校、科研院所、部委智库等应把握机遇，积极参与新质生产力建设，积极打造各具特色、专业领先、能力突出的智库，更好地服务国家和地方经济社会发展。

各类院所、智库、科研团队开展新质生产力试点可能需要提交的规划文本，包括但不限于：

院所/智库/科研团队新质生产力创建方案；

院所/智库/科研团队科技研发与成果转化专项规划；

院所/智库/科研团队新质生产力建设人才发展规划；

院所/智库/科研团队新质生产力建设重点产业发展专项规划；

院所/智库/科研团队新质生产力建设重点项目推进方案；

院所/智库/科研团队新质生产力重大课题"十五五规划"前期研究；

院所/智库/科研团队新质生产力建设党组织建设专项规划；

院所/智库/科研团队新质生产力建设干部考核与激励管理办法。

（四）新质生产力创建中的各方职责

根据各级党委政府、有关机构、园区等的职责权限，我们认为应确立新质生产力建设中各方的工作职责、角色定位与行动方向等。

1. 党委的职责

各级党委在新质生产力建设中的基本准则：学习、贯彻、创新、引领、试点、驱动、管控、推广、激励。

具体来说，各级党委在新质生产力建设中，要严格遵守党的纪律，积极发挥战斗堡垒作用，组织有关党组织及全体党员、政府各部门等学习贯彻中央、上级党委、上级政府的有关政策文件，吃透政策精神，积极贯彻落实并进行试点示范；同时，进一步发挥党组织对经济工作的统领作用，履行新质生产力建设第一责任人的职责，全面构建以党组织为核心，各级政府、企业、行业、社会等统筹参与、协同探索的新质生产力传达、创新、规划、实施、运行、考核等体系；对改革实践中的问题、难点，按照一定的申报程序与优势资源，进行集体研究和统筹解决；对优秀的典型案例与经验做法积极推广应用，及时上报上级党组织、各有关部门，推动相关战略全面落地，履行政策实施、项目施工、试点先行、风险防控、考核激励、监督协调等综合职责。具体工作中，各级党委应严格执行国家和上级党委确定的工作职责与重点要求，立足本地实际，创新发展模式，以党章党纪为准则，与经济布局、产业升级等总体目标紧密结合，积极推动本级党委各项工作的有序开展。

2. 政府的职责

各级政府在新质生产力建设中的基本准则：学习、贯彻、执行、创新、推动、试点、支持、推广、激励。

具体来说，各级政府在新质生产力建设中，要深刻领会习近平总书记关于新质生产力建设的重要指示精神，组织学习各级党委、中央部委等的新质生产力建设部署，因地制宜，组织各单位、行业、企业认真学习贯彻；引进专业智库开展规划编制、资源聚集、干部培训、产业调整、项目立项、金融创新、要素聚集以及平台建设等工作，充分发挥政策引导、规划引领、产业驱动、人才支撑、资源赋能等作用，全面构建以党组织为核心、各级政府牵头，园区、行业、企业、社会各界统筹参与、协同探索的新质生产力建设机制、产业体系、要素平台等；对实践中的问题、难点进行集体研究和统筹解决，及时上报各级党组织、各有关部门；对优秀的典型案例与经验做法积极推广应用，推动相关战略全面落地。具体工作中，各级政府应严格履行国家和上级确定的工作职责与重点要求，立足本地实际，创新发展模式，以经济规划、产业布局为主线，与产业定位、转型升级、科技研发、要素聚集等主要目标任务紧密衔接，积极推动本级政府各项工作的有序开展、持续落实。

3. 园区的职责

各类园区在新质生产力建设中的基本准则：贯彻、规划、创新、试点、整合、提炼、激励。

各类园区（产业园、高科技园、自贸区等）在新质生产力建设中，要深刻领会习近平总书记关于新质生产力建设的重要指示精神，组织学习党中央、国务院等的新质生产力建设战略部署，加大园区与企业的创新力度，积极培育新时代"企业家精神"，增强企业家对科技前沿的感知能力、对产业转型的识别能力、摆脱传统产业束缚的变革能力，以及改革企业架构以适应科技革命的调整能力；鼓励并培养新时代"工匠精神"，生产高质量产品、提供精细化服务，提高政策修养与运用能力，掌握新技能、吸收新理念。各类园区要因地制宜，一园一策、一企一策，统筹编制新质生产力建设规划，落实科技研发、资源聚集、干部培训、产业调整、项目立项、金融创新及平台建设等工作，充分发挥政策引导、规划引领、产业驱动、园区承载、企业主体、人才支撑、资源赋能等作用，全面探索新质生产力示范园区、示范企业建设的政策体系、规划体系、产业体系、项目体系、运营体系、资金体系、智库体系、激励体系等，推动创建方案、试点企业、示范项目的持续落地。具体工作中，各类园区应紧紧把握国家、地方新质生产力建设总体部署，立足园区实际，以企业为产业升级与产业孵化主体，创新发展模式，以产业规划、企业布局为主线，与产业升级、科技应用、金融创新、招商引资、平台开发等目标任务紧密衔接，积极推动园区新质生产力示范试点，打造国家级、省市级新质生产力示范园区、示范企业。

4. 院所的职责

各类院所在新质生产力建设中的基本准则：学习、贯彻、规划、创新、服务、试点、整合、提炼、宣传。

具体来说，各类院所（高校、研究院、研究所、科研中心等）在新质生产力建设中，要深刻领会习近平总书记关于新质生产力建设的重要指示精神，组织学习中央、国家部委关于新质生产力建设的战略部署，发挥院所的科研转化优势，推动各级党委、政府、园区、企业等因地制宜，一园一策、一企一策，统筹参与编制党委、政府、园区、企业等的新质生产力创建方案或者专项规划，推动人才培养、科技转化、资源聚集、产业升级、招商引资、招财引智、项目科研、金融创新及服务平台建设等，充分发挥院所政策解读、规划编制、方案设计、产业协同、招商服务、园区运营、人才聚集、企业辅导等方面的综合作用，推动各级党委、政府以及各类园区、企业等关注、参与与支持新质生产力课题研究、试点示范、项目实施、资源聚集、产业孵化以及智库体系建设等工作，积极推动各地区、城市、园区、企业的新质生产力试点工作，辅导和服务合作伙伴成功打造国家级、省市级新质生产力示范样板。同时，各类院所要积极探索自身新质生产力建设的科研转化以及理论创新与实践活动。

5. 企业的职责

在竞争激烈的市场中，企业需通过技术创新、管理创新、数字化转型、绿色发展和文化建设等手段，提高生产效率和产品质量，提升新质生产力，实现可持续发展。

首先，企业要加强技术创新。技术创新是推动新质生产力发展的核心动力。企业应加大研发投入，加强与高校、科研机构的合作，引进和培育创新人才，打造新型劳动者队伍，推动科技成果的转化和应用。通过技术创新，企业可以开发出更高效、更环保的生产工艺和设备，提高生产效率和产品质量，降低生产成本，从而在市场中获得更大的竞争优势。其次，企业要注重管理创新。管理创新是提高企业运营效率和管理水平的重要手段。企业应建立科学、高效的管理体系，优化管理流程，提高管理效率。同时，企业还应注重人才培养和激励机制建设，激发员工的创新活力和工作热情。通过管理创新，企业可以实现资源的优化配置和高效利用，提高企业的整体运营效率和管理水平，为发展新质生产力提供有力保障。最后，企业要注重数字化转型。数字化转型是提升新质生产力的必然趋势。企业应积极拥抱数字化技术，推动生产过程的数字化、智能化和网络化。通过数字化转型，企业可以实现生产过程的可视化和智能化管理，提高生产效率和产品质量，降低生产成本和资源消耗。同时，数字化转型还可以帮助企业实现供应链的协同和整合，提高企业的响应速度和市场竞争力。企业只有不断创新和优化，才能在激烈的市场竞争中立于不败之地，实现可持续发展。

6. 智库的职责

智库对政府决策、企业发展、社会舆论与公共知识传播具有深刻影响，特别是在当前全球经济和科技快速发展的背景下，智库的高质量发展对于国家战略决策和产业升级具有重要意义。新质生产力的提出，为中国生产力发展赋予了新内容，指明了新方向。智库机构应该深刻理解、全面把握新质生产力的内涵和要求，发挥自身优势，为促进新质生产力的发展答疑解惑、献计献策。

研究分析新质生产力的发展趋势。智库要通过收集、整理、分析数据资料，准确把握新质生产力的内涵、特点和发展方向，为政府、企业提供科学决策的依据。同时，智库还应该密切关注国内外新质生产力发展动态，及时掌握前沿技术和创新成果，为我国的创新发展提供有力的支持。

提供决策支持。基于对新质生产力的深入研究，智库应该为政府和企业提供有针对性的决策支持，包括制定新质生产力发展战略、政策建议以及实施方案等，帮助决策者更好地把握新质生产力的发展方向和重点，推动新质生产力在我国的快速发展。

推广知识技术。智库要积极推广新质生产力相关的知识和技术，通过举办讲座、研讨会、培训班等活动，向广大公众普及新质生产力的概念、原理、应用，提高公众对新质生产力的认知度和接受度。同时，智库还可以与企业合作，推动新质生产力技术的转移和产业化，促进经济社会可持续发展。

监测风险评估。新质生产力在发展过程中会不可避免地遇到各种风险和挑战。智库需要建立完善的风险监测和评估机制，对新质生产力发展过程中可能出现的风险进行及时预警和评估。智库要通过提供专业的风险评估报告和对策建议，帮助政府、企业更好地应对各种风险挑战，确保新质生产力健康发展。

搭建交流平台。智库要积极搭建交流平台，促进政府、企业、学术界以及社会各界的沟通与交流，通过举办论坛、峰会等活动，汇集各方智慧和资源，共同推动新质生产力的发展和创新。同时智库还可以借助在线交流平台等，及时进行有效的沟通和协作。

持续的自我创新和提升。智库必须保持持续创新和改进的精神，不断提升自身的专业水平和服务能力，为新质生产力的发展提供有力的支持和保障，为我国新质生产力的发展不断注入新的活力和动力。

七、新质生产力建设的重点任务

新质生产力是一个综合性、跨行业、跨学科的经济社会领域的新概念，涉及政策、技术、管理和组织等多个方面。随着科技的进步和全球化的深入，新质生产力已成为国家、地方以及各行业普遍关注的热点和焦点。地方政府、各行业应高度重视新质生产力，不断探索创新道路，提高自身竞争力，推动要素协同匹配，适应新质生产力的发展要求，提高全要素生产率。

（一）党政新质生产力建设任务

"新质生产力"于 2024 年首次被写入《政府工作报告》，"加快发展新质生产力"被列为 2024 年十大工作任务之首。党的二十大报告指出："严密的组织体系是党的优势所在、力量所在。各级党组织要履行党章赋予的各项职责，把党的路线方针政策和党中央决策部署贯彻落实好。"党委要从政治层面"把方向"，推动各级党组织提升政治引领力、决策能力、治理能力，做好党建工作，发挥好党组织及党员干部的领导核心和政治核心作用，保证党和国家方针政策、重大部署的全面贯彻执行。

1. 加强领导班子能力建设

强化领导干部决策质量与政策水平培训。我国应制定领导干部集中学习和专题学习制度，重点开展新质生产力理论体系研究、政策文件学习、经济实践培训，打造一批有先进思想、素质良好、有责任担当的领导班子，这是落实新质生产力政策、推动经济高质量发展的组织保障。

完善领导干部选拔任用评价机制。我国应坚持公开、公平、公正地选拔优秀的后备人才；强化新质生产力能力评价，构建人民群众对领导干部业绩的评价体系，将其纳入干部任用评价体系，推动领导干部业绩与人民群众的评价挂钩；定期开展民主生活会，开展批评与自我批评，推动领导干部综合能力的持续提升；学习贯彻中央最新理论成果，拓展领导干部的专业知识面，提高其分析问题、解决问题的决策能力；定期召开组织生活会，开展干部作风建设自查，形成良好的干部作风与工作氛围，发挥领导班子集体决策力与战斗力，为地方经济发展提供干部资源。

2. 强化党员干部队伍建设

我国应加强党员干部队伍建设，通过系列培训，提升各级党组织及全体党员干部的素质，使干部队伍为新质生产力发展提供助力，全面保障我国经济高质量发展。党员干部队伍要持续加强政治理论学习，把习近平总书记关于新质生产力的系列重要讲话作为集中学习的重要内容，在实践中探索并贯彻相关理论，解决经济发展过程中存在的各种问题和挑战。党组织要积极培训科技、法律、金融、经营管理等方面的实用知识，拓展领导干部的知识面，提升其规划决策与实际工作能力。

培养全体党员干部的服务意识。我国应强化干部队伍建设，加强党员的政策制度学习，提倡深入基层调研，鼓励党员干部到园区、企业挂职锻炼，鼓励党政机关、院所智库、专家学者等与各地、园区、企业等"结对子"，加强政策交流与专业服务，采取针对性措施，不断解决实体经济发展中遇到的各种问题，促进经济高质量发展。

3. 制定新质生产力发展工作方案

各主体应加强新质生产力重大课题研究，学习领会国家重大战略部署，结合本地产业现状，制定新质生产力发展工作方案，编制传统产业改造、新兴产业提升、未来产业培育专项规划，用于指引主导产业的高端化、智能化、绿色化发展。

强化新质生产力重大战略目标、重点任务、重大工程、重点项目的执行实施与业绩评价，积极推动重点地区、重点园区、重点企业的示范以及重大技术的转化与聚集发展，培育区域战略科技力量，打造高品质、高效能、高产出的示范项目、主导产品。

4. 推动党建与产业链深度融合

强化党建引领和责任分工。各主体要将党建优势转化为新质生产力建设的巨大推力，通过各级党委的纽带作用，推动党员干部率先示范，强化科技、产业、金融和人才等部门协同联动，突出党组织在新质生产力建设中的核心地位，推动党建与产业链的深度融合。

强化各级党组织、党员干部在经济工作中的引领作用。各主体要加强党建工作与新质生产力建设的统筹协调，强化各类园区、院所、企业等的党建统领与产业升级，加强企业、高校、科研机构等的资源优化、平台共建与跨行业交流合作，以"党建链"打通产业链条、推动产业链融合、促进新质生产力发展。

5. 构建党委与政府的创建合力

党委是中国共产党的组织机构，负责党务、研究决策和制定方针。政府是国家的行政机关，负责执行方针和政策。党委发挥领导核心作用，政府则负责具体的行政执行工作。

党委通过制定政策、提出任务，为政府工作提供指导和方向，而政府则依据党委的决策，细化政策措施，组织实施并反馈执行情况，以确保政策制定和执行之间的无缝衔接，提高政策的实施效果。

党委和政府之间通过建立沟通协调机制，加强信息交流和资源共享。党委应定期听取政府工作汇报，了解政策的执行情况和社会动态，为决策者提供参考；政府也应及时向党委反映工作中的问题和困难，争取支持和帮助，党委与政府之间要增强互信合作。

6. 创新党组织与经理层的发展合力

在国有企业中，基层党组织应明确其功能定位，通过建立《党支部委员会议事规则》来指导党组织的活动。通过党政联席会议制度，确保党支部参与决策本单位的发展、经营管理等重大事项，推动党建工作与企业管理的深度融合。这样能从机制上有效推动党组织和经理层的合力发展。

企业在公司治理中要加强党的领导，构建"党委领导、董事会决策、监事会监督、高管层执行"的现代公司治理体系，实现党的领导融入公司治理各环节。国有企业要严格落实党管干部的原则，通过选拔和任命干部，确保企业领导层的政治素质和业务能力。这样能从制度上推动党建工作和企业中心工作的同步开展。

国有企业要建立健全考核评价制度，对党建工作进行量化分解，与企业生产经营任务同步考核。通过党组织和经理层的合力发展，实现党的领导和企业管理的有机结合。

（二）农业新质生产力建设任务

强国先强农，农强国才强。我国是农业大国，但不是农业强国。对标新质生产力，我国农业在生产效率、科技创新、高水平人才支撑、资源要素配置等方面还存在不小差距。发展农业新质生产力要使其满足先进科技特征、产业融合趋势和高质量发展要求，承担着农业关键核心技术攻关、解决农业科技"卡脖子"问题、服务国家农业科技自立自强的重大使命。加快发展农业新质生产力，需要聚焦科技创新主线，以粮食种植等主导产业为载体，推动"农业+科技"融合发展，促进更多农业科技创新成果应用于农业生产、充分转化，为农业农村现代化插上科技的翅膀。

1. 加快种业振兴行动

粮安天下，种为粮先。大力发展种业是党中央、国务院的重大战略部署，种子是农业的"芯片"，关系国家粮食安全，关系到农产品全球竞争力，是发展新质生产力的重要领域。习近平总书记强调，要用中国种子保障中国粮食安全，把当家品种牢牢攥在自己手里。我国要加快推进种业振兴行动，完善联合研发和应用协作机制，加大种源关键核心技术攻关力度，加快选育推广生产急需的自主优良品种。同时，我国要制定重点种业中长期发展规划，全面构建科技引领的种业振兴行动，提升我国种业的自主供应水平。

2. 推动农机装备创新

农业要强，装备必须强。劳动工具是新质生产力建设的重要内容，农业机械化、自动化和农机装备高端化是转变农业发展方式、提高农村生产力的重要基础。为发挥农业装备的提高劳动生产率、资源利用率和降低劳动强度的作用，应该加大科技创新力度，提升农业机械制造与产业化水平，立足各地实际，积极创新农机产品，打造自动化、智能化、低碳化、品牌化的各类农业机械，尽快提高农业现代化水平。我国要以科技装备、先进农机装备的创制和应用，推动农业机械化向全程全面、高质高效转型升级，促进农业生产力发展。我国要出台资金扶持管理办法，鼓励科研团队、企业等加大农业机械科研投资，全面实施专项研发攻关，推动一批关键技术装备自主研发、国产化替代。

3. 发展低碳智慧农业

习近平总书记强调，要用物联网、大数据等现代信息技术发展智慧农业。我国要大力发展低碳智慧农业，全面提升农业生产低碳化、智能化、经营网络化、管理高效化、服务便捷化水平，为农业现代化注入新动能。我国要加强数字基础设施建设，加快 5G 网络、数据中心等新型基础设施建设，推动物联网、大数据、云平台等新技术与农业深度融合。我国要推进生产数字化转型，推广应用种植环境监测控制、水肥药精准施用、作物智慧管理等技术装备。我国要紧跟世界智慧农业科技发展趋势，加快技术产业化进程，促进创新链与产业链精准对接、融合发展。我国要鼓励农业种植化肥农药减量，鼓励碳汇农业项目建设，鼓励农作物循环化种植，推动农业与二产、三产融合发展，鼓励发展康养文旅产业，做好人居环境建设、垃圾废弃物循环再利用，打造低碳智慧现代农业，共建农业新质生产力示范样板。

4. 加快农业人才建设

农业农村人才是强农兴农的根本。随着我国经济的快速发展，城市化进程加速，农业人口流失严重，农业发展面临着人才短缺等诸多挑战。农业人才的引进、培养、聚集是农业现代化的基础。打造专业强、留得住、有业绩的乡村人才队伍，是建设农业强国的智力保障：一是培养农业人才队伍，重点培育农村基层组织负责人、农业企业家、家庭农场主、农民合作社带头人，促进乡村产业转型升级，引进新产业、新业态，发挥乡村本土人才的主体功能和先锋引领作用；二是壮大专业人才队伍，加快培养农业科研人才、农业经营人才、农村企业家、科技领头人，加快农业科技创新与产业培育，促进家庭农场和现代农业等有机衔接，打造美丽富裕乡村，推动农业种植养殖与深加工、休闲旅游等产业融合发展，为推动农业农村现代化注入活力、动力。

5. 完善农业金融体系

我国要鼓励发展农业金融产品与融资渠道，积极打造与新质生产力发展相适应的农业科技金融服务体系，实现科技、农业、金融、项目相互塑造、有机结合、良性循环；强化绿色贷款、普惠金融等在农业领域的广泛使用，创新运用投贷联动、知识产权质押融资、农业土地林地租赁权抵押等融资手段，有效满足农业项目、农业园区、科技企业等金融需求；加大科技扶持力度，做优做强农业科技力量，拉长做深农业科技金融服务链条，推动金融资源要素实现网络化共享、集约化整合、精准化匹配，为农业新质生产力发展提供强有力的金融支持。

6. 改善农业基础服务

我国要以现代技术提升通信网络，以科技服务推动高效生产，打造农业智库及各种农业站，设置农业服务支持平台。

7. 升级农业产业

我国要科学制定农业农村规划与农业现代化规划，积极推进农业新质生产力创建行动。我国要持续推进粮食种植、水产畜牧养殖与深加工等传统农业转型升级，优化粮食种植结构，改善区域畜牧水产与饲草等领域的产业结构，大力推进节水型低碳性农业。我国要推进三产融合发展的新兴产业，大力培育未来能源、未来材料等未来产业，大力改进生产工具与数字技术，打造现代农业产业体系。

（三）工业新质生产力建设任务

工业是一个国家综合国力的体现，是国民经济的主体和增长引擎。2023年中央经济工作会议提出，加快形成新质生产力，建设现代化产业体系。坚持走中国特色新型工业化道路，以科技创新驱动产业创新，加快建设制造强国，加快各地区工业产业升级，推动工业与农业、服务业融合发展，加快推进新型工业化，建立高质量的现代化产业体系，是以中国式现代化全面推进强国建设、民族复兴伟业的关键任务，是形成新质生产力的重要举措。

1. 改造升级传统产业

我国应瞄准高端、智能、绿色等方向，实施制造业技术改造工程，支持企业设备更新、工艺升级、数字赋能、管理创新，改造提升传统产业。我国应加快钢铁、有色金属、石化、化工、建材、纺织、轻工、机械等行业绿色化升级改造，推动钢铁、建材等重点行业加快兼并重组，提高产业集中度，积极推动工业产业结构、生产方式绿色转型。我国应加强钢铁、有色金属、建材、化工企业间原材料供需结构匹配，促进有效、协同供给，强化企业、园区、产业集群之间的循环链接，提高资源利用水平。我国应严控尿素、电石、烧碱、黄磷等行业新增产能，新建项目实施产能等量或减量置换。我国应强化环保、能耗、水耗等要素约束，依法依规推动落后产能退出，促进绿色低碳技术装备广泛应用，大幅提高能源资源利用效率，提升绿色制造水平。

2. 巩固提升优势产业

各地区应因地制宜，有序布局，鼓励发展轨道交通装备、船舶与海洋工程装备、电力装备、新能源汽车、太阳能光伏、通信设备、锂电池等优势产业。各地区应推动重点开发地区提高清洁能源利用比重和资源循环利用水平，引导生态脆弱地区发展与资源环境相适应的特色产业和生态产业，落实能耗"双控"目标和碳排放强度控制要求，推动重化工业减量化、集约化、绿色化发展，继续实施强链延链补链，提升全产业链竞争优势。各地区应巩固优势产业领先地位，打造更多中国名片、中国制造。

3. 培育壮大新兴产业

战略性新兴产业代表产业变革的方向，是培育发展新动能、塑造未来竞争新优势的关键领域。我国应聚焦5G、先进计算、智能网联汽车、新能源、新材料、消费电子、生物医药、高端医疗装备等领域，加强技术攻关和成果转化，加快发展新材料、新能源汽车、绿色智能船舶、绿色环保产业、高端装备、能源电子、航空航天、海洋装备等战略性新兴产业，加快关键核心技术创新应用，增强要素保障能力，培育壮大产业发展新动能。我国应推动生物技术和信息技术融合创新，加快发展生物医药、生物育种、生物材料、生物能源等产业，做大做强生物经济。我国应实施绿色制造领域战略性新兴产业融合化、集群化、生态化发展，构建一批新的增长引擎。我国应做大做强一批龙头骨干企业，培育一批专精特新"小巨人"企业和制造业单项冠军企业。

4. 前瞻布局未来产业

我国应制定未来产业发展行动计划等方面的政策文件，瞄准人工智能、人形机器人、元宇宙、6G、量子信息、类脑智能、量子信息、基因技术、未来网络、深海空天开发、氢能与储能等前沿科技和产业变革领域等，加快技术、材料研发应用，统筹推进标准研制，丰富完善应用场景，培育未来产业生态，促进形成新质生产力，抢占未来竞争制高点。我国应鼓励有条件的城市、园区和企业加强前沿技术多路径探索、交叉融合和颠覆性技术供给。我国应实施产业跨界融合示范工程，打造未来技术应用场景，加速形成若干未来产业。

5. 推进产业集群发展

打造产业集群是地方新质生产力建设的重要目标。国家级战略性新兴产业集群主要包含新一代信息技术、高端装备、新材料、生物医药和节能环保等领域。其中，新一代信息技术领域，分集成电路、新型显示器、下一代信息网络、信息技术、网络信息安全产品和服务、人工智能六大项；高端装备领域包含智能制造和轨道交通两大项；新材料领域包含新型功能材料和先进结构材料两大项。国家级战略性新兴产业集群分区域发展格局来看，战略性新兴产业主要集中在东部沿海和经济发达地区，而中西部地区正在快速崛起。

各地区应围绕国家区域重大战略和重点产业链创新发展，优化国家高新区布局，加强管理服务，打造开放创新、行业知名、高水平的高科技产业园区。各地区应因地制宜推动先进制造业集群发展专项行动，发挥比较优势，在高端制造、医疗康养、新材料、新能源等领域形成更多专业化、差异化、特色化产业集群。各地区应支持国家先进制造业集群强化协同创新，提升先进制造能力，壮大优质企业群体，加快向世界级水平提升。同时，各地区应统筹做好各类园区的主导产业聚集发展，形成区域性产业优势与综合竞争力。

6. 抓好产业园区示范

新质生产力以信息技术、新材料技术、新能源技术等高科技为核心，具有高技术含量、高附加值、高创新性、高成长性等特点，是推动经济发展、促进社会进步的关键。

各产业园区要注重人才培养，加强科技创新，破解产业发展中的关键科技问题，强化企业创新主体地位。各产业园区要积极拓展应用场景和寻找新的市场机会，营造适宜于新质生产力发展的优良营商环境；加快数字转型，优化资源配置，推动产业升级，提高生产效率，降低生产成本，减少资源消耗。

各产业园区要发挥园区内龙头企业的作用，做强做大主导产业，推进产业链集群化、价值链高端化、供应链融合化发展；同时，通过政策创新、服务优化等为企业发展提供便利条件，促进经济高质量发展，打造发展新质生产力的示范园区。

（四）服务业新质生产力建设任务

服务业是国民经济的重要组成部分。2024 年《政府工作报告》指出，加快发展现代生产性服务业。各主体要因地制宜，突出优势，差异化发展现代服务业，以科技创新、技术成果应用为驱动，全面推动商贸物流、金融服务、软件信息和科技服务、文旅创意、生活性服务业等集聚发展，持续构建优质高效、充满活力、竞争性强的现代服务业体系。

1. 加快发展商贸物流产业

我国要加大现代物流体系的科技成果应用，不断完善商贸物流设施，优化流通网络和服务体系，推动龙头企业带动物流链条配套企业一体化发展，推动商贸物流深度融合，打造国家物流枢纽、区域性物流枢纽。各大城市要积极融入"一带一路"建设和区域商贸协议，打造贸易自由便利、货物贸易和服务贸易同步发展，具有较强国际资源配置能力的国际贸易中心，积极培育国际会展名城和国际论坛目的地，推动打造国际消费中心城市，打造城市会客厅。

2. 建设金融强国（省、市）

我国要创新发展科技金融、能源金融、普惠金融、教育金融、养老金融、供应链金融、航运金融、科创金融、财富管理和绿色金融等，打造多元化现代化金融体系，建设金融科技发展和财富管理创新高地、产融结合发展示范区。

3. 打造行业领先的文旅品牌

我国要全面促进文化创意和旅游产业国际化、高端化、精品化、智慧化，强化文化创意、数字内容、旅游服务等重点产业培育拓展，打造一批高品位、国际化旅游城市和文化强市。

4. 加快发展健康养老产业

随着中国社会老龄化趋势的加剧，健康养老产业的重要性日益凸显。为应对人口老龄化，增进老年人福祉，我国应积极发展银发经济，培育经济发展新动能，培育高精尖产品和高品质服务，推动健康养老产业快速发展。

我国要鼓励企业加强技术创新、产品创新和模式创新，提高健康养老产业的核心竞争力。我国要有效融合利用大数据、人工智能等技术手段，提高健康养老产业从业者的服务效率和质量。

我国要加强健康养老产业人才的培育和引进，提高从业人员的专业素质和技能水平；建立健全人才培养和激励机制，吸引更多的优秀人才投身健康养老产业。

我国要积极拓展健康咨询、康复护理、精神慰藉等服务领域，满足老年人多样化的需求。

5. 壮大教育产业

教育产业是关系国计民生的重要产业，对于提升国民素质、构建和谐社会具有重要作用。

随着科技的不断发展和进步，教育产业面临着从传统教育模式向现代教育模式的转变。随着信息化的发展，在线教育、智慧课堂等新的教学模式应运而生，为学校提供了丰富的教学资源，同时也丰富了学生的学习体验。随着大数据和人工智能技术的发展，学校可通过平台科技精准地分析每个学生的学习特点、兴趣爱好、优点特长，为学生提供个性化教学。通过 AI、虚拟实验室等技术应用，学校可生动形象地展现教学场景，深化学生学习印象和体验，提高学习效率。未来，随着科技的不断发展，虚拟现实、增强现实等技术将为学生提供更加沉浸式的学习体验。数据将成为驱动教育产业发展的核心要素。

6. 做强会展论坛产业

会展论坛产业是一种低投入、高产出、无污染且效益极高的产业，对城市经济的发展具有重要作用，能够显著促进城市经济发展、提升城市的知名度和美誉度。

各地发展会展论坛产业，要结合当地资源优势、产业特点，举办具有地方特色的活动。同时，各地要完善相应的硬件和软件设施，提升整体服务水平。随着信息技术的发展，各地应积极运用大数据、物联网、云计算等新技术推动会展论坛产业创新发展，推动线上线下融合互动，打造充满活力的会展体系，以吸引更多的参与者和观众。

7. 创新未来服务业

我国要积极构建空天一体化太空旅游产业，打造人脑科学替代、量子技术商务活动等未来服务业，大力发展数字人、虚拟服务与四维空间应用技术等相关高端服务业。

（五）人才新质生产力建设任务

坚持人才强国战略，各省市、园区、企业等要根据各自发展战略与业务特点，确立各自的人才新质生产力建设工作任务。

1. 强化领导干部队伍建设

北京、上海、深圳、厦门等特大城市及大城市要坚持高标准，以现代科技手段构建人才培养、人才识别、人才使用与招引扶持的大数据服务平台，探索打造创新人才高地示范区。中心城市要制定人才培养与使用的中长期规划，加快形成战略支点和雁阵格局。各地区要大力培养战略科学家，打造大批一流科技领军人才和创新团队，培养一批业务能力较高的青年科技人才，培养一批卓越工程师。各地区要把人才培养的着力点放在基础研究人才的支持培养上，为其提供长期稳定的资金支持和科研保障。各地区要深化人才发展体制机制改革，为各类人才搭建干事创业的平台。

2. 加强专业人才队伍建设

专业人才是推动国家创新发展、提升核心竞争力的关键。只有加强专业人才队伍建设，才能为国家的可持续发展提供坚实的人才支撑。首先，各地区要构建人才培养的体系，加强高校与企业对人才的联合培养，推动产学研深度融合，提升人才技术和专业知识水平。其次，各地区要积极拓宽引才渠道，与高校、科研机构建立紧密联系，吸引国内外杰出人才。各地区要坚持以用为本，创造让人才发挥能力的环境，营造出良好的氛围和归属感，充分发挥各类人才的作用。

3. 培育企业家精神

企业是市场的重要主体，而企业家是企业的灵魂。在一个企业里，无论是管理、产品、服务还是技术的创新，都需要企业家有魄力和担当。习近平总书记指出，市场活力来自人，特别是来自企业家，来自企业家精神。党的二十大报告指出，完善中国特色现代企业制度，弘扬企业家精神，加快建设世界一流企业。企业家精神是社会发展的重要基石和推动力，是商业成功的关键。培育企业家精神，需要令企业家拥有创新思维、领导才能、冒险精神、社会责任感等，同时需要企业家在精神上、行动上不断学习。

4. 壮大研发与成果转化力量

要壮大研发与成果转化力量，就要加强科技创新，提升科技成果转化效率，强化企业的科技创新主体地位。我国应聚焦市场重大需求，加强关键核心技术攻关，特别是在先进装备制造、新能源等重点产业领域，集中优势资源合力攻关，争取实现重大突破。我国应布局开拓新领域、新赛道、新技术，不断提升传统产业、培育新兴产业、谋划未来产业，提前储备竞争优势。我国应提升科技成果的转化效率，破解科技创新与产业发展关键环节上的问题，加速科技转化和产业化进程。我国应强化企业作为科技创新主体的地位，企业是科技成果转化的承接者和主导者，应加大创新型企业的培育力度，推动科技创新和成果转化的效率，提升国家和地区的科技竞争力和经济实力。

5. 构建柔性引才政策

各地区应面向全球、全国协同引进一流创新人才，要着眼于新质生产力建设与战略需求，在人才引进、创业、就业、服务等的管理制度与政策体系方面，全面梳理现行人才管理制度面临的障碍，大力推动形成区域性甚至全国统一的人才市场。各地区应适应建设新质生产力的战略需要，积极应对全球竞争，共建共享覆盖全省、全国、全球的人才使用、激励和竞争运行机制。各地区应改革现行科技项目申报和科研经费管理制度，创新科技成果转化和收益分配机制，完善科技创新创业支持和激励考核机制，持续打造科学、合理、公平、有吸引力的"用好人才、留住人才"的专业平台和激励制度。

6. 健全科研经费使用制度

健全科技经费使用制度是保障科研工作健康发展、提高资金使用效益的基本保证。我国应完善科技经费的使用管理制度，增强科研人员的责任意识和法治观念，健全科研经费管理风险防控机制，强化财务管理手段，健全科研服务体系，确保科研经费的合理使用和有效管理，促进科研工作的健康发展。

（六）要素新质生产力建设任务

劳动要素包括劳动力、劳动对象、劳动资料。劳动力要素是明确劳动目的、熟悉劳动内容及方式方法的劳动者；劳动对象包括用于生产的自然物、原材料、矿产资源、风能等；劳动资料包括劳动工具、动力系统、运输系统、信息传递系统和劳动场所等。

1. 全面推动劳动要素分配制度改革

各城市的工业用地、财政资金、清洁能源、水利容量等应用于优先扶持传统产业转型的项目、有行业竞争力的战略性新兴产业和重点项目，以及有发展潜力的未来产业，推动单位生产总值能耗、水耗稳定降低，提高单位产值综合收入。各地区应不断改进矿产挖掘工具、原材料运输工具以及生产加工设备的技术含量，持续提高矿产、土地、风能等的开发效率与使用效益，强化先进科技成果在生产环节的广泛应用，推动三产融合发展，与原材料、产成品以及工业固废、可回收垃圾等循环化低碳化综合利用。

2. 强化资源要素流动与科技成果应用

各地区应结合自身的资源优势，破除制约要素合理流动的堵点，矫正资源要素失衡错配，从源头上畅通国民经济循环。各地区应提高金融服务实体经济的能力，健全实体经济中长期资金供给制度安排，创新直达实体经济的金融产品和服务，增强多层次资本市场的融资功能。各地区应提升劳动工具的科技含量与自动化水平，积极推动高端装备、无人机、工业机器人等先进劳动工具广泛应用，提高农业种植养殖、工业制造、各类服务业的机械化、自动化、数字化水平，提高劳动生产率。

3. 提高劳动者专业水平与综合技能

各地区应加强对各级党政干部、科技团队、院所专家、企业家、技术工人等的国家政策与专业能力的系统培训，持续开展科技人才、专业人才、管理人才、市场推广人才等对科技成果应用、生产、销售等的实战训练，加大劳动者能力的专业培养力度，不断提升劳动者综合技能，持续提高全员劳动率。

4. 增强金融资本运作能力

金融资本运作能力是国家和企业竞争力的重要体现，增强金融资本运作能力有助于优化资源配置，促进经济健康发展。增强金融资本运作能力要从建立完善市场体系、提升金融机构的运作水平、培育专业人才、加强国际合作交流等方面入手。我国应建立一个多层次的资本市场，以满足不同的投融资需求。我国应完善市场监管机制，确保市场公平和高效；加强风险管理，建立完善的风险管理体系，提高风险识别和评估能力，降低金融风险的发生概率和损失程度；加强金融人才培养，通过优质的教育资源，为金融市场输送高素质人才；加强国际合作与交流，积极参与国际金融组织和多边金融合作机制，加强与其他国家和地区的金融合作与交流；积极拓展海外金融市场，实现资本的跨国配置，提升我国金融资本运作的国际化水平，增强国际竞争力。

5. 推动劳动要素开放共享

要推动劳动要素开放共享，就要深化户籍制度改革、畅通劳动力和人才流动渠道、强化共享用工服务、构建和谐劳动关系等，通过市场机制和社会政策促进劳动力自由流动和优化配置，建设公平、高效的劳动要素市场。

我国应积极推动人力资源服务业高质量发展，引导人力资源服务向价值链高端延伸；加强对企业的用工指导，发挥公共就业服务机构、经营性人力资源服务机构的作用，强化共享用工服务；保护各类要素的产权，构建和谐的劳动关系，促进劳动者、资本方等各类要素所有者共享企业发展成果。

6. 推动资源能源要素绿色低碳应用

随着全球气候变化和环境问题的日益严重，绿色低碳发展成为全球共识。推动资源能源要素绿色低碳应用，对于可持续发展、应对全球气候变化具有重要意义。

我国应优化能源结构，大力发展太阳能、风能、水能等可再生能源，降低化石能源的比例，提高可再生能源的比例。我国应加强能源管理和监测，加强对能源的监管和控制，推动能源可持续发展。我国应加强能源环境评估和监测，及时发现和解决环境问题，确保能源开发利用与环境保护协调发展。

（七）金融新质生产力建设任务

金融是国民经济的血脉，是国家核心竞争力的重要组成部分。金融活，经济活；金融稳，经济稳。

1. 推动金融强国强省强市建设

在百年未有之大变局下，推动金融高质量发展，是中国经济高质量发展与参与国际竞争的基础保障，牵一发而动全身。中国是金融大国，有全球最大的银行体系，第二大保险、股票和债券市场，但中国离金融强国还有不小差距。习近平总书记强调，金融强国应基于强大的经济基础，有领先世界的经济实力、科技实力和综合国力，同时具备一系列关键核心金融要素，即拥有强大的货币、强大的中央银行、强大的金融机构、强大的国际金融中心、强大的金融监管、强大的金融人才队伍。建设金融强国是一项长期、艰巨、复杂的工作任务，需要久久为功。各主体要把思想和行动统一到党中央决策部署上来，深刻把握建设金融强国的精髓要义和实践要求，增强使命感、责任感，加快构建中国特色现代金融体系，健全科学稳健的金融调控体系、结构合理的金融市场体系、分工协作的金融机构体系、完备有效的金融监管体系、多样化专业性的金融产品和服务体系、自主可控安全高效的金融基础设施体系。

2. 强化金融人才队伍建设

随着我国金融业的快速发展，金融领域对人才的需求越来越大，对人才的质量也提出了更高的要求。为了适应市场的需求，强化金融人才队伍建设尤为重要。

首先，我国要加强教育培训工作，提高金融专业毕业生的素质，输送高端金融人才。其次，我国要创造良好的金融人才环境，加强企业文化建设，提高金融从业人员的职业认同感和荣誉感。最后，我国要建立完善的金融人才激励制度，通过激励措施，提高金融从业者的积极性和创造性，吸引更多优秀人才加入金融行业，加快金融人才队伍建设。

3. 完善金融监管与风险管控体制机制

金融强国建设与社会主义现代化强国建设密不可分，并且服务于中国式现代化，二者是局部服从整体、具体目标服务于总目标的关系。现代化强国必然是金融强国，全面建成社会主义现代化强国离不开强大金融体系的支撑，金融强国建设只有在推进中国式现代化的伟大进程中才能实现。要积极防范化解金融风险特别是防止发生系统性金融风险，金融监管要

"长牙带刺"、有棱有角，实现金融监管横向到边、纵向到底，要落实金融监管全覆盖，依法将所有金融活动全部纳入监管，严厉打击金融犯罪，妥善处理政府债务与企业借款存量，严防政府债务增量，有力有序有效防范化解重点领域金融风险。我国应加强中央和地方协同，鼓励各省市、各类园区积极谋划，主动完善风险处置策略方法，强化风险处置资源保障，健全权责一致、激励约束相容的风险处置责任机制。我国应强化各省市、企业的风险源头防控和监测预警，健全具有硬约束的金融风险早期纠正机制，金融监管机构、金融从业单位、各级政府金融主管部门要舍得投资，尽快完善金融科技大数据平台，对金融风险早识别、早预警、早暴露、早处置，防止小事拖大、大事拖炸，把各类风险控牢控实，做好系统性防范。

4. 提高金融服务实体经济的水平

我国应以优质高效服务夯实金融发展根基。我国应坚持以人民为中心的价值取向，坚持把金融服务实体经济作为根本宗旨，不断提升金融服务民生福祉和经济社会发展的水平。我国应重点做好"五篇大文章"；推动科技金融对科技创新引领现代化产业体系建设的重点扶持，促进新质生产力发展。我国应完善政策、标准和产品体系，全面深化生态文明建设和绿色低碳发展，大力发展绿色金融。我国应强化普惠金融对民营经济、中小微企业、"三农"等领域的项目支持。我国应提升养老金融对健康养老产业、银发经济的扶持能力，积极推动数字金融服务金融数字化、智能化转型，持续提高金融服务的便利性和竞争力。

5. 健全科学稳健的金融调控体系

我国应建设现代中央银行制度，加强货币政策与其他各类政策协调配合。我国应落实金融系统各级党组织全面从严治党主体责任，着力整治形式主义、官僚主义等突出问题，坚决破除"精英论""特殊论""例外论"等错误思想。我国应加强境内外金融市场互联互通，提升跨境投融资便利化水平；优化金融领域信用环境，强化信用信息归集共享，坚决打击逃废债行为，压实第三方中介机构专业把关责任；引导金融系统树牢法治意识，自觉尊法、学法、守法、用法。

6. 以中国特色金融文化匡正行业风气

我国应坚持法治和德治相结合，在金融系统厚植中华优秀传统文化，积极培育中国特色金融文化。金融机构及相关从业者要做到诚实守信，不逾越底线；坚持契约精神，恪守市场规则和职业操守；做到以义取利，不唯利是图；处理好功能性和营利性的关系，履行好社会责任；做到稳健审慎，不急功近利；树立正确的经营观、业绩观和风险观，不超越承受能力而过度冒险；做到守正创新，不脱实向虚；聚焦服务实体经济开展创新，不搞自我膨胀的伪创新；做到依法合规，不胡作非为；严格遵纪守法，遵守监管要求。我国应加强对中国人民银行、金融监管总局、证监会等的职业道德与法治教育，加强对政策性银行、商业银行、担保公司、保险公司、租赁公司、基金公司、证券公司等的法治教育和社会责任教育，倡导金融公益性与经济可持续发展的责任，积极推动金融监管制度改革、各类银行业绩考核制度改革，加强对基金公司、证券公司等的职业操守的监督与教育，增强金融行业的社会责任感与命运共同体意识，协同化解或防范金融风险，维护金融安全、经济安全与国家安全。

（八）贸易新质生产力建设任务

我国应积极推动贸易强国战略，大力发展海洋经济，扩大国际国内商贸规模。

1. 全面实施贸易强国战略

各地区应立足自身产业发展规模、生产与消费需求，统筹规划，扩内需促消费，推动区域内外贸一体化发展。各地区应加大新一代信息技术应用力度，强化光伏仓储、光伏物流等新技术开发，不断构建数字商贸发展新格局。各地区应推动科技引领的数字赋能、数据驱动、数据增值，打造数字商贸、科技商贸、智慧商贸、绿色商贸等新业态，加强商贸流通与相关产业的融合创新发展，加大科技成果在高速公路、货运铁路、航空运输、海洋运输、管道运输等多式联运网络中的具体应用，健全立足本地区、辐射周边城市乃至全国，带动海外重点国家或地区建立现代高效开放的商贸流通体系。

2. 积极构建双循环新发展格局

各地区应立足本地及周边城市生产、消费等的现实需求，以原材料、半成品、产成品为交易主体，抢抓商贸流通的新业态、新零售、新动能战略机遇期，完善现代消费运行体制，挖潜内需市场，创新供给、提升品质、健全体系，培育新型消费、热点消费，满足个性消费，激发市场主体活力，培育更加活跃、更有创造力的市场主体。各地区应积极拓展重点海外市场，强化海外市场规则研究和标准建设，探索内外贸经营新模式，开拓内外贸营销新渠道，完善商品市场对外贸易功能，积极拓展欧洲、亚洲、非洲等重点地区的海外市场，扩大我国具有比较优势的钢材、纺织服装、小家电等的出口贸易额。各地区应以新经济、新业态、新动能为引领，持续改善消费环境，推动实施"菜篮子""米袋子"工程，满足生活必需品的就近供应保障能力。

3. 积极争取国际贸易话语权

党的二十大报告指出，形成同我国综合国力和国际地位相匹配的国际话语权。随着经济全球化的深入发展，国际贸易规则也发生了深刻的变化。争取国际贸易话语权对维护国家利益、提高国家影响力具有重要意义。

我国应加强与各国的经贸战略对接，减少因发展方向不同而出现的冲突和矛盾。我国应关注国外技术性贸易措施动态，提高生产标准，注重技术创新，增强技术实力，积极应对技术性贸易壁垒；进一步开放市场，加强与其他国家在世贸组织中的合作，提高设置议题的能力，扩大在国际贸易规则制定中的话语权。

4. 畅通贸易流通销售体系

随着经济全球化的日益深入，贸易流通销售体系的畅通对于国家经济的发展具有举足轻重的地位，对于商品的快速流通、资源的优化配置、市场有效运行具有重要意义。

畅通贸易流通销售体系需要构建完善的物流网络。我国应加大对物流基础设施的投入，提升物流技术的创新及应用水平，优化物流服务，降低物流成本。信息化是提升贸易流通效率的重要手段。我国应通过构建贸易流通信息化平台，实现信息的共享和资源的整合，同时通过大数据、云计算、人工智能等新一代信息技术的应用，不断提升贸易流通的智能化水平。畅通贸易流通销售体系，还应该注重贸易流通领域相关人才的培育，提升从业人员的专业素质和技术水平，为贸易流通销售体系的发展提供有力的人才保障。

5. 完善商贸展示营销平台

商贸展示营销平台旨在为企业提供展示产品、吸引潜在客户、宣传品牌及促成交易的机会，助力企业拓展市场，实现业务增长。

完善商贸展示营销平台包括完善平台功能和服务，提升用户体验与互动，持续优化与迭代升级。平台应具备完善的信息展示和交流功能，以便于企业及时发布产品信息、营销活动等，同时提供各企业交流互动的机会。平台要完善订单处理与物流配送功能，通过在线下单、支付等功能简化业务流程，提高订单处理效率。平台要完善数据分析与市场预测功能，利用大数据技术，帮助企业了解市场需求，为经销商提供决策支撑。随着市场的变化和用户需求的发展，平台还应该不断优化和升级，通过用户反馈、运营数据分析、行业发展动态，及时调整和完善功能和服务。

6. 打造国际商贸品牌

在当今时代，外贸领域的竞争日益激烈。在这个竞争激烈的环境中，打造自己的品牌是至关重要的。一个强大的品牌可以提高产品的竞争力，促进销售增长，并为企业带来更大的商机。

产品质量是打造品牌的基石。在外贸领域，消费者对产品质量的要求越来越高。因此，企业应该不断优化产品质量，确保产品符合国际标准和客户的期望。通过提供高质量的产品，企业可以建立起良好的声誉和品牌形象，获得更多忠实客户。

在外贸领域，良好的客户服务和售后支持可以赢得客户的信赖和忠诚。企业应该及时回答客户的问题，解决客户的反馈，并提供有效的售后支持。通过提供优质的客户服务，企业可以建立起良好的口碑，促进品牌的发展。

品牌宣传和推广活动是企业打造品牌的重要手段。企业可以通过参加行业展览会、举办品牌活动、发布新闻稿件等方式进行品牌推广。此外，在线广告投放和品牌代言人的运用也可以提升品牌的曝光度。通过不断地进行品牌宣传和推广，企业可以树立自己的品牌形象，增强品牌的知名度和认可度。

在外贸领域，持续创新和改进是企业打造品牌的关键。企业应该不断研发新产品，改进现有产品，满足客户的新需求。通过持续创新和改进，企业可以不断提升品牌的竞争力和市场份额。

（九）基建新质生产力建设任务

我国应全面推动城镇和乡村的基础设施建设，完善公共服务体系，构建高水平的新质生产力建设基础服务网络。

1. 完善产业发展的能源基础设施

各地区推进新质生产力建设，需要加大基建设施开发，完善科技成果的应用场景，改善产业发展的能源资源供应、工业制造的园区物流、清洁能源车辆、提供能源的充电设施，以及与通信、自动化制造相关的新一代信息技术基础设施等；强化数字转型、智能升级、融合创新支撑，统筹建设信息基础设施、融合基础设施、创新基础设施等新型基础设施；因地制宜开发和建设高速泛在、天地一体、集成互联、安全高效的信息基础设施，增强数据感知、传输、存储和运算能力，加快构建全国一体化大数据中心体系，强化算力统筹智能调度。

2. 实施运输方式一体化

我国应推进各种运输方式一体化融合发展，提高网络效应和运营效率。我国应加快建设世界级港口群和机场群；完善干线网，加快普速铁路建设和既有铁路电气化改造，优化铁路客货布局，推进普通国省道瓶颈路段贯通升级，推动内河高等级航道扩能升级，稳步建设支线机场、通用机场和货运机场，积极发展通用航空；发展旅客联程运输和货物多式联运，推广全程"一站式""一单制"服务。各地区应积极对接和推进中欧班列集结中心建设，加强主导产业或产业园区道路交通、立体停车、仓储物流、通信线路、充电桩等资源耦合和循环利用，鼓励园区、企业创建"无废园区"和"无废企业"。

3. 加强水资源管理和循环利用

加强水资源管理和循环利用是保障水资源可持续利用、促进经济社会可持续发展的关键措施。我国应建立和完善水资源管理制度，约束各企业有效贯彻水资源管理，充分落实水资源使用规范和制度；合理开发水资源，统筹规划、科学管控、综合规划，切实保障水资源开发与水资源的保护；建立水资源核实体系，科学掌握水资源的实际利用情况，优化水资源配置，提高水资源利用效率；推动节水和水资源的循环利用，大力发展循环经济；倡导绿色低碳的生活方式，减少不必要的资源浪费。

4. 构建和完善数字化服务体系

数字化服务是指利用信息技术手段对传统服务进行数字化、网络化、智能化改造的过程和结果。

数字化服务的重要性首先体现在用户体验的提升上。通过数字化手段，用户可以更便捷地获取所需的服务，不再需要到实体店面排队等待。例如，用户通过手机 App 可以随时随地预订机票、酒店以及点外卖等，可以更灵活地安排自己的行程和生活。数字化服务还包括个性化的推荐和定制化的服务，让用户感受到更加贴心和专属的体验。

数字化服务可以帮助服务提供商拓展服务范围和渠道，实现线上线下融合。传统的实体店面受限于物理空间和人力资源，无法提供大规模的服务。而通过数字化手段，企业可以将服务推广到更广阔的地域和人群，甚至可以跨越国界提供服务。数字化服务还可以通过各种数字渠道，如在线平台、社交媒体等吸引更多的用户，提升服务的曝光度和增加销售机会。

数字化服务能够实现服务过程的自动化和智能化，提高服务的效率和质量。通过数字化手段，企业可以将服务流程中的烦琐环节和人为错误减少甚至消除，提高了服务的执行效率和精确度。企业还可以通过大数据分析等技术手段理解用户需求、获取服务反馈，从而不断改进和优化服务。企业通过数字化手段还可以实现数据的实时监控和跟踪，及时发现问题，并进行迅速的处理和纠正，以提高服务的质量和稳定性。

数字化服务的普及和推广可以促进创新和产业升级。通过数字化手段，企业可以对传统服务进行重新设计和打造，创造全新的服务模式和商业模式。数字化服务还可以催生新的创业机会，吸引更多的创业者和投资者参与到数字化服务领域。数字化服务的兴起还有助于传统产业的转型升级，推动经济的发展和社会的进步。

5. 改进行政审批方式和优化营商环境

良好的营商环境是推动经济发展和吸引投资的重要因素，一个良好的营商环境可以提升企业的创新力和竞争力，提高经济效率，吸引更多的国内外投资者。

简化行政审批流程，对现有行政审批进行梳理，合并或取消不必要的审批环节，精简审批材料，简化审批流程，避免多头审批和重复提交材料，可以降低企业的办事成本和时间成本。

各地区应设立审批事项清单，明确审批条件和时限，并向社会公开，确保审批流程的透明性和规范性；严格按照法定时间审批事项；引入先进信息技术手段，提高审批自动化水平和处理速度。

各地区应通过简化行政审批流程，提供优质的公共服务，从而改善营商环境，推动经济不断创新发展。

6. 强化能源资源综合利用

我国应加快发展非化石能源，坚持集中式和分布式并举，大力提升风电、光伏发电规模，加快发展东中部地区的分布式能源，有序发展海上风电、核电，加强源网荷储衔接，提升清洁能源消纳和存储能力。我国应坚持节水优先，完善水资源配置体系，建设水资源配置骨干项目，推动工业固体废物资源综合利用评价，通过以评促用，推动有条件的地区率先实现新增工业固废能用尽用、存量工业固废有序减少。

八、新质生产力建设的推进体系

党中央大力推动新质生产力建设，各主体要贯彻落实中央战略部署，立足经济需求与目标任务，推进新质生产力试点，可以重点构建八大新质生产力建设的推进体系。

（一）组织体系

1. 党委体系

我国应重点构建党委体系，具体要做到：

加强政治引领。各级党委政府要学习贯彻习近平新时代中国特色社会主义思想，强化思想引领，扎实开展爱国主义教育、"四史"宣传教育和伟大建党精神教育，引导社会各界坚定不移听党话、跟党走。

推进党建覆盖。全国应推进上下联动的组织体系，按照"抓行业就要抓党建"要求，压实科技行政部门抓党建工作责任；推进横向到边的组织覆盖，加大党组织组建力度，指导符合条件的科技型企业、社会组织，通过单建、联建等方式及时建立党组织；推进三链融合的组织延伸，重点指导高新技术企业和新型研发机构通过党建联建，把党组织延伸覆盖到创新链、产业链、供应链，促进业务发展与党组织建设同步同频。

强化政策宣贯。我国应强化政策战略学习宣传，各级党委政府要学习落实新质生产力重大决策部署；强化政策定向把关，加强党组织对重大事项、重点工作、重要问题的研究讨论，发挥政治把关作用；加强党组织规范化建设，建立综合党委运行机制，结合新质生产力发展特点，研究提出党组织设置、活动开展等规范标准。

2. 政府体系

我国应重点构建政府体系，具体要做到：

提升科技创新服务能力。我国应建立以各级政府分管领导负责的科技服务业发展工作机制，统筹推进科技服务能力稳步提升。各地发展改革委应会同大数据局、工信等有关部门，主动作为、密切协作，共同推动科技服务业加快发展。各地区应建成覆盖地区战略性新兴产业、未来产业科技创新全链条的科技服务体系，促进地区科技管理服务、创新服务和产业服务能力大幅增强。

建立新质生产力促进工作机制。各地区应完善领导组织机制，针对战略性新兴产业、未来产业发展需求，确定产业链链长。各牵头部门应配合链长开展本产业链发展相关工作，建立本产业链工作专班，配合链长全面开展各项工作。各地区应建立议事协调机制，定期专题研究推动产业链发展重要事项，会商调度重点工作；完善要素保障体系，建立资金、能源、土地、技术等各类要素保障支撑体系，协助链长和牵头部门推进相关工作。

明确各部门工作职责。各级党委、政府主要领导可分管主导产业链，组织梳理产业链重点企业、重点项目、重点平台情况，研究确定产业链发展重点和主攻方向，明确发展思路，争取上级部门的产业政策、资金、项目支持。各级政府应牵头单位负责落实链长工作要求，开展调查研究，收集问题，建立台账，制定推进产业链发展年度工作计划，积极争取国家、上级的重大战略、重大政策、重大专项、重大项目支持。政府业务部门应负责协助推进产业链相关工作，结合工作职责为产业链责任单位提供业务支撑。

3. 实施体系

我国应重点构建实施体系，具体要做到：

增强规划引领。我国应对新质生产力提升方案、行动计划及实施规划进行编制，鼓励各地区围绕提升新质生产力发展水平制定专项规划，通过编制低空经济、量子技术、氢能、人工智能等产业发展规划明确各产业目标、重点任务和重点项目，指导产业发展与产业招商。

加强各级政府联动。各级政府应因地制宜确定重点创新链、产业链，统筹做好整体规划、配套设施规划布局；持续优化政策体系，推动省、市、县等的产业政策有效衔接；建立项目发现机制，多渠道拓展招商信息；推动优质资源向各优势产业集群倾斜。各级政府应结合重点发展的细分领域进行资源配置；建立各产业集群重点企业台账，共同走访并及时协调解决企业诉求。

完善工作支撑体系。各地区应聚焦发展核心要素，优化完善工作支撑体系，通过绘制产业图谱、强化投融咨询、加大资金支持、加强调度评估等，多措并举推进战略性新兴产业、未来产业、数字经济高质量发展。

4. 管理体系

我国应重点构建管理体系，具体要做到：

提升规划重视程度。各地区应将规划执行融入日常管理，持续开展重大的专项问题研究，为行政决策提供支撑。新质生产力发展分管领导应亲自参与战略规划制定与执行的全过程。各地区应加大战略规划宣贯力度，确保战略规划能够得到有效推动和落实。

加强先进案例学习。各地区应坚持问题导向、目标导向、结果导向，经济欠发达地区应对标新质生产力建设先进省市，开展实地座谈调研，学习借鉴先进管理方法，加强战略规划管理体系对标管理，固化形成管理经验，不断优化战略规划管理体系的科学性、可操作性。

强化规划执行监督。我国应建立健全省、市、县上下联动管理制度体系，加快明确战略规划管理责任分工、职能岗位及建立基本制度和工作流程，不断提升战略规划管理制度化、规范化、流程化水平。各地区应通过对新质生产力相关规划执行情况进行评估，系统总结战略规划发展目标、重点任务完成情况，研判各级各类规划在执行落实中存在的问题和面临的形势，及时、科学、动态地调整规划，明确下一阶段发展重点和方向。

5. 考评体系

我国应重点构建考评体系，具体要做到：

科学确定指标体系。各地区在编制新质生产力规划时，应因地制宜确定规划目标与指标体系。指标体系中的考核指标应当与上位规划保持一致，包含科技创新指标，更加偏重战略性新兴产业、未来产业链建设，以及数字经济、会展经济等新业态的培养。

明确考核奖惩办法。我国应出台新质生产力工作考核奖惩办法及实施细则，对考核指标进行量化；建立健全教育督导和评估考核的公示、公告、约谈、限期整改和复查制度，以部门为考核单位，对全面完成任务并名次靠前的单位进行表彰，确定奖金用于工作中产生的费用及奖励有功人员，调动工作人员的积极性。

（二）人才体系

1. 政策扶持体系

习近平总书记指出，按照发展新质生产力要求，畅通教育、科技、人才的良性循环，完善人才培养、引进、使用、合理流动的工作机制，根据科技发展新趋势，优化高等学校学科设置、人才培养模式，为发展新质生产力、推动高质量发展培养急需人才。我国人才扶持政策包括安家补贴、购房补贴、实物配置、租房补贴、生活补贴、个人成长奖励、用人单位工作经费等多个大类。根据各级政府人才需求的不同，人才需求可分为以下层次：中国科学院院士/中国工程院院士、领军人才、青年储备人才、博士后/正高级职称专业技术人才、博士/副高级职称专业技术人才、中级职称专业技术人才/高级技师/硕士。新质生产力的人才建设，要重点培养、引进取得颠覆性科学认知和科研技术重大突破的高端科技人才，在基础研究和关键核心技术领域有突出贡献的科技领军人才，熟练掌握新质生产资料与高端制造技能的应用型人才，以及以卓越工程师为代表的工程技术人才和以大国工匠为代表的技术工人，还有农业领域熟悉三产融合与金融创新的战略性、管理型人才，等等。

我们通过人才扶持政策、人才类别两个维度对具体政策进行整理，得出体现各级政府的人才政策扶持体系汇总表（见表8-1）。

表 8-1 人才政策扶持体系

政策补贴	人才类型					
	两院院士	领军人才	青年储备人才	博士后/高级职称人才	高级技师/硕士	其他人才
安家补贴						
购房补贴						
实物配置						
租房补贴						
个人成长激励						
用工单位工作补贴						
其他补贴						

2. 科技人才体系

科技人才是指具有专业知识或专门技能，具备科学思维和创新能力，从事科学技术创新活动，对科学技术事业及经济社会发展作出贡献的劳动者。科技人才主要包括从事科学研究、工程设计、技术开发、科技创业、科技服务、科技管理、科学普及等活动的人员。其中包括：中国科学院院士，是我国设立的科学技术方面的最高学术称号，截至 2023 年底共计 59 人；中国工程院院士，是中国工程科学技术方面的最高学术称号，截至 2023 年底共计 74 人。

3. 产业人才体系

产业人才是指具有一定的专业知识或专门技能，进行创造性劳动，并对社会作出贡献的人，是人力资源中能力和素质较高的劳动者。

领军人才，是有坚定的理想信念、优良的道德素养、过硬的业务能力和显著的专业贡献的高层次专业技术人才。

青年储备人才，是企业管理阶层的储备干部，通过系列的培训和锻炼，最终会成为中层甚至高层管理人员。

4. 领导干部体系

习近平总书记在湖南考察时强调，推动高质量发展、推进中国式现代化，必须加强和改进党的建设。我国应组织开展好党纪学习教育，引导党员干部学纪、知纪、明纪、守纪，督促领导干部树立正确权力观，公正用权、依法用权、为民用权、廉洁用权。应当打造一支政治过硬、适应新时代要求、具备领导新质生产力建设能力的干部队伍。

5. 专业人才体系

专业人才是指在特定学科或领域接受过专业培养和教育，具备专门知识和技能，能够从事相应职业的人。

正（副）高级职称专业技术人才。正（副）高级职称专业技术人才包括（副）教授级高工、（副）研究员、（副）主任医师、（副）教授等。

博士后。博士后是在获得博士学位后，在高等院校或研究机构从事学科研究的工作职务人员。

高级技师。高级技师是在高级技术工人中设置的高级技术职务人员。

（三）产业体系

1. 传统产业体系

传统产业是指已经发展成熟、技术稳定、劳动力密集、以制造加工为主的行业。随着技术的发展和新兴产业的发展，传统行业增长速度已经趋于放缓，对国民经济的贡献度逐渐下降。

习近平总书记指出，发展新质生产力不是忽视、放弃传统产业。我们应通过发展新质生产力，推动传统产业高端化、智能化、绿色化转型。

传统产业发展现状。《中华人民共和国国民经济和社会发展第十四个五年规划和 2035 年远景目标纲要》中将"改造提升传统产业，推动石化、钢铁、有色、建材等原材料产业布局优化和结构调整，扩大轻工、纺织等优质产品供给，加快化工、造纸等重点行业企业改造升级，完善绿色制造体系"确定为"十四五"时期我国传统产业转型升级主要任务。"十四五"以来受到新冠疫情及发达国家加征关税等因素影响，以纺织服装业为代表的传统制造业受到的冲击较大，面临外贸市场收缩、供应链波动、劳动力成本上升等多重压力。实施制造业重点产业链高质量发展行动，着力补齐短板、拉长长板、锻造新板，增强产业链供应链韧性和竞争力，是未来传统产业发展的重点方向。传统产业体系图谱如图8-1所示。

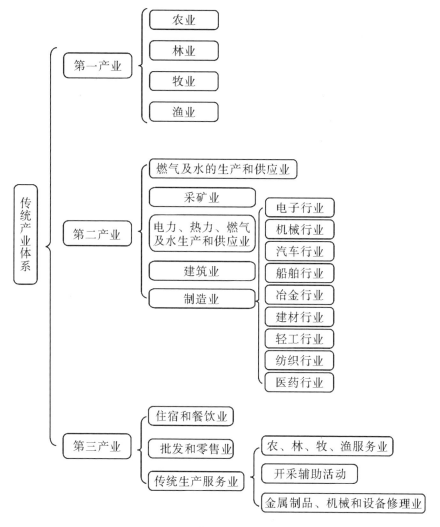

图8-1 传统产业体系图谱

实施制造业技术改造升级工程。我国应坚持创新驱动发展，加快推动石化化工、钢铁、有色、建材、机械、汽车、轻工、纺织等产业迈向价值链中高端；加快设备更新、工艺升级、数字赋能、管理创新，推动传统制造业向高端化、智能化、绿色化、融合化方向转型，提升发展质量和效益，加快实现高质量发展；确保工业企业数字化研发设计工具普及率、关键工序数控化率、大宗工业固体废物综合利用率显著提升，工业能耗强度和二氧化碳排放强度、万元工业增加值用水量持续下降。

培育壮大先进制造业集群。我国应实施先进制造业集群梯次培育行动，聚焦制造业先进领域，构建以世界级集群为引领、以国家级集群为骨干的培育发展体系。各地区应遵循产业发展规律和国家重大产业布局要求，加快推动建设一批专业性、特色化且在本地区处于领先水平的省级集群。

创建国家新型工业化示范区。我国应改造升级传统产业，持续推进实施传统产业技术改造升级工程，推动传统产业向高端化、智能化、绿色化转型，加快推动以大模型为代表的人工智能赋能制造业发展；积极开展"人工智能+"行动，促进人工智能与实体经济深度融合，推动人工智能赋能新型工业化。

加快发展现代生产性服务业。我国应推动工业设计与传统制造业深度融合，促进设计优化和提升，推动仓储物流服务数字化、智能化、精准化发展，增强重大技术装备、新材料等领域的检验检测服务能力；培育创新生产性金融服务，引导银行机构按照市场化、法治化原则加大对传统制造业转型升级的信贷支持，提升对传统制造业转型升级的支撑水平。

促进中小企业专精特新发展。我国应支持传统制造业企业参与高新技术企业、专精特新中小企业等的培育和评定，加快推动中小企业数字化转型，推动智改数转网联在中小企业先行先试，在传统制造业优势领域培育一批主导产业鲜明、市场竞争力强的先进制造业集群、中小企业特色产业集群。

加强标准引领和质量支撑，打造更多有国际影响力的"中国制造"品牌。我国应着力增品种、提品质、创品牌，推动供给和需求良性互动，增加高端产品供给，加快企业品牌、产业品牌、区域品牌建设，持续保护老字号，打造一批具有国际竞争力的"中国制造"高端品牌。我国应推动传统制造业标准提档升级，完善企业技术改造标准，用先进标准体系倒逼质量提升、产品升级。

促进数字技术和实体经济深度融合。我国应推动企业从简单的装备工段改造，转向整条生产线改造，打造数字化生产线；鼓励企业建设集研发设计、软硬件开发、系统集成、安装施工、网络部署、运维服务、大数据分析于一体的车间信息物理系统，将设备设施单机作业模式改造升级为智慧协同生产模式，打造数字化车间。

实施制造业数字化转型行动。我国应推动工业集群数字化转型，促进资源在线化、产能柔性化和产业链协同化，提升综合竞争力。各地区应探索建设区域人工智能数据处理中心，提供海量数据处理、生成式人工智能工具开发等服务，促进人工智能赋能传统制造业；探索平台化、网络化等组织形式，发展跨物理边界虚拟园区和集群，构建虚实结合的产业数字化新生态。

加快工业互联网规模化应用。我国应推动工业互联网与重点产业链"链网协同"发展，充分发挥工业互联网标识解析体系和平台的作用，支持构建数据驱动、精准匹配、可信交互的产业链协作模式，开展协同采购、协同制造、协同配送、产品溯源等，建设智慧产业链供应链；深入开展中小企业数字化赋能专项行动。

推动各类生产设备、服务设备更新和技术改造。我国应落实企业购置设备所得税抵免政策，引导企业加大软硬件设备投入，聚焦冶金、石化、建材、纺织、食品等优势传统产业，支持基础条件好的企业采用新技术、新设备、新工艺、新材料，进行设备更新换代、质量品牌提升、智能制造、绿色制造和服务型制造等技术改造，提高先进产能比重。

促进节能降碳先进技术研发应用。我国应对能效高、碳排放低的技术改造项目，适当给予产能置换比例政策支持，引导企业实施绿色化改造，大力推行绿色设计，开发推广绿色产品，建设绿色工厂、绿色工业园区和绿色供应链。

2. 新兴产业体系

2010 年《国务院关于加快培育和发展战略性新兴产业的决定》将节能环保、新一代信息技术、生物、高端装备制造、新能源、新材料、新能源汽车等产业确定为要重点培育和发展的产业。2016 年印发的《"十三五"国家战略性新兴产业发展规划》进一步明确了战略新兴产业发展路径，并提出了发展数字创意、超前布局未来产业等相关内容。习近平总书记在中共中央政治局第十一次集体学习时强调，发展新质生产力，要及时将科技创新成果应用到具体产业和产业链上，培育壮大新兴产业，为新质生产力与战略性新兴产业融合发展指明了方向。

（1）节能环保产业

我国高度重视节能环保产业发展，2013年印发的《关于加快发展节能环保产业的意见》，明确指出要围绕市场应用广、节能减排潜力大、需求拉动效应明显的重点领域，加快相关技术装备的研发、推广和产业化，以此带动节能环保产业发展水平全面提升。节能环保产业链如图8-2所示。

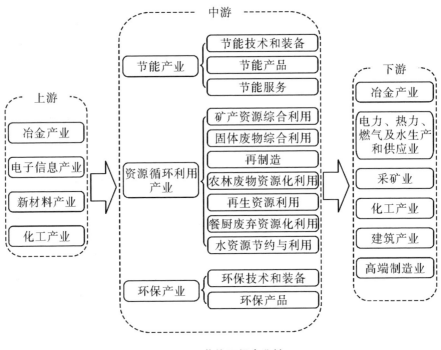

图 8-2　节能环保产业链

"十四五"期间印发的《2030年前碳达峰行动方案》《"十四五"节能减排综合工作方案》等文件为节能环保产业发展进一步提供了政策支撑，截至2021年末，节能环保产业规模达到8万亿元，较2013年末上升了150%。

习近平总书记在中国共产党第十九次全国代表大会上指出，构建市场导向的绿色技术创新体系，壮大节能环保产业，构建清洁低碳、安全高效的能源体系。在新的历史阶段，我们应当聚焦科技进步，通过发展新质生产力，提高节能环保产业创新力，主要包括以下途径：

坚持技术进步的产业化方向。我国应以技术进步完善节能环保产业的产业链与价值链，为解决核心技术掌握不足和关键设备仍需进口等问题提供有力支撑。

促进产学研相结合。我国应鼓励科研院所、高校和节能环保企业共同进行研发，充分利用各自的科研技术比较优势，对重点技术进行联合攻关，打破技术转让的体制机制障碍，提高节能环保科研成果的产业化水平。

支持数字技术与节能环保产业的融合发展。我国应把握新一轮科技革命和产业变革机遇。以现代信息通信技术、物联网、大数据为代表的数字技术在各行各业已经得到充分应用，我国应积极探索节能环保产业的智慧业态发展模式，把数字化作为节能环保产业的主要发展方向。

建立政府资助体系和激励机制。我国应加大中央和地方财政在节能环保科技创新领域的直接支出，通过设立国家重点研发计划项目等方式给予节能环保产业科技创新资金支持与保障；加强节能环保产业的知识产权保护体系建设，促进节能环保科研成果与市场有效对接，提高技术研发的积极性。

（2）新一代信息技术产业

新一代信息技术产业是指通过对新一代信息技术和设备的研发应用，对信息和网络相关固件、基础及设施和服务能力等进行智能化改造的产业。2010年国务院印发的《关于加快培育和发展战略性新兴产业的决定》将新一代信息技术界定为：下一代通信网络技术、物联网技术、三网融合技术、新兴平板显示技术、高性能电路技术、以云计算为代表的高端软件技术。2021年印发的《"十四五"软件和信息技术服务业发展规划》和2023年印发的《电子信息制造业2023—2024年稳增长行动方案》分别确定了软件和信息技术服务业及电子信息制造业两个细分产业发展方向。新一代信息技术产业发展重点如图8-3所示。

截至2021年底，电子信息制造业、软件和信息技术服务业收入分别达到14.1万亿元和9.5万亿元，2012—2021年均增速分别为11.6%和16%。2012—2021年全国软件著作权登记量年均增长约36%，集成电路、新型显示、第五代移动通信等领域技术创新密集涌现，超清视频、虚拟现实、先进计算等领域发展步伐进一步加快，基础软件、工业软件、新兴平台软件等产品创新迭代不断加快。

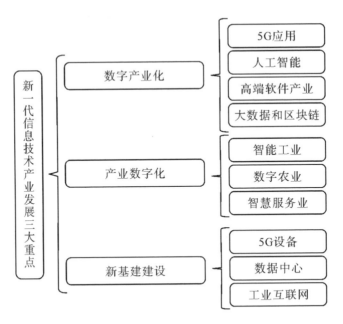

图 8-3　新一代信息技术产业发展重点

党的二十大报告指出，推动战略性新兴产业融合集群发展，构建新一代信息技术、人工智能、生物技术、新能源、新材料、高端装备、绿色环保等一批新的增长引擎。在发展新质生产力的背景下，我国发展新一代信息技术，应坚持基础领域补短板、优势领域锻长板、新兴领域抢布局的原则，在集成电路、高端软件、人工智能等核心领域突破一批关键共性技术，塑造产业发展新优势。

聚力突破关键核心技术。我国应加大研发投入，瞄准集成电路、高端软件、人工智能等关键技术和基础环节，加快突破"卡脖子"难题；做强创新平台，围绕重点产业领域，支持骨干企业牵头联合优势力量争创国家级制造业创新中心、产业创新中心、技术创新中心等重大创新平台；培育自主产业生态，支持企业参与以自主可控芯片、操作系统为核心的国家产业生态建设和标准制定，形成以市场牵引供给、以应用促进提升的良好发展格局，持续降低对外依赖度。

聚力优化产业发展布局。我国应强化珠三角、长三角、环渤海和中西部四大产业集聚区的带动作用，聚焦人工智能、5G 技术、云计算、大数据技术、区块链技术、物联网技术、虚拟现实（VR）和增强现实（AR）技术等重点产业链；推动龙头企业开放市场链、供应链、创新链，引进一批技术含量高、协同发展性强的配套企业和生态伙伴。

加快工业互联网创新发展。我国应推动新一代信息技术与制造业深度融合，重点支持工业互联网网络建设，工业互联网平台建设，工业互联网新模式应用，企业上云赋智，关键领域数字化赋能，工业互联网安全保障能力建设，工业电子商务发展，企业信息化基础能力建设。

（3）生物产业

生物产业以生命科学和生物技术的发展进步为动力，以保护开发利用生物资源为基础，以广泛深度融合医药、健康、农业、林业、能源、环保、材料等产业为特征。《"十三五"生物产业发展规划》《"十四五"生物经济发展规划》进一步明确了生物产业的健康、农业、能源、环保等发展方向。《关于推动未来产业创新发展的实施意见》提出，加快生物制造新兴场景推广，进一步明确了生物产业未来作为赋能经济发展重点产业的发展方向。生物产业相关产业链如图8-4、图8-5、图8-6所示。

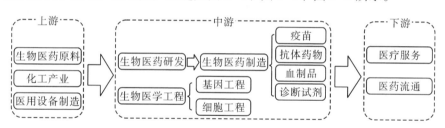

图8-4　生物医药、生物医学工程产业链

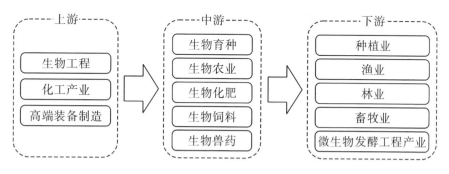

图8-5　生物农业产业链

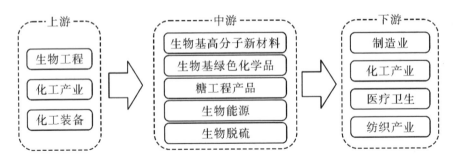

图 8-6　生物制造、生物能源、生物环保产业链

党的十八大以来，我国生物经济发展取得巨大成就，产业规模持续快速增长，门类齐全、功能完备的产业体系初步形成。截至 2022 年底，我国生物医药市场规模达到约 16 586 亿元，生物农药市场规模达到 150.3 亿元。

习近平总书记在看望参加政协会议的农业界、社会福利和社会保障界委员时强调，要从传统农作物和畜禽资源向更丰富的生物资源拓展，发展生物科技、生物产业。

提升创新研发能力。我国应强化需求导向和问题导向，集聚创新资源，着力攻克一批关键核心技术，培育壮大一批创新型领军企业；推动一批引领性、带动性、渗透性强的重大科技成果落地转化，支持开展技术交易活动；夯实创新研发基础，支持合成生物相关单位打造国家级合成生物技术战略平台，对创新中心重大项目建设、重点人才团队引进等给予支持。

促进生物产业集聚发展。我国应以北京市、上海市、江苏省、广东省、成渝地区双城经济圈等生物产业体系完备、科研基础扎实、国际化程度较高的地区为主，因地制宜谋划布局生物产业聚集区，立足区位和产业比较优势，建设一批关键共性技术和成果转化平台，加快生物技术广泛赋能健康、农业、能源、环保等产业，促进生物技术与信息技术深度融合，全面提升生物产业多样化水平。

健全生物产业服务体系。我国应支持生物科技基础设施建设，以推动应用和产业转化为目标，完善关键共性生物技术创新平台建设，布局产业创新中心、工程研究中心、制造业创新中心、技术创新中心、企业技术中心等，支撑开展关键共性技术创新和示范应用。

（4）高端装备制造产业

2010 年国务院印发的《关于加快培育和发展战略性新兴产业的决定》

将高端装备制造的主要方向确定为航空装备、空间基础设施、轨道交通装备、海洋工程装备、智能制造装备。"十四五"期间印发的《"十四五"智能制造发展规划》《电子信息制造业 2023—2024 年稳增长行动方案》《绿色航空制造业发展纲要（2023—2035 年）》《船舶制造业绿色发展行动纲要（2024—2030 年）》等文件对高端装备制造产业发展路径进行了进一步明确。高端装备制造产业链如图 8-7 所示。

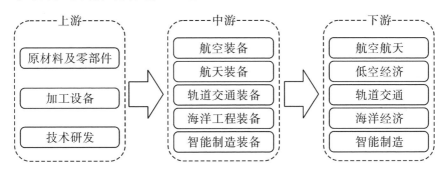

图 8-7 高端装备制造产业链

近年来我国高端装备制造产业取得众多成就，截至 2023 年底科创板高端装备制造产业上市公司已超过 120 家，总市值超 1 万亿元，涵盖航空航天、新能源车、工业机器人、工业母机、激光加工等多个重要产业链及生产环节，汇聚了各细分领域的龙头企业、"隐形冠军"，先进制造业集群初步显现。

习近平总书记在会见 C919 大型客机项目团队代表并参观项目成果展览时指出，充分发挥新型举国体制优势，一以贯之、善始善终、久久为功，努力实现我国高端装备制造更多重大突破。习近平总书记在湖南考察时强调，科技创新是发展新质生产力的核心要素，聚焦优势产业，强化产业基础再造和重大技术装备攻关，继续做大做强先进制造业，推动产业高端化、智能化、绿色化发展，打造国家级产业集群。

因地制宜做优做强本地高端装备制造产业。各地区应立足本地产业基础资源禀赋、产业基础、科研条件推动高端装备制造产业发展，以高端制造业发展带动地区产业制造业高端化、智能化、绿色化发展。

夯实地区制造业产业基础。各地区应围绕当地重大装备产业链发展瓶颈，培育引进一批业务聚焦基础零部件、基础材料、基础工艺、产业技术基础的专精特新企业。各企业、科研院所等应加强工艺技术研究，支持建立关键共性基础工艺研究机构，开展先进成型、加工等关键制造工艺技术攻关，突破核心零部件和基础材料的工程化、产业化技术瓶颈；强化产业链协作，打造上下游互融共生、分工合作、利益共享的一体化产业组织新模式。

培育地方制造业龙头企业。各地区应实施高端装备制造工艺优化和质量提升规划，开展高端装备制造产业标准化试点，积极参与国内外行业标准制定，提升传统品牌、培植新兴品牌，推动相关企业参加具有国际影响力的大型展会和专题展会，开拓品牌传播渠道，扩大品牌影响力，提升品牌含金量。

（5）新能源产业

"十四五"以来我国陆续印发《"十四五"可再生能源发展规划》《"十四五"能源领域科技创新规划》《智能光伏产业创新发展行动计划（2021—2025 年）》《氢能产业标准体系建设指南》等政策文件，对我国新能源产业体系建设路径进行了明确。新能源产业链如图 8-8 所示。

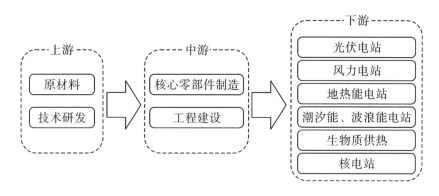

图 8-8　新能源产业链

"十四五"以来，我国新增新型储能装机直接推动经济投资超 1 000 亿元，带动产业链上下游进一步拓展，成为经济发展"新动能"。截至 2023 年底，全国已建成投运新型储能项目累计装机规模达 3 139 万千瓦/6 687 万千瓦时，平均储能时长 2.1 小时。2023 年新增装机规模约 2 260 万千瓦/4 870万千瓦时，较 2022 年底增长超过 260%，近 10 倍于"十三五"末装机规模。

习近平总书记在中共中央政治局第十二次集体学习时强调，党的十八大以来，我国新型能源体系加快构建，能源保障基础不断夯实，为经济社会发展提供了有力支撑。同时我们也要看到，我国能源发展仍面临需求压力巨大、供给制约较多、绿色低碳转型任务艰巨等一系列挑战。应对这些挑战，出路就是大力发展新能源。

重点做好新能源消纳。各地区应稳步提升自用新能源消纳水平，实施跨地区合作新能源消纳项目，促进资源和要素跨区域优化配置；开展新能源与战略性高精尖装备制造项目合作，促进地区高端装备制造等产业链集群消纳新能源；推动新能源制氢及下游产业链延伸，充分发挥新能源边际效益以快速壮大制氢产业。

质量品牌建设工程。我国应完善新能源企业产品质量标准体系，提升企业质量控制能力，加强品牌培育，支持优势企业做大做强；推进企业加强技术研发、成本控制、营销服务等能力建设，充分利用互联网、大数据等先进技术，建设质量动态评价系统，持续提升产品品质和服务能力，增强企业产品综合竞争力；围绕新能源重点领域及前瞻产业，加快培育一批掌握核心技术、形成规模优势的新品牌。

建设智慧能源示范。我国应以国家级新能源微电网、多能互补集成优化示范工程为引领，在产业园区、大型商务区、大学城、交通枢纽中心等重点区域，加强终端供能系统统筹规划和一体化建设，通过可再生能源发电、储能技术、冷热电三联供和微电网等集成应用，探索"发输储配用"一体化的技术应用和商业运营模式；加快推进"互联网+充电基础设施"建设，围绕用户需求，集成电网、企业、交通、路况、气象、安全等各种数据，建立电动汽车用户综合服务系统，提供充电导航、状态查询、充电预约、费用结算等服务，拓展平台增值业务。

（6）新材料产业

《"十三五"国家战略性新兴产业发展规划》提出，到2020年，高端装备与新材料产业产值规模超过12万亿元。《中国制造2025》将特种金属功能材料、高性能结构材料、功能性高分子材料、特种无机非金属材料和先进复合材料确定为新材料产业发展重点。《"十四五"原材料工业发展规划》提出了新材料创新发展工程，对重点突破的新材料品种及重大提升工程进行了明确。新材料产业链如图8-9所示。

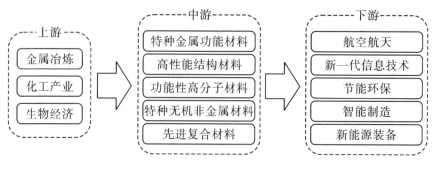

图 8-9　新材料产业链

截至 2022 年底，我国新材料产业规模约为 6.8 万亿元，从 2019 年的 4.5 万亿元增长至 2022 年的 6.8 万亿元，实现了 14.2% 的年均复合增长率。"十四五"期间我国在高性能结构材料、先进功能材料、生物医用材料、智能制造材料领域均取得突破，但新材料产业短板和瓶颈依然突出，中低端产品严重过剩与高端产品供给不足并存，关键材料核心工艺技术与装备自主可控水平不高，绿色低碳发展任重道远。

新材料产业是战略性新兴产业的重要组成部分和经济增长新引擎，对高端装备制造、新一代新信息技术等产业起到了基础性支撑作用，我国应加速推动新材料产业高质量发展。

推动新材料产业高端化发展。我国应完善创新支撑体系，强化创新平台载体支撑，优化完善创新机制生态，加强产学研用深度融合，坚持材料先行和需求牵引并重，攻克制约新材料发展的关键技术，提高产品质量，推进产品标准和品牌建设。

因地制宜合理调整产业结构。各地区应贯彻国家区域重大战略、区域协调发展战略、主体功能区战略，依据国土空间规划，结合自身优势和产业基础，合理布局符合战略性新兴产业分类目录的新材料项目，推进规范化集群化发展，优化组织结构，做大做强龙头企业，培育壮大中小企业，扩大中高端材料内需，加强上下游衔接联动，推进新材料产业与制造业各部门高效协同。

确保新能源产业体系总体安全。我国应提高资源保障能力，合理开发国内矿产资源，科学调控稀土、钨等矿产资源的开采规模；增强配套支撑能力，梳理新材料重点行业产业链供应链短板，强化短板装备开发应用，鼓励企业制定实施"备胎"计划，推动供应渠道多元化布局，保障供应链基本稳定。

（7）新能源汽车产业

我国在《"十二五"国家战略性新兴产业发展规划》中将新能源汽车产业确定为战略性新兴产业。"十二五"到"十三五"期间我国发布的《节能与新能源汽车产业发展规划（2012—2020年）》提出产业化取得重大进展、燃料经济性显著改善等五大目标及实现路径。"十四五"时期印发的《新能源汽车产业发展规划（2021—2035年）》提出了新能源汽车电动化、网联化、智能化发展方向，以及推动我国新能源汽车产业高质量可持续发展，加快建设汽车强国的发展目标。新能源汽车产业链如图8-10所示。

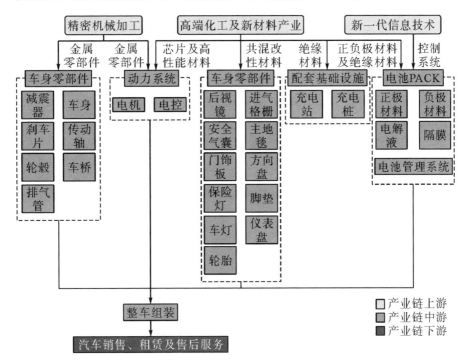

图8-10　新能源汽车产业链

中国汽车工业协会数据显示，2023年，中国汽车产量和销量分别达3 016.1万辆和3 009.4万辆。其中，新能源汽车产销分别达958.7万辆和949.5万辆，同比分别增长35.8%和37.9%，市场占有率达到31.6%。截至2023年底，我国新能源汽车保有量已超过2 000万辆。国产新能源汽车企业在电池、换电技术、智能驾驶系统等领域取得显著进步。

习近平总书记在中共中央政治局第十二次集体学习时强调，大力推动我国新能源高质量发展，为共建清洁美丽世界作出更大贡献；加快构建充电基础设施网络体系，支撑新能源汽车快速发展，这为新能源汽车配套产业发展指明了方向。

提高技术创新能力。我国应强化整车集成技术创新，以纯电动汽车、插电式混合动力（含增程式）汽车、燃料电池汽车为"三纵"，布局整车技术创新链；以动力电池与管理系统、驱动电机与电力电子、网联化与智能化技术为"三横"，构建关键零部件技术供给体系，提升产业基础能力；加快建设共性技术创新平台，提升行业公共服务能力，提升新能源汽车及关联产业融合创新与关键零部件检测认证能力。

构建新型产业生态。我国应支持生态主导型企业发展，鼓励新能源汽车、能源、交通、信息通信等领域企业跨界协同，提升产业链现代化水平；促进关键系统创新应用，加快车用操作系统开发应用，推动动力电池全价值链发展，促进关键系统创新应用；推进智能化技术在新能源汽车研发设计、生产制造、仓储物流、经营管理、售后服务等关键环节的深度应用，强化质量品牌建设，健全安全保障体系。

推动产业融合发展。我国应推动新能源汽车产业与能源产业融合发展，加强新能源汽车与电网（V2G）融合互动，促进新能源汽车与可再生能源高效协同；推动新能源汽车产业与交通产业融合发展，发展一体化智慧出行服务，构建智能绿色物流运输体系；推动新能源汽车产业与信息通信产业融合发展，实现以数据为纽带的"人—车—路—云"高效协同，打造网络安全保障体系；建立新能源汽车产业与相关产业融合发展的综合标准体系，促进各类数据共建共享与互联互通。

3. 未来产业体系

2023年9月习近平总书记在黑龙江考察时强调，整合科技创新资源，引领发展战略性新兴产业和未来产业，加快形成新质生产力。《中华人民共和国国民经济和社会发展第十四个五年规划和2035年远景目标纲要》提出要前瞻谋划未来产业，组织实施未来产业孵化与加速计划，谋划布局一批未来产业。《关于推动未来产业创新发展的实施意见》明确了"到2025年初步形成符合我国实际的未来产业发展模式"和"到2027年成为世界未来产业重要策源地"两大目标，并提出六大重点任务。未来产业体系图谱如图8-11所示。

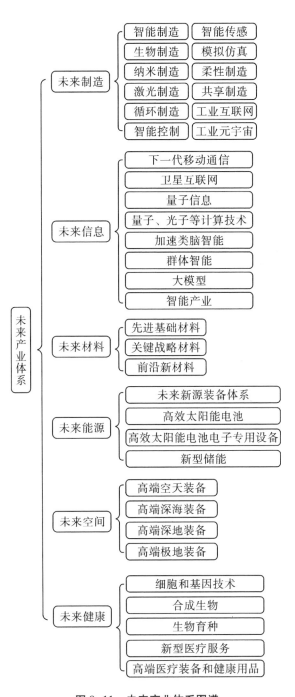

图 8-11　未来产业体系图谱

未来产业体系建设路径主要包括：

加快技术创新和产业化。我国应提升创新能力，面向未来产业重点方向实施国家科技重大项目和重大科技攻关工程，加快突破关键核心技术；发布前沿技术应用推广目录，构建科技服务和技术市场新模式，落实首台（套）重大技术装备和首批次材料激励政策，加快新技术新产品应用推广，促进成果转化。

打造标志性产品。我国应突破下一代智能终端，发展适应通用智能趋势的工业终端产品，支撑工业生产提质增效，赋能新型工业化；做优信息服务产品，发展下一代操作系统，构筑安全可靠的数字底座；做强未来高端装备；面向国家重大战略需求和人民美好生活需要，加快实施重大技术装备攻关工程，打造全球领先的高端装备体系。

壮大产业主体。我国应引导领军企业前瞻谋划新赛道，实施中央企业未来产业启航行动计划，建设未来产业创新型中小企业孵化基地，支持新型研发机构快速发展，培育高水平企业梯队；依托龙头企业培育未来产业链，建设先进技术体系，打造特色产业链，促进创新资源汇聚，加速数据、知识等生产要素高效流通；加强产学研用协作，强化全国统一大市场下的标准互认和要素互通，构建产业生态。

丰富应用场景。我国应围绕装备、原材料、消费品等重点领域，开拓新型工业化场景；依托重大活动，实现前沿技术和产品的跨领域、综合性试点应用，打造跨界融合场景示范标杆；建立优秀案例和解决方案库，引导地方开发特色化的标杆示范场景，引领未来技术迭代突破。

优化产业支撑体系。我国应加强标准引领与专利护航，统筹布局未来产业标准化发展路线，加速未来产业标准应用推广；按产业需求建设一批中试和应用验证平台，同步构筑中试能力；建设专业人才队伍，加大前沿领域紧缺高层次人才的引进力度；强化新型基础设施，构建高速泛在、集成互联、智能绿色、安全高效的新型数字基础设施，引导重大科技基础设施服务未来产业。

4. 数字经济体系

习近平总书记在中共中央政治局第十一次集体学习时强调，要大力发展数字经济，促进数字经济和实体经济深度融合，打造具有国际竞争力的数字产业集群。《中华人民共和国国民经济和社会发展第十四个五年规划和 2035 年远景目标纲要》提出要加快数字化发展，建设数字中国。以我国"十四五"规划纲要为依据，相关部门在"十四五"时期出台了《"十四五"数字经济发展规划》《数字经济促进共同富裕实施方案》，对数字经济发展方向及路径进行了进一步明确：聚焦高端芯片、操作系统、人工智能关键算法、传感器等关键领域，加快推进基础理论、基础算法、装备材料等的研发突破与迭代应用；加强通用处理器、云计算系统和软件核心技术一体化研发；加快布局量子计算、量子通信、神经芯片、DNA 存储等前沿技术，加强信息科学与生命科学、材料等基础学科的交叉创新，支持数字技术开源社区等创新联合体发展，完善开源知识产权和法律体系，鼓励企业开放软件源代码、硬件设计和应用服务。数字经济体系图谱如图 8-12 所示。

优化升级数字基础设施。我国应建设高速泛在、天地一体、云网融合、智能敏捷、绿色低碳、安全可控的智能化综合性数字信息基础设施，推进云网协同和算网融合发展，加快构建算力、算法、数据、应用资源协同的全国一体化大数据中心体系；有序推进基础设施智能升级，稳步建设智能高效的融合基础设施，提升基础设施网络化、智能化、服务化、协同化水平。

充分发挥数据要素作用。我国应强化高质量数据要素供给，支持市场主体依法合规开展数据采集，聚焦数据的标注、清洗、脱敏、脱密、聚合、分析等环节，提升数据资源处理能力，培育壮大数据服务产业；加快数据要素市场化流通，培育市场主体、完善治理体系，促进数据要素市场流通。

推动区域数字协同发展。我国应推进数字基础设施建设，组织实施云网强基行动，增强中小城市网络基础设施承载和服务能力，弥合区域"数字鸿沟"；深入实施智能制造工程和工业互联网创新发展工程，加快推进智能工厂探索，推进智能制造系统深入发展；加强数字经济东西部协作，推进产业互补，支持协作双方共建数字经济产业园区。

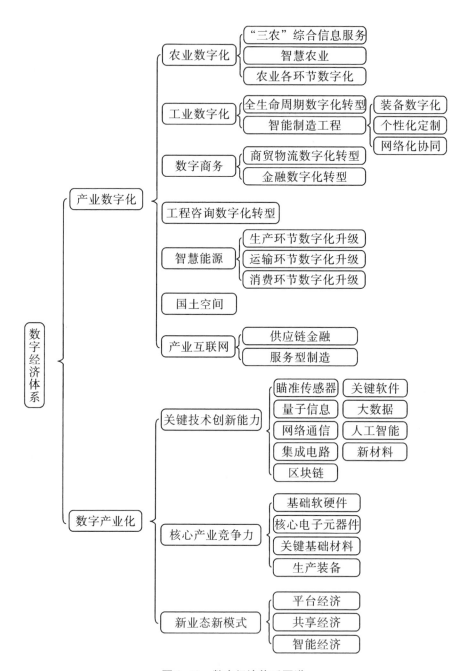

图 8-12　数字经济体系图谱

（四）科创体系

习近平总书记在中共中央政治局第十一次集体学习时指出，科技创新能够催生新产业、新模式、新动能，是发展新质生产力的核心要素。整合科技创新资源，完善科创体系，是发展新质生产力的必然要求。科创体系矩阵如图 8-13 所示。

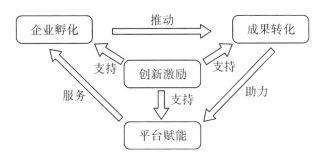

图 8-13　科创体系矩阵

1. 创新激励体系

发展新质生产力应建立多层次创新激励体系。创新平台层面，应聚焦"硬科技"创新城市、产业园区、孵化器等平台的培育，加强对平台的考核评估，对战略性新兴产业、未来产业科技创新工作推进成效明显的服务平台，给予表扬激励，形成可复制、可推广的经验做法。创新主体层面，应鼓励企业与高校、科研院所合作开展科技攻关，加强对企业创新政策落实情况的跟踪问效，将政策落实情况作为地方督查激励考核的重要参考，弘扬企业家创新精神，发挥创新型企业家示范带动作用，加大评选激励力度，及时总结推广创新型企业家成长案例。创新人才层面，应深化科技人才多元评价和激励机制改革，探索高校和重大科研平台留编引才，赋予科研人员职务科技成果所有权或长期使用权；支持国有科技型企业实施限制性股票激励计划，股权激励对象向关键核心技术攻关和科技成果产业化中作出重要贡献的科技人才倾斜。

2. 成果转化体系

我国应完善科技成果转化相关制度，推动财政资金支持形成的非涉密科技成果向企业开放，加快各级科技成果在企业转化和产业化；对于未转化的应用技术类科技成果、与企业需求相关的基础研究类成果，公开技术成熟度、市场估值、转化方式等信息，推广科技成果"先用后转"；鼓励金融机构开发"先用后转"专项金融保险产品；给予创新技术应用企业相应补助，加强科技成果落地转化案例宣传。我国应加快科技转化基础条件建设，加快中试基地、技术交易服务平台建设，推动创新成果中试熟化与产业化；加快招引培育一批既懂科研又懂市场、更能提供科技成果产业化一条龙服务的中介服务机构和"职业经理人"。

3. 企业孵化体系

我国应强化企业成果转化主体地位；加大对早期项目、科技创新、科技成果转化环节的投资力度，建立"科学家+企业家+投资家"的协同创新、成果转化和产业孵化机制，催生一批拥有核心技术和市场竞争力的高成长性企业；建立科技企业"孵化资源数字地图"，引导科技企业孵化器的各类高质量孵化资源与高水平创新创业人才、团队精准匹配，更好地服务科技人员带技术、带成果、带项目创办科技企业。

4. 平台赋能体系

我国应鼓励构建各类创新平台，大力支持智库建设，促进成果转化与产业落地；支持企业牵头联合高能级科创平台攻关，针对企业委托高能级科创平台的行业共性问题予以资金支持；支持以企业研究院、省重点实验室等高能级科创平台为载体，形成产学研深度融合的协同创新模式，推动资金、人才等资源向创新联合体集聚；提升园区全要素服务能级，支持标杆孵化器和未来产业科技园等科创园区提升专业团队、专业平台、专业早期投资等服务能力。

5. 科研合作体系

在日益全球化的科研环境中，构建有效的科研合作体系是推动科技创新、提升国家竞争力的重要因素。完善的科技合作体系能够集合各方资源，实现优势互补，并且可以提高研究效率，促进科技成果转化和应用。

我国应按照社会主义市场经济的要求，建立有利于科技人才聚集，有利于科技人才发挥作用的新型的人才管理体制和运行机制，对科技人才的使用要从"封闭式"向"开放式"转变。各地区应加强合作交流，做好引智工作，达到不求所有、但求所用、人才共享的目的；要敢于引进科技人才，建立和完善开放吸纳、来去自由的科技人才吸引机制，使科技人才培养方式从"静态"向"动态"转变。我国应利用市场运行机制来加强科技人才培养环节，建立和完善竞争择优、优胜劣汰、滚动发展的科技人才培养机制，进一步促进优秀青年科技人才的涌现，要建立和完善技术先进、软硬并举、协调配套、解除后忧的科技人才激励保障机制。各地区应创造适合本地科技人才创新立业的人文条件，营造适合外地科技人才成长的文化氛围，积极拓展适合海外科技人才归国创业的空间，尊重每位人才的文化习惯和生活方式，建立和完善公开平等、拴心留人的科技人才服务机制。

科研合作体系建设，离不开各级党政部门、载体主体及社会各界的关心支持。各地区应充分借助报刊、广播电台、互联网等媒介，广泛宣传关于加强科技人才载体建设的各项政策和有关规定，大力报道科技人才在促进科技创新和科研成果转化、推动产学研联合过程中的先进事迹，着力营造尊重知识、尊重人才的良好氛围，营造宽松的用人环境。政府部门应切实转变职能，积极主动地为科技人才载体的设立提供政策咨询、业务指导、协助申报等服务；在人才招聘引进、产学研联合、科研成果转化等方面积极提供优质服务。

（五）要素体系

新质生产力是由技术革命性突破、生产要素创新性配置、产业深度转型升级而催生的当代先进生产力。新质生产力推动全要素体系健全的同时，要素体系也为新质生产力的发展创造了更加有利的条件。要素体系矩阵如图8-14所示。

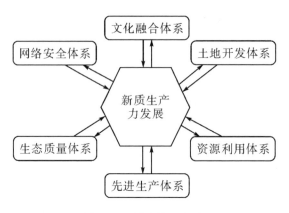

图 8-14　要素体系矩阵

1. 文化融合体系

我国应推动新质生产力赋能文化产业。新质生产力作为文化产业发展的战略支撑，注重突破制约文化产业发展的共性关键技术研发，鼓励大数据、5G、云计算、人工智能、区块链、超高清等新技术在文化产业运用，进一步改造提升文化产业链，重造文化发展模式。文化需求直接促进新质生产力发展，生活水平的提高进一步催生高品质文化产品需求，这也提升了文创企业对影视摄录、电影特效、高清制播、舞台演艺、智能印刷等高端文化装备的需求。

2. 土地开发体系

科技创新是发展新质生产力的核心要素，战略性新兴产业、未来产业对土地等传统要素依赖小，且产品附加值较高。同时，依托新质生产力发展推动传统产业高端化、智能化、绿色化转型，有利于提高传统产业亩均收益，促进土地要素供给向高端产能倾斜，实现土地要素良性循环。

3. 资源利用体系

新质生产力的应用能够实现资源的优化配置，从而提高资源利用效率，如现代农业、智能制造产业减少了对人力及原材料资源的消耗。同时，战略性新兴产业、未来产业的发展除对传统资源的品质要求更高外，也对数据资源、卫星频率、轨道资源等新领域新资源提出了新需求。

4. 先进生产体系

新质生产力的发展能够赋能传统产业，智能制造技术的引入，可提高传统制造业的智能化水平，推动传统产业朝着高附加值和高技术含量方向发展，推动生产体系进步。同时，先进生产体系的持续完善将催生适合先进技术应用的新场景、新方案、新模式，为新质生产力发展提供条件。

5. 生态质量体系

新质生产力本质是绿色生产力，通过改变传统过度依赖资源环境消耗的粗放型增长方式推动经济发展绿色化、低碳化，实现绿色低碳发展。发展新质生产力是解决当前生态环保问题的最根本路径。同时，生态质量体系的不断完善，如碳排放核算标准的不断完善，也为碳汇产业、节能环保产业的发展提供机遇。

6. 网络安全体系

网络安全是保障战略性新兴产业科技链、创新链、产业链的基石，产业数字化、智能化程度越高，对数据安全、网络安全的要求越高，以高标准进行网络安全体系建设，是护航新质生产力发展的保障。同时，新质生产力发展能带动新一代信息技术产业及未来信息产业技术革新，为网络安全体系的健全提供软硬件支撑。

（六）流通体系

习近平总书记强调，要优化运输结构，强化"公转铁""公转水"，深化综合交通运输体系改革，形成统一高效、竞争有序的物流市场。我国应优化主干线大通道，打通堵点卡点，完善现代商贸流通体系，鼓励发展与平台经济、低空经济、无人驾驶等结合的物流新模式。依托新一代信息技术，建立智能化流通体系，为现代化产业体系的发展提供支撑，是发展新质生产力的必然需求。流通体系矩阵如图8-15所示。

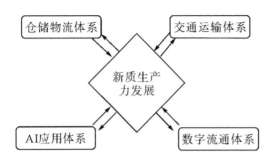

图 8-15　流通体系矩阵

1. 仓储物流体系

物流创新发展能力和企业竞争力显著增强，物流服务质量、效率明显提升，"通道+枢纽+网络"运行体系基本形成，安全绿色发展水平大幅提高，现代物流发展制度环境更加完善，是我国"十四五"时期物流产业发展的主要任务。发展新质生产力，推进物流智慧化改造，促进仓储物流与数字经济融合发展，为物流业带来两大发展机遇。智慧物流的发展将显著降低仓储物流产业成本，产业互联网则将打破物流信息孤岛，建立物流网络的全面连接，优化社会的供应链体系，大幅降低社会的组织成本和交易成本。新质生产力的发展将推动物流体系标准化，提高物流资源使用效率，推动物流系统变革，推动供应链高效协同，使生产与消费的物流链链接更加紧密。

2. 交通运输体系

我国应大力发展基础设施、交通装备、运输服务、智慧交通、安全交通、绿色交通，与新质生产力产业链布局的新能源、新一代信息技术、低空经济、未来信息、数字经济等产业相互耦合，以发展新质生产力助推交通领域科技创新水平提升。同时，交通运输体系的完善为新能源汽车、智能驾驶、低空装备等新技术提供了应用场景，推动了交通与现代化产业体系的协同发展。

3. 数字流通体系

数据要素是构成数据的基本单位和要素，它包括了数据的各种属性和特征。数据要素可以是数字、文本、图像等形式，用于描述和表达现实世界中的各种事物和现象。数据作为新型生产要素，是数字化、网络化、智能化的基础，已快速融入生产、分配、流通等各环节。数据流通体系的完善在推动新质生产力发展的同时，也对数据安全提出了更高要求。我国先后印发《"十四五"数字经济发展规划》《关于构建数据基础制度更好发挥数据要素作用的意见》《工业领域数据安全能力提升实施方案》等文件，对数据安全能力及标准提出了更高要求，为数字经济、数字安全等产业发展带来了机遇。《"十四五"数字经济发展规划》指出，"充分发挥数据要素作用"，这包括强化高质量数据要素供给、加快数据要素市场化流通、创新数据要素开发利用机制。数据要素的全价值链总体可划分为供给、流通、应用三大环节。供给端主要指形成数据资源，为数据从资源向资产转化奠定基础，具体包括建设城市级的数据底座系统。运营端及安全防护则要重点构建数据要素的安全管理及应用场景等。

随着新一轮科技革命和产业变革的深入演进，数字经济正在持续创造新的生产供给、激发新的消费需求、拓展新的发展空间，为我国经济增长注入了新活力。截至 2023 年末，中国累计建成 5G 基站 337.7 万个，同比增长 46.1%。网民规模达 10.92 亿人，互联网普及率达 77.5%，算力基础设施综合水平稳居全球第二。2024 年政府工作报告提出，深入推进数字经济创新发展，制定支持数字经济高质量发展政策，积极推进数字产业化、产业数字化，促进数字技术和实体经济深度融合。强化数字流通体系建设，增强各类数字平台支撑作用，全面提高资源要素配置效率和利用效率，充分发挥数字流通对促进经济社会发展和满足人民美好生活需要的重要作用，成为中央和地方政府的重要工作任务。国家有关部委正在积极研究和制定有操作性的政策文件，稳健推进"数据资产入表"试点，大力构建联网调度、普惠易用、绿色安全的全国一体化算力体系。相关机构正在积极探索布局数据流通设施，加快数据空间、高速数据网等技术的研究，推动区块链以及联邦学习、多方安全计算等隐私计算技术应用，持续打造安全可信的数字流通环境，为促进跨行业、跨地域数据要素流通提供支撑。各行业应正确理解数字中国等国家战略，精准把握数字化、网络化、智能化发展的趋势，积极参与和协同破除阻碍数据要素合规高效流通的体制机制障碍，围绕优化数据要素市场化配置，创新发展模式，积极催生新产业、新模式、新动能，培育和发展新质生产力。

4. AI 应用体系

2017 年国务院发布《新一代人工智能发展规划》，2022 年印发《加快场景创新以人工智能高水平应用促进经济高质量发展的指导意见》；2024 年政府工作报告提出深化大数据、人工智能等研发应用，开展"人工智能+"行动，人工智能在推动经济发展提质增效中的作用更加突出。我国应鼓励在制造、农业、物流、金融、商务、家居等重点行业深入打造人工智能重大场景；鼓励行业领军企业面向国家重大战略需求和国计民生关键问题，开展场景联合创新；支持高校、科研院所、新型研发机构等探索人工智能技术用于重大科学研究和技术开发的应用场景；推动经济社会各领域从数字化、网络化向智能化加速跃升。

（七）金融体系

习近平总书记在省部级主要领导干部推动金融高质量发展专题研讨班开班式上发表重要讲话指出，必须加快构建中国特色现代金融体系，建立健全科学稳健的金融调控体系、结构合理的金融市场体系、分工协作的金融机构体系、完备有效的金融监管体系、多样化专业性的金融产品和服务体系、自主可控安全高效的金融基础设施体系。我国正加速提升金融业服务新质生产力能力，塑造发展的新动能新优势，发挥金融体系链接科技与产业的独特作用，助力现代化产业体系建设。金融体系矩阵如图 8-16 所示。

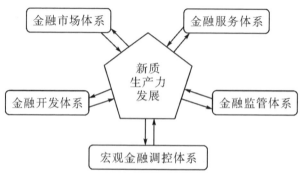

图 8-16　金融体系矩阵

1. 金融市场体系

建设现代金融机构和市场体系是确保资金进入实体经济，从而支撑新质生产力发展的重要途径。我国应优化制造业信贷结构，加强对战略性新兴产业、未来产业信用信息的挖掘运用，增加信用贷款投放，积极对接行业尖端重点领域项目信息，充分发挥金融业对重点产业的支撑作用；丰富金融产品供给，探索更加灵活的利率定价和利息偿付方式，大力发展知识产权质押贷款等业务，探索开展知识产权内部评估，加强对科技创新企业和生产性服务业的融资支持；加强金融服务对接，精准匹配融资需求，支撑专精特新中小微企业做大做强。

2. 金融服务体系

我国应大力推进现代化产业体系建设，加快发展新质生产力，加速提升金融业服务新质生产力的能力，塑造发展的新动能新优势，助力现代化产业体系建设；健全多层次金融服务体系，更好地服务于加强关键核心技术攻关领域研究，支持重点领域和薄弱环节；完善产业金融服务机制，深入挖掘新质生产力重点领域企业无形资产、数据资源等潜在价值，稳妥开展质量融资增信，将相关要素探索纳入信贷评价和风险管理模型；优化制造业金融激励约束，提升制造业金融专业水平，支持有条件的金融机构成立新质生产力服务中心，支持先进产业集群发展。

3. 金融监管体系

我国应加强金融监管建设，稳步推进各级金融监管部门责任分工，综合运用重点监测、监管通报、监管评价、现场检查、培训交流等方式，督导银行、保险机构落实落细各项监管政策，推动金融服务新质生产力高质量发展，扎实做好风险防范工作；加强科技创新相关融资数据治理，提高数据报送质量；跟踪调度银行、保险机构支持制造业的举措、问题和成效，积极主动报送工作落实情况。

4. 宏观金融调控体系

金融政策要在"稳"字上下功夫，围绕"进"字精准发力，加大对新质生产力重点领域和突破制约技术进步薄弱环节的支持力度；进一步引导金融机构加大对实体经济特别是小微企业、科技创新、绿色发展的支持力度，稳定宏观经济大盘；积极引导金融机构对技术改造企业予以合理的信贷支持，支持碳达峰碳中和的专项工具顺利落地；完善金融宏观调控，护航我国新质生产力建设稳健前行。

5. 金融开发体系

我国应坚持战略导向，坚持系统性的融资理念，统筹兼顾，使金融开发体系发挥对各类金融资源的引领作用，促使融资系统合力支持新质生产力建设，从根本上防范系统性金融风险。

（八）开放体系

习近平总书记指出，要扩大高水平对外开放，为发展新质生产力营造良好国际环境。进一步扩大开放能够为促进新质生产力的形成和发展提供重要条件，营造良好环境。开放体系矩阵如图 8-17 所示。

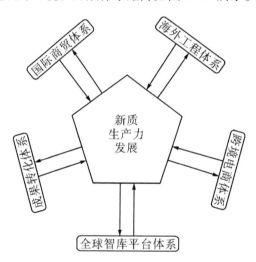

图 8-17 开放体系矩阵

1. 国际商贸体系

习近平总书记在中共中央政治局第十一次集体学习时强调，发展新质生产力是推动高质量发展的内在要求和重要着力点，必须继续做好创新这篇大文章，推动新质生产力加快发展。我国应高质量发展对外贸易，引导企业参与市场竞争，鼓励企业增加研发投入，进一步通过技术外溢效应推动非生产性科学技术进步；促进对外贸易高质量发展，提高生产要素配置效率，优化国际、国内市场竞合格局，实现生产要素在产品内和产品间的最优配置；促进对外贸易高质量发展，推动产业深度转型升级，推动三次产业中引领性、支柱型产业全面升级，新兴产业和消费型产业深度转型，从而实现关键产业新质生产力的高速发展。

2. 海外工程体系

我国应积极推动本国工程及装备"走出去"，重点支持铁路、公路、地铁、水利、矿山等工程及配套设备拓展海外市场；推动我国工程及工程设备制造龙头企业向"数字化、智能化、智慧化"发展，大力推进人工智能等数字技术创新应用在施工现场落地应用，通过多手段、多维度的方式推进智能建造应用，加快形成新质生产力。

3. 跨境电商体系

我国应围绕囤货难、品控难、技术难、运营难等跨境电商痛点，依托数字经济发展打造进出口跨境电商供应链集成平台，实现跨境电商产业链线上线下综合协同，提升我国跨境电商企业竞争力，为企业多元化商业业态布局提供技术支持。

4. 全球智库平台体系

《关于加强中国特色新型智库建设的意见》提出，大力加强智库建设，以科学咨询支撑科学决策，以科学决策引领科学发展。我国应建设高水平新质生产力智库，围绕建设创新型国家和实施创新驱动发展战略，研究国内外新质生产力发展趋势，打造国内一流国际知名智库体系，使智库提出专业咨询建议，开展科学评估，进行预测预判，促进新质生产力与经济社会发展深度融合。

5. 成果转化体系

科技成果转化和产业化是促进科学技术转变为现实生产力的关键环节。成果转化体系的核心在于持续的研发创新与高质量成果的生产，这要求企业、科研机构及高校等创新主体加强原始创新能力，深入开展基础研究和应用研究；通过强化产学研合作，构建开放式的创新网络体系，促进知识、技术、信息交流共享，提高成果转化的效率和质量。

完善的市场需求对接机制能够促进成果的转化。相关主体可通过市场调研、用户反馈等形式，引导创新方向；同时，加强成果发布与推广，拓宽成果转化的市场渠道，实现成果与市场需求的精准对接。

习近平总书记强调，要强化企业主体地位，推进创新链、产业链、资金链、人才链深度融合，不断提高科技成果转化和产业化水平，打造具有全球影响力的产业科技创新中心。这为我们进一步建立以企业为主导的科技成果转化体系指明了大方向。

我国应打通科技成果供需双方的匹配渠道，建立以企业为主导、需求为牵引、产学研深度融合的科技成果转化机制，让科学更好地服务于企业，推动科技成果从样品到产品再到商品的转化。

九、新质生产力建设的十大工程

伟大的事业需要伟大的工程予以全面支撑。伟大的工程需要充足的人才、资金、电力、水力、通信、土地等资源要素予以保障。围绕新质生产力示范，各主体应该充分发挥各自优势，探索推动组织建设、人才锻造、产业优化等十大重点工程。

（一）组织建设提升再造工程

我国应聚焦新质生产力发展本质，使教育、科技、人才良性循环，深化经济体制、科技体制等方面的改革，着力打通束缚新质生产力发展的堵点、卡点，各主体要提升服务新兴产业、未来产业、数字经济创新发展及推动传统产业转型升级的能力。

提升领导班子履职能力。相关主体应抓好任职培训和专业化能力培训，分层级分领域开展专题培训，注重新知识新技能学习培训，开展实战化培训等；强化实践锻炼，要聚焦经济建设中心工作和高质量发展首要任务，在实践中增强推动高质量发展的本领；加强斗争精神和斗争本领的养成，强调要增强忧患意识，坚持底线思维，统筹发展和安全，不断增强防风险、迎挑战、抗打压的能力。

完善领导干部激励机制。相关主体应践行正确政绩观，坚持以人民为中心的发展思想，完整准确全面贯彻新发展理念，把为民造福作为最重要的政绩，把坚持高质量发展作为新时代的硬道理，完善考核评价办法，形成正确的工作导向；完善担当作为的激励和保护机制，强化事业引领和使命担当，树立重实干、重实绩、重担当的用人导向，落实领导干部能上能下的有关规定，大力宣传担当作为先进典型。

夯实纪律作风"保障梁"。相应主体应强调要大力弘扬求真务实作风，落实"四下基层"制度,带头走好新时代党的群众路线,持续深化纠治"四风",特别是形式主义、官僚主义;深入推进党风廉政建设,落实党风廉政建设主体责任,严格日常管理监督,将"一把手"作为开展日常监督、巡视巡察、专项督查等的重点,强化对权力集中、资金密集、资源富集领域的监督,着力铲除腐败问题产生的土壤和条件。

(二)人才队伍锻造培育工程

我国应坚持创新引领和服务发展,坚持需求导向和能力导向,紧贴新质生产力发展需要,扎实开展人才育、引、留、用等专项行动,提升人才自主创新能力,增加人才有效供给,打造一支规模壮大、素质优良、结构优化、分布合理的人才队伍,更好地支撑新质生产力发展。

实施人才培育项目。我国应重点围绕新兴产业、未来产业、数字经济等业态发展需求,以技术创新为核心,以提升科研能力为关键,分专业、分等级培育基础学科、拔尖学科、新兴学科人才,完善社会化评价机制,构建科学规范培训体系;适应传统产业转型升级需求,大力培养工程技术人才,全面推行工学一体化技能人才培养模式,深入推进产教融合,支持行业企业、职业院校、职业培训机构、公共实训基地、技能大师工作室等,加强创新型、实用型人才培养培训。

开展人才赋能行动。我国应紧贴市场发展需求培养一批既懂产业又懂科研的复合型人才,不断提升专业技术人员的职业素养,助力产业高质量发展;发挥专业技术人员继续教育基地、高技能人才培训基地、产教融合实训基地的作用,利用国内外优质培训资源,开展高层次人才高级研修和学术技术交流活动,加快产学合作协同育人;让专业技术人才知识更新工程、高技能领军人才培育计划等人才工程向新质生产力重点产业方向倾斜;加强未来产业、数字经济领域博士后科研流动站、工作站建设,加大博士后人才培养力度。

鼓励人才创新创业。我国应支持各地建设一批创新创业载体、创业学院,深度融合创新、产业、资金、人才等资源链条,加大产业化人才创业培训力度,促进一流人才在人工智能、信息技术、智能制造、数字经济领域创新创业。

（三）产业体系优化提升工程

优化产业布局的主要目的是发展新质生产力，我国应以创新为第一动力、智能为重要手段、生态为主要载体、绿色为关键要素，塑造竞争优势，助力建设现代化产业体系。

加强产业基础研究。我国应突出企业创新主体地位，以科技创新推动产业创新，特别是以颠覆性技术和前沿技术催生新产业、新模式、新动能；发挥国资央企引领作用，进一步加强基础研究，深度融入国家创新体系，突出打造原始创新能力，解决关键领域"卡脖子"问题；全力构建"政产学研金服用"一体化创新生态链，增强需求牵引、源头供给、资源配置、转化应用的能力，提高创新效能，抢占产业竞争制高点。

促进产业智能化转型。我国应积极推动大数据、云计算、人工智能、智能机器人、3D打印等数字技术产业转化，进一步把握数字经济快速发展的重大战略机遇，深化数字技术与生产经营融合，挖掘数据作为生产要素的关键价值，加快传统产业转型升级和新兴产业培育，加快产业数字化转型和数字产业化发展，培育企业发展新动能。

促进产业低碳化发展。我国应转变发展理念，将低碳深刻融入产业发展中，推动各产业加快绿色低碳转型，减少污染物和温室气体排放，发挥产业低碳发展的引领作用，大力拓展赋能低碳的技术、产品及解决方案等，优化业务布局，将绿色低碳"关键变量"转化为高质量发展"最大增量"。

（四）关键要素高效利用工程

关键要素包括土地、自然资源、技术、人才、资金、政策等，各类要素要优先支持科技发展、产业转型、要素提高与高质量发展领域。

其中，科技创新是发展新质生产力的关键要素，我国应以高效利用科技创新、释放科技创新价值发展新质生产力，以科技创新要素的合规高效利用，赋能实体经济发展，推动经济高质量稳步增长。

构建创新要素价值收益分配机制。我国应推动界定科技创新来源、持有、加工、流通、使用过程中各参与方的合法权利，推进创新要素资源持有权、数据加工使用权、数据产品经营权结构性分置的产权运行机制先行先试；按照"谁投入、谁贡献、谁受益"原则，建立要素由市场评价贡献、按贡献决定报酬的收益分配机制；鼓励要素来源者依法依规分享数据并获得相应收益。

培育发展科技创新要素市场。我国应统筹优化创新要素交易场所和平台布局，主动实现全国各大要素交易市场对接，提升科技创新要素交易平台能级，进一步明确其功能定位，支持其针对创新要素建设交易专区，开展相关产品交易、融合应用、资产评估、托管、跨境和数据商备案等服务；鼓励高校、科研机构和平台企业积极参与要素市场活动，推进数据交易产业合作，打造科技创新要素流通交易生态。

推动科技创新要素产业化发展。我国应支持中央企业、地方国有企业、科研院所以及其他有条件的企业和单位，开展科技创新要素生产服务业务，支持企业组建科技创新专业团队，聚焦大数据、人工智能等领域，发展数字经济应用服务业，支持企业推广复制典型应用项目，推动数字经济与实体经济深度融合发展。

（五）核心资源整合匹配工程

土地、自然资源、水量、电力等是核心资源。我国应以"亩均效益"为产业要素评价标准，充分发挥市场配置资源的决定性作用，畅通要素流动渠道，保障不同市场主体平等获取生产要素培育发展新型要素形态，逐步提高要素质量，因地制宜稳步推进要素市场化配置改革。

建立资源要素优化配置机制。我国应推进土地要素市场化配置，调整完善产业用地政策，创新使用方式，促进资源要素在优质企业优先配置，鼓励盘活存量建设用地；引导劳动力要素合理、畅通、有序流动，畅通劳动力和人才社会性流动渠道，创新评价标准，完善技术技能评价制度；加快发展技术要素市场，完善科技创新资源配置方式，强化知识产权保护和运用，加快推进应用技术类科研院所市场化、企业化发展，促进技术要素与资本要素融合发展。

建立项目全生命周期治理机制。我国应营造有利于新兴产业、未来产业、数字经济等新业态企业发展的营商环境，鼓励有条件的地区对企业从引进、准入、培育、评价、提升、整治到退出，实行全过程管理，激发抓项目稳投资促发展的内生驱动力，确保能耗、土地、资金、环境容量、数据等资源要素向经济拉动作用明显的优质项目流动。

建立全方位精准化工作机制。我国应全方位协调推进，将"优先鼓励""资源倾斜""要素限制""淘汰退出"等措施精准到具体企业，推动项目建设指挥部高效运转；围绕新招商引资重点项目，无缝衔接招商引资有关部门，研判核算招引项目落地的亩均效益，及时将经济拉动性强的项目纳入规划项目库重点推进，全力破难点、疏堵点，助推项目建设提速；强化过程管控，确保重点项目开工率、年度投资计划完成率达到预期标准，对效益不达预期的项目提出整改措施，并对整改效果进行验收。

（六）科技成果交易转化工程

我国应推进科技成果使用权、处置权、收益权改革，增强科技创新成果适应市场的能力，加速推动科技成果向新质生产力转化，不断塑造高质量发展新动能新优势。

完善科技成果转化服务体系。我国应健全工作机制，设立由高校、科研院所相关人员组成的科技成果转化推动小组，统筹协调各个单位的科技成果转化工作，确保各年度科技成果转化指标顺利完成；建立市场化机制，支持科研事业单位充分发挥所属技术转移机构的作用，鼓励事业单位与第三方服务机构开展市场化合作，增强科研成果转化产品适应市场需求的能力；优化成果转化服务流程，指定专员对前景良好的项目进行持续跟进，优化审批流程，提供线上或线下的成果转化联动式服务，全面提升成果转化审批效率。

深化职务科技成果赋权改革。我国应明确科研单位与成果完成人（团队）在项目完成后的权属比例，并赋予成果完成人（团队）职务科技成果全部所有权或长期使用权；根据成果转化价值建立梯度赋权或分配机制，将成果转化收益向科研人员倾斜；鼓励科研事业单位探索科技成果所有权其他赋权改革路径；探索职务科技成果赋权对象多元化，支持高校根据成果转化需要,将职务科技成果转化形成的国有股权,转由具有独立法人资格的新型研发机构、技术转移中心、资产管理公司等主体持有并管理运营,推动创新链、产业链、资金链、人才链深度融合,提高科技成果转化和产业化水平。

深入落实科技成果奖励政策。我国应支持科研机构根据情况,采用先入股再分股权、先分割所有权再入股等灵活多样的有利于成果转化的方式,实施科技成果作价入股;鼓励对科研人员实施股权激励,视科技成果的主要完成人和科技成果转化负责人对项目作出的贡献,按照促进科技成果转化法的规定给予现金奖励。

(七) 金融创新风控统筹工程

我国应发展风险投资、壮大耐心资本,充分发挥金融对科技创新的作用,完善金融风险防控标准,激发劳动、知识、技术、管理、数据等生产要素的活力,引导它们向发展新质生产力的方向顺畅流动。

大力发展科技金融服务。我国应做好科技金融大文章,深化金融供给侧结构性改革,充分发挥银行业、保险业服务科技创新的积极作用,以金融赋能科技创新,推动完善多层次、专业化、特色化的科技金融体系,统筹推动直接融资与间接融资相互补充、政策性金融与商业性金融共同发力,调动科技金融服务新质生产力发展的积极性。

推动科技金融融合发展。我国应充分发挥风险投资、耐心资本对培育壮大新兴产业、超前布局建设未来产业的作用;积极探索运用引导基金、风险补偿、科技保险、贷款贴息等方式支持科技成果转化;发挥金融投资在科技成果评价中的作用,推动金融投资机构建立科技成果金融评价相关标准,形成适合科技成果特点的资产评估方法。

大力发展绿色金融产业。我国应持续完善绿色金融标准体系,加快研究制定工业绿色发展指导目录和项目库,加大绿色信贷支持力度,大力支持绿色技术创新;加强金融机构与企业之间的沟通交流,引导企业有效开展绿色转型和技术改造。

（八）智库策划服务扶持工程

我国应培育打造民族智库，注重公益性、社会性与专业性相结合；进一步发挥智库在规划编制、产业导入、政策评价方面的优势，推动智库指导地方政府新质生产力专项规划编制，依据地方发展薄弱环节，引入建设项目，对政府新质生产力政策落实情况进行评价，为地方新质生产力发展提供全方位的策划服务。

开展专项规划编制。各地区的智库应立足当地发展特点，建立新质生产力规划编制模型，根据影响因素分析寻找发展新质生产力的办法；以上位规划为指导，探索突破新质生产力发展瓶颈的方法；开展实地座谈调研，收集政府及龙头企业的科技创新诉求，因地制宜地寻找规划编制方向；以上位规划指标体系为指导，融合本地区发展特色，实事求是地制定新质生产力发展评价指标；系统分析新质生产力发展环境，发现地区新质生产力发展的潜在机遇和存在的挑战，找准发展定位；根据发展路径确定发展任务与重点工程，找准发展策略，为地方新质生产力建设确定发展方向。

科学谋划产业导入。各地区应发挥智库在产业资源导入方面的优势，针对本地新质生产力建设瓶颈，引入科技含量高、符合地方发展方向的龙头企业，补齐地方产业链短板；积极申请国家牌照，发挥智库在方案制定方面的专业优势，协助地方申报国家重大项目与申请资金牌照，为地方新质生产力发展提供资金保障。

系统开展政策评价。智库应以往年数据及政策落实情况为依据，对新质生产力专项政策执行情况进行评价，协助各地对规划主要指标、规划任务进行动态调整，依据重大项目库，酌情对规划中的项目进行增减，确保规划切实可行；同时，通过主办政府培训、论坛会议，为政府落实规划政策提供指导，为政府提供切实可行的发展思路。

（九）数字经济融合赋能工程

数字经济有利于加快各类生产要素高效流动、推动优质资源共享、推进基本公共服务均等化，是推动新质生产力发展的重要力量。

加快数据赋能智能制造。我国应创新研发模式，支持工业制造类企业融合设计、仿真、实验验证数据，培育数据驱动型产品研发新模式，提升企业创新能力；推动协同制造，支持链主企业打通供应链上下游设计、计划、质量、物流等方面的数据，实现敏捷柔性协同制造；提升服务能力，支持企业整合设计、生产、运行数据，提升预测性维护和增值服务等能力，实现价值链延伸。

推进产业链数字化发展。我国应分行业制定数字化转型发展路线图，深入实施智能制造工程和工业互联网创新发展工程，加快推进智能工厂探索，推进系统解决方案攻关和标准体系建设，推进智能制造系统深入发展；以工业互联网平台为载体，加强关键核心技术研发和产业化，打造数字化转型应用场景，健全转型服务体系，推动形成以平台为支撑的大中小企业融通生态。

促进科技创新资源共享。我国应以科学数据支撑产业创新，面向药物研发、生物育种、新材料研发、高新技术研发等领域的企业，提供高质量科学数据资源与知识服务，助力提升企业自主创新能力；探索科研新范式，面向新范式需求迫切的重点科研领域，充分依托各类数据库与知识库，推进跨机构、跨学科、跨领域协同创新，发现新规律，创造新知识，加速科学研究范式变革。

（十）全球开放竞争合作工程

我国应积极参与国际合作，探索构建和平、安全、开放、合作、有序竞争的全球科创环境，积极研究制定符合我国国情的科技创新相关标准和治理规则，依托双边和多边合作机制，开展未来产业标准的国际协调和数字经济治理的合作。

高标准建设知识产权市场体系。我国应完善专利权转让登记机制，完善专利开放许可相关交易服务、信用监管、纠纷调解等方面的配套措施；创新先进技术成果转化运用模式；优化全国知识产权运营服务平台体系，支持国家知识产权和科技成果产权交易机构链接区域和行业交易机构，在知识产权交易、金融、专利导航和专利密集型产品等方面强化平台功能，搭建数据底座，聚焦重点区域和产业建设若干知识产权运营中心，形成线上线下融合、规范有序、充满活力的知识产权运用网络。

畅通知识产权要素国际循环。我国应推进高水平制度型开放，不断扩大知识产权贸易；鼓励海外专利权人、外商投资企业等按照自愿平等的市场化原则，转化实施专利技术；建立健全国际大科学计划知识产权相关规则，支持国际科技合作纵深发展；探索在共建"一带一路"国家、金砖国家等开展专利推广应用和普惠共享，鼓励绿色技术知识产权开放。

加快数字经济全球化发展。我国应以数字化驱动贸易主体转型和贸易方式变革，为贸易数字化营造良好环境；完善数字贸易促进政策，加强制度供给和法律保障；大力发展跨境电商，扎实推进跨境电商综合试验区建设，积极鼓励各业务环节探索创新，培育壮大一批跨境电商龙头企业、海外仓领军企业并建设优秀产业园区，打造跨境电商产业链和生态圈。

十、新质生产力建设的典型案例

中国构建新质生产力需要研究分析典型案例，从中提炼新质生产力建设所需要的科技、人才、产业、资金、土地、基础设施、劳动工具、智库专家等的重组优化经验，构建不同领域的示范试点。

（一）科技创新案例

城市是新质生产力创新的重要载体与参与者，科技创新为青岛市李沧区开展城市数字化建设提供了新动能、新模式、新案例。

1. 青岛市"光速李沧"实践

青岛市李沧区高度重视数字化项目建设。该区积极融入新质生产力试点，基本构建了"1+1+N"的数字化建设体系，即 1 个城市数字经济平台、1 个数字城市底座和 N 个数字城市业务应用体系。该区利用人工智能、大数据和云计算等先进技术，以及对数据资产要素运营的规划理念，基于先进科学的顶层设计和建设规划，致力于打造数字全区运行和指挥中枢，构建了完善的技术应用体系，将李沧区各类数据进行统一汇集和应用，提升了全区各部门在城市管理中的实时数据分析和智能决策支持能力。这有效赋能了李沧区经济社会发展，增强了人民群众的获得感、幸福感、安全感。

李沧智慧城市项目以大数据为基础，覆盖各区位、部门的智能化信息工作平台，规划建设了信息整合、智能流转、业务统筹、指挥调度、分析研判、展示应用等 18 个委办局的业务体系。

该项目依托李沧区现有硬件及网络基础资源进行提升改造，全面整合综治、公安、信访、应急、民政、城管、环保等多个职能部门的管理服务资源，构建区域性、网络化、多元化、信息化的社会综合管理服务平台。

通过城市数字化项目的开发建设，李沧区初步构建了 N 级架构、多级联动的社会治理工作体系，构建了基础网格与专业网格协作联动的社会治理协同体系，形成了各类业务和数据的中心枢纽，打通了跨部门、跨层级、跨区域的工作流程，对疑难复杂事项实行基层吹哨、部门报到、限时解决，形成社会治理大联动格局。

通过数字化项目的开发建设，李沧区大力探索了我国数字城市建设的长效运营机制。该区围绕本地商圈、社区、文旅等场景搭建了统一的服务平台，打造了"政府主导、企业参与、市场运作"的运营模式，实现了社会资源的统一运营管理，以数字经济带动了李沧区生产、生活和治理方式的变革，实现了李沧区数字城市建设的自我造血，长效运营。

促进协同高效政务管理。该区形成集约协同的新型政务管理模式，业务流程得到优化，政务效率大幅提升，公共服务水平明显提高，辅助决策能力显著增强，公众对城市管理的参与度和满意度明显提高。

提供普惠便捷民生服务。该区建设信息化民生服务体系，围绕社区、商圈、文旅等多领域公共信息服务，提升了服务质量和民众获取服务的便捷度，民众生活品质、幸福指数稳步提高。

加快信息资源整合共享。该区加强数据接入和业务对接，通过强化部门协同协作和系统集成共用，加快融合步伐，打通数据壁垒，连接信息孤岛，实现数据归集，推进"城市云脑"加速建设和高效运行。

案例效益

李沧区智慧城市建设通过持续挖掘新内容、接入新系统、打造新场景、策划新应用，构建城市全要素图谱支撑智能化决策和统一应用，推进了城市建设合理化、城市管理精细化、政府服务便捷化、行业管理高效化，赋能智慧城市运营，让市民共享数字生活，共创智慧社会。该区通过智慧商圈等便民体系的升级，不断提升城市民生服务，实现"以智惠民"。

深化数据共享，紧抓数据治理。该区搭建专题数据库，汇聚了民生服务和政务服务各类数据，规划实现全区各类数据资源目录上万项，共享目录数据挂接率达 100%。

释放企业数字生产力，提升数字技术应用水平，深度服务城市发展，带动城市数字化转型。该区通过城市数字底座与数字经济平台赋能，推进本区产业转型升级，不断优化产业结构，实现生产模式的新变革。

满足智慧社区系统提升、商圈品质提升的需求。李沧区已经建成了一批新型智慧社区基础型、多个成长型、1个标杆型试点，积极参与五星级智慧城市评定工作。李沧区通过大力投资数字经济，加快实现李沧区数字技术和实体经济、居民生活、社会治理深度融合，持续赋能经济社会发展，不断提升群众获得感、幸福感、安全感。

案例可推广性

本案例中的项目在青岛市李沧区落地实施，取得了初步成效。下一步，李沧区的成功经验可在青岛市其他区县及全国各地拓展推广，青岛市可挖掘共性需求，将智慧城市建设覆盖全市，并辐射至周边地市乃至全国。全国各地可根据不同城市地方特色，定制化有针对性的建设内容；分析研判数字化建设水平及发展现状，挖掘政府痛点及民生需求，并根据当地产业、地理区位等特点精细化城市治理内容；全面落实国家数字经济发展，致力提升政府工作效能，提升城市公共服务能力与信息化水平，打造社会经济效益。

2. 海信集团构建企业发展第二增长曲线

科技创新是发展新质生产力的核心要素，是企业高质量发展的重要支撑。近年来，青岛海信集团持续深耕智慧交通、智慧城市、汽车电子等新兴行业，以科技创新推动集团高质量发展，形成了一系列国内领先的应用技术与创新成果。

青岛海信集团积极推动城市智能交通业务，其产品和解决方案应用于全国176个城市，其中39个直辖市、省会城市、计划单列市中，有36个城市都在用海信的解决方案，占比达92%。海信集团还出海至埃塞俄比亚、老挝等国家，面向东南亚、非洲、中东、东欧及中亚、拉美几大海外市场加速全球化布局。

目前，城市交通拥堵治理已经成为重大社会需求与民生工程。海信基于多年来的技术积累，以市民热切关注的畅通出行为切入点，打造信号智能调优系统，自动找出哪条线路、什么时段适合跑绿波，并自动跟踪效果、持续优化，让市民出行可以少停车甚至不停车，极大降低了机动车燃油消耗和尾气排放，实现城市道路交通常态运行下的信号闭环智能优化，取得系统自动评价控制的效果。

数据显示，一座城市应用海信智慧交通系统后，交通通行率将提高

10%，停车次数、车行道路时间减少 30%，尾气的排放污染减少 20%，有效减少了交通拥堵带来的碳排放。经测算，每出货 10 000 台海信信号机，保守估计每年可带来间接经济效益近 200 亿元。

在公共交通领域，海信通过大数据技术实现公交车投入跟着客流走，在保障服务水平不下降的同时，降低运营成本。西宁 60 条线路优化后，日均减少低效里程约 2.2 万千米，月降低运营成本约 500 万元。在轨道交通领域，海信集团自主研发的智慧车站设计了 66 种场景，一键开关站、视频 AI 自动识别安防事件以及业内首创的关站无人清客等领先技术，让轨道运行安全可靠、效率高，帮助 20 站的地铁线年降低人力成本 1 000 万元（见图 10-1）。

图 10-1　海信智慧车站系统

聚焦大数据管理、城市治理、应急管理领域，海信集团不断在技术创新上发力，提供城市云脑、智慧应急、城市生命线解决方案及产品，先后服务于青岛、贵阳、包头、长沙等全国 20 余个地级市，打造多个过亿项目，具有丰富的项目承建经验和良好的实战能力。例如，海信自主研发的领导驾驶舱是海信城市云脑核心产品之一，它能全面呈现城市运行发展指标情况，为管理者"出谋划策"。不同管理者面向的分管领域和关注点不同，对此海信分级打造不同的驾驶舱配置。领导关心的指标一键可调取，还能分部门查看重点工作进度，相关信息还能同时推送到工作台和移动端，提升了工作效率。

目前，海信已经在业内率先实现该类型系统的大模型语音交互。只需语音提示，就能快速调阅相关报表政策，并进行灵活、有深度的分析。例如，用户语音发言"北京近 5 年经济变化趋势是怎样的"，系统即可完全识别语义并快速调阅出相关数据，给出分析答案。除了"能听会说"的领导驾驶舱，海信城市云脑还包括一网统管平台、数字资源平台、公共数据运营平台，实现对城市的精准分析、协同指挥、高效服务，打造"最懂城市治理的 AI 专家"。

6 500 千米燃气管网、3 000 千米供水管网、3 500 处热源和换热站、2 000千米排水管线、5 000 余部电梯、27 处重点火灾监测单位、22 座桥梁、2 条隧道、2 座管廊……这一组组数据，是青岛市梳理出的专项城市风险隐患信息，来自住建、城管、应急、消防等政府职能部门。针对以上所有风险隐患点，青岛市在摸清底数后，布设了 1 万余台各类智能感知监测设备，可覆盖市内三区中高风险区域，哪里出现了安全风险，通过综合监测预警平台"城市感知一张图"便一目了然，省去了大量人工巡查的麻烦。

在城市渣土车治理领域，青岛市每天有数千辆渣土车在城市道路上通行。青岛市城市云脑，不仅已将全市数百处工地和回填消纳点以及全部渣土车数据接入，还能够综合运用公安局的监控数据、行政审批局的线路审批数据、住建局的项目建设数据等，进行综合分析、提前预警，让渣土车运输更加安全规范。这有效解决了现场查车效率低、危险系数高等问题，渣土车的违规率和事故率均实现了大幅降低。

目前，海信城市云脑已在青岛、包头、通辽等城市落地应用，帮助城市精细化治理提档升级，赋能城市高质量发展。数据显示，数字资源平台在青岛上线半年内，各级部门共申请资源 600 余次，节省财政资金估算超3 000 万元。

2023 年，凭借长期积累的数字技术、人工智能技术和大数据领域的技术，海信正式把汽车电子定为第二增长曲线之一，实现了智慧驾驶、车路协同、智慧驾驶舱技术和汽车压缩机、汽车空调系统的有效结合。汽车智能化时代，车内大屏幕正在成为标配，从行车信息到导航、音乐等功能都被集成到屏幕上。海信通过激光全息 HUD（抬头显示）和激光全景投影，把车窗变成影像巨幕，汽车变身行驶的沉浸影院，无论是显示面积还是质量都较传统 HUD 有了巨大提升。由此，其显示范围可以不再局限于过去的几厘米见方，甚至可以把整个挡风玻璃变成"大屏幕"，像科幻片一样把丰富信息融入驾驶员视野。

为解决电动车二次利用发动机废热的难点问题，海信旗下三电公司推

出以 CO_2（二氧化碳）和 R290（丙烷）为冷媒的综合热管理系统，构建直接式和间接式两套综合热管理系统（ITMS）解决方案，应用热泵技术、二次循环水路、废热回收技术等，为电动车驾舱、电池、电机及电控提供均衡的温度管理，有效提高驾乘舒适度，延长冬季续航里程，顺应节能减排趋势。

3. 海信打造激光电视新示范

传统产业转型发展是新质生产力建设的重要内容。海信集团积极推动传统电视产业的转型发展。海信集团研发了升降卷曲激光电视，一键实现屏幕自由卷曲升降，可收纳隐藏；全球首款 8K 屏幕发声激光电视，引领激光显示进入 8K+屏幕发声新时代，搭载全球最大发声屏幕，发声面积可达 3.4 平方米，是屏幕，更是超大声幕；全球首款可折叠激光电视，屏幕框架可折叠，屏幕膜片可卷曲，轻松入户，超薄 2cm，轻松适配多元家居艺术风格……

发展新质生产力需要强化企业科技创新主体地位。海信集团作为全球重要的家电生产企业，在激光显示领域持续创新和突破，推出了一系列全球首创的激光显示产品，让激光显示的"中国方案"领跑全球，催生新质生产力，打造"中国制造"新名片。

海信集团坚持自主研发道路，培养了完整的研发队伍，掌握了激光电视从设计到产业化的核心技术，是国内唯一一家 100% 自主研发设计，且拥有完全制造组装生产线的激光电视企业。海信集团从 2007 年开始布局激光显示技术，2014 年推出全球首台激光电视产品；2019 年，推出全球首台三色激光电视；2023 年，将激光电视分辨率推至 8K，推出全球首台 8K 激光电视。

海信集团的激光电视业务是从 0 到 1 的新质生产力示范故事。在 8K 激光电视问世前，全球高端激光影院才刚刚普及 4K。8K 的画面里有 3 300 万个像素点，要在微秒的时间里精准地控制 3 300 万束光，这种精度的要求，就好像跑一次五千米，但是身体波动的幅度不能超过 10 厘米（见图 10-2）。海信集团从 2020 年开始研发 8K 激光电视，从光路设计到芯片驱动，每一项都是空白，持续攻入技术"无人区"。为了打通全球激光显示通往 8K 的道路，海信研发团队经历了两年黑暗中的摸索和努力。

图 10-2 海信的 8K 激光电视

全球首台 8K 激光电视 LX 实现了行业最高色域 110% BT. 2020，色彩表现力高于传统电视 2~3 倍。它搭载海信全新自研的 LPU 数字激光引擎，运算水平可以达到每秒超过千亿次，实现纳米级控光，100% RGB 纯净激光光源将全色激光显示技术推向极致，每一帧画面都细腻惊艳，为消费者提供院线级的极致观影体验。中国工程院院士许祖彦认为，"这是中国激光显示领域的一个重要里程碑事件，也是全球激光显示技术的重要成果，它推动着全球激光电视行业走向了 8K 超高清时代"。

海信激光电视的突破性创新，将用户的视觉体验提升至新的高度。与此同时，海信激光电视以用户场景为驱动，把激光显示的优势发挥到极致。海信集团洞察到传统超大屏电视入户难的行业痛点，首次将"可折叠"技术应用到大屏电视上，全球首款 120 英寸可折叠激光电视 L5K 从入户、调试到安装，仅需 40 分钟，居民家庭由此便可轻松拥有一个 IMAX 家庭影院。海信顶嵌式激光影院 S8K 首创顶嵌式家居融合方案，把主机嵌于顶部空间，实现视觉空间上的纯净和利落感，仅有 15mm 厚度的行业最薄大屏，引领简约自由的客厅美学新风尚。

以全球首款 120 英寸可折叠激光电视 L5K 为例，该款产品经过了两年的持续研发，海信技术团队通过力学结构创新，实现了从体式张力结构到可折叠张力结构的升级，使刚性框架与弹性支撑精细配合，达到了力学结构长期稳定平衡，同时还满足了屏幕的平整度要求，由此破解了大屏幕折叠平整度和稳定性的技术难题。此外，海信集团与合作伙伴通力研发，经过大量试验，实现了高画质、高亮度菲涅尔膜片的可卷曲。

2023年9月，海信集团正式推出全球首款120英寸可折叠激光电视L5K，该产品入户时框架180°折叠，屏幕膜片卷曲后与框架分体入户，百分百进入各类电梯，让超百英寸电视轻松入户。该产品还拥有健康护眼、家居融合性强等突出优势，具有100英寸、110英寸和120英寸三个尺寸段，屏幕厚度只有2cm，挂在墙上平整得就像一幅装饰画，待机时可以显示油画、国画等，彰显用户的高品质生活（见图10-3）。

图10-3　海信可折叠激光电视

2023年12月14日，在"第15届中国高端家电趋势发布暨红顶奖颁奖盛典"上，解决了百英寸大屏入户难的海信可折叠激光电视L5K在100余款创新产品中脱颖而出，斩获2023年红顶奖。组委会对海信可折叠激光电视100L5K的评价是：具有"框架可折叠、柔性屏可卷曲、整机分体入户"的特性，解决了百英寸超大屏电视入户难、家居融合难等影响用户体验的痛点。

海信集团坚信激光显示是未来最具活力和创新的机会。从跟跑、并跑再到领跑，海信集团以实际行动证明了产品高端化定位、系统智能化升级以及夯实技术核心竞争力，才是中国制造企业加快培育新质生产力的"快车道"。2023年，海信激光电视全球出货量占有率高达49.5%，蝉联全球第一。凭借大屏沉浸、色彩真实、健康护眼等差异化优势，海信激光电视正在成为全球精英家庭打造巨幕影院的理想选择。在美国等海外市场，海信激光电视的零售价格进入 2 000 美元至 5 000 美元高端价格带。销量持续提升，标志着海信激光电视逐步迈入高端市场，找到了中国高端科技产品出海的新路径。

截至 2024 年 1 月底，海信集团在激光显示领域累计申请国内外技术专利 2 465 件，为激光产业的优化升级奠定了坚实的基础。在海信集团的带领下，我国目前在激光光源设计、光机模组、整机设计等关键技术方面已经做到了全球技术领先，专利数量居全球第一，初步形成了专利池，并形成了产业领先优势。海信集团通过开创激光电视全新品类，将激光电视从一个产品做成了一个产业，也从一个企业影响到了一个行业，让中国显示技术引领世界，第一次占据了显示技术发展的主场优势。

随着应用场景的爆发，激光显示的应用场景已从家庭延伸至车载、文旅、教育等领域。激光显示巨大的产业潜力吸引了德国徕卡等众多全球品牌加入，成为全球竞逐的新型显示技术新赛道，也成为我国重点发展的关键战略技术。工业和信息化部、教育部等七部门联合印发《关于加快推进视听电子产业高质量发展的指导意见》，指出加快激光显示从小型激光投影机向大型超高清、高画质、超大尺寸激光显示系统方向发展，推动激光电视、投影等产品普及。中国工程院院士许祖彦认为，随着激光显示产业链全面完善，形成激光显示产业集群、激光显示产业链聚集地，中国将成为全球激光显示的"硅谷"。

（二）人才培养案例

"发改大讲堂"高端人才培养专业服务平台

为打造服务中央部委、地方党委和政府、企业等的干部培训与专业人才建设的高端服务平台，国合院聚集院士专家，积极打造以"发改大讲堂"为名的高端人才培养专业平台，全方位服务地方政府与企业的干部培训与政策学习。

一是开发了专业人才培训网（网址：www.icci-train.org.cn），邀请院士专家、部委学者，进行国际形势、国家战略、政策解读、产业转型、零碳示范、绿色金融、干部素质、共建"一带一路"倡议等方面的政策培训；同时，与央企联合开发了精准产业链招商大数据系统，对领导干部与企业家进行招商产业链与产业对接的精准培训等。二是与山东人才集团共建山东人才培训基地与产业孵化体系。为推动山东省领导干部培训与人才队伍建设，孵化先进科技成果，国合院与山东省人才集团签订紧密型战略协议，全面推动省直部门、各地市县区、各园区、各企业等的人才培训、科技成果孵化与地方产业合作。双方成立人才培训联合体，与山东省社科院、山东宏观经济研究院、山东省发展改革委、山东省生态环境厅等积极对接，邀请部委领导与专家学者，积极构建全省各地市人才培训网络，协同地方政府、国企等搭建产业孵化与科技研发服务平台，制定重点地区培训计划，召开人才需求座谈会，召开各类人才需求对接与问题解决方案设计，为人才发展、成果转化与先进人才引进提供最专业、最系统、最有前瞻性的智库服务。国合院倡议发起"百千新质生产力行动"，筛选各地区的优秀人才、潜力企业来进行科技创新、成果转化、产业招引、融资服务与海外资源导入等，目前，各项服务工作正积极推进。三是录制部委学者视频授课。为学习贯彻党中央、国务院等的战略部署，服务各地发展改革及产业园区、大型企业、科研院所等的领导干部的学习，帮助其把握国家新政策、新工作热点，提高其对宏观形势、国家战略、规划编制、投资调控、价格监测、高新技术、新产业、新经济、金融创新、体制改革等新知识的学习，国合院组织完成了24位部委专家讲授的国家发展与改革、产业投资、园区开发、农村经济、"一带一路"等在线课程。24讲课程涵盖：国际形势、国家战略、乡村振兴、碳达峰碳中和、生态治理、东北振兴、"一带一路"、国内国际双循环新格局、康养医疗、金融信用、投资重组、开放合作、新型基建、社会治理、行政服务、营商环境等。该授课内容从宏观形势、政策解读、产业布局、金融信用，到乡村振兴、基础设施、社会民生，覆盖了国家经济社会发展的各方面，极具决策咨询与实操价值。四是创新地方培训与业务模式，积极开展国家战略、五年规划、乡村振兴、"一带一路"、新旧动能、新质生产力等相关主题培训，为北京、山东、浙江、江苏、重庆、四川、广东、辽宁、山西、陕西、海南等省份的发展改革委、地市主要领导等开展了五年规划、绿色金融等专题授课或集中培训。例如，2023年10月16日，国合院受邀为东营市县两级党委、政府、人大、政协、监察、法院等领导班子，市县其他领导及各部门、园区负责人等进行了"实施'陆海河统筹''六观六强'作战地图，系统贯彻习近平总书记关于黄河流域生态保护和高质量发展的重要指示，打造绿色低碳高质量发展'东营样板'"的主题教育课。为推动战略研究与产业落地，国合院与东营市发展改革委、东营市生态环境局、东营市农业农村局、东营市文化和旅游局、东营经济开发区、东营区发改局等部门人员，在东营市发展改革委办公地召开了学习贯彻习近平总书记关于黄河流域生态保护和高质量发展的重要指示的座谈会，积极研讨了黄河流域生态发展与产业升级等方面的最新政策与项目孵化模式等。五是构建"发改大讲堂""百千新质生产力行动"等系列讲座，引进日本、韩国、中国台湾地区等的技术与资源，与产业落地结合，实施干部培训与产业招商一体化模式；与中经网、新华社、《华夏时报》等联合，创新培训模式，开展国内国际培训与深度合作，培养国际化人才与干部队伍。

（三）劳动要素案例

1. 山东省发展改革委创新提升全要素供给能力

要素是经济社会发展的源头活水，提高要素保障能力、实现要素高效配置，对于激发发展内生动力、推动高质量发展具有重要意义。山东省发展改革委深入贯彻山东省委、省政府决策部署，全面落实《山东省深化营商环境创新提升行动实施方案》确定的重点任务，坚持"要素跟着项目走"，实行优质要素集成供给，全力保障重点项目建设，推动尽快形成实物工作量和投资拉动量，为持续巩固经济稳中向好、加快复苏的良好态势，推动绿色低碳高质量发展先行区全面起势提供有力支撑。

强化用地保障。一是针对山东全省补充耕地指标库存不足的实际，分解下达今年新增补充耕地任务 18.15 万亩。二是针对基层反映的成片开发方案编报问题进行分类施策，全面提升项目开发质量。三是积极争取国家配置指标，对国家重大项目和省级以上交通、能源、水利等重大基础设施项目，尽快纳入省政府重大项目用地清单，按程序报自然资源部，争取更多项目纳入国家用地保障。

强化能耗煤耗保障。一是落实好强化能耗煤耗保障助力稳增长、促投资的若干措施。二是开展省级能耗指标收储交易，落实"要素跟着项目走"要求。三是推动山东各市建立市级要素保障体系，逐步构建"省市协同、分级保障"的工作格局。

强化投融资保障。一是制定金融支持工业经济高质量发展的措施，推动银行机构对工业企业和重点项目单列信贷计划，给予专项信贷额度支持。二是研究金融辅导助力重点项目工作措施，综合使用项目融资服务系统，"一企一策、一项目一团队"帮助解决项目融资需求。三是组织多种形式的银企对接活动，畅通政、银、企对接渠道，引导银行机构加强对重点项目和企业的支持。

强化环境容量保障。坚持项目环评提前介入指导，开辟绿色通道，实行并联提速，持续落实重大项目服务清单制、联络员制、部门会商制，推动产业园区规划环评和项目环评联动，服务重大项目落地。盘活现有排污单位闲置的环境要素指标，腾出污染物总量指标，优先支持省级重点项目。

强化督导服务保障。一是落实"一项目一台账"，成立专门服务组，常态化全覆盖开展项目督导服务，下沉现场一线，帮助协调解决土地、用工、手续办理等问题。二是对临近投产期限的项目，逐一明确服务专员，提前介入、对接服务，确保项目早日投产达效。三是省直各有关部门、单位，按职能分工做好相关要素跟踪保障，省"四进"办公室组织驻各市县工作队加强项目督导服务，形成工作合力，坚决扛牢勇挑大梁责任，全力推动经济持续回升向好。

2. 中世康恺以新质生产力构筑千亿级发展蓝图

新质生产力建设需要实体经济的推动。国合院以扶持科技型企业创新为主线，发挥部委智库综合优势，积极探索新质生产力示范企业建设。中世康恺科技有限公司（简称"中世康恺"）就是该院重点扶持的创新型企业。

"没有全民健康就没有全面小康"。为深刻学习领会党中央关于医养健康的一系列重要指示，中世康恺运用数字影像核心技术，服务地方医院与医疗社区，努力打造医养健康业新质生产力的新试点。

（1）打造大数据支撑的数字影像健康产品，服务百姓健康

中世康恺是智慧医疗数字化科技企业。该公司创立于 2017 年 7 月，始终坚持自主研发和创新的发展道路，核心团队成员来自华为、京东、腾讯等高科技企业。该公司将大数据、云计算、人工智能、移动互联网技术与医学影像科学进行融合创新，已经掌握 PACSOnline、三维影像重建、AI 辅

助诊断三大类产品的关键技术，现已获得软件著作权及各类专利百余项。该公司自主研发打造的"冠医云"医学影像数字服务平台已经构建起了集云胶片（数字胶片）、多模态远程诊断、MDT多学科会诊、手术规划/导航四大应用场景于一体的完整解决方案，赋能各级医疗机构实现信息化建设的升级及"互联网+医疗健康"的发展目标。中世康恺聚焦医疗大健康产业链的多个领域，具备全民健康信息平台、县域医共体、互联网医院、智慧医院、第三方医学影像检测检验中心五大项目的全面建设能力。该公司致力于以领先的技术与优质的服务，持续优化医疗资源配置及利用，不断提升医疗服务能力与水平，实现政府医管部门、医疗机构、医生、患者多方受益和满意。

（2）"搭台赋能，聚才兴业"，主动服务各地政府"双招双引"工作，以人才飞地模式服务区域协同发展

中世康恺业务能力及双招双引的服务主动性，受到了社会好评。山东省专项课题以中世康恺王冠橪人才团队为案例，提出了"搭台赋能，聚才兴业"的人才飞地模式。2024年山东省政府工作报告进一步提出，"创新'飞地''飞企'模式，推动人才、团队、项目、资金一体落地"。

中世康恺链接了清华大学博士群体以及北大、山大、北邮、中欧、五道口等校友群体和医疗康养产业合作体，构建了产业人才网络体系。地方合作伙伴聘请该公司负责人为"双招双引"大使，发挥了产业招引的作用，形成了以产业为导向，以人才为凝聚点，持续招选育留优秀人才和发展产业的优良局面。

（3）科技赋能，持续开创医疗影像新篇章

中世康恺数字影像业务数据量突破20亿大关，在医疗影像领域取得了新的突破。中世康恺提升了"数据采集、数据治理、数据应用、数据服务"四维一体的数字经济新质生产力创新能力，使其更好地满足医疗机构和患者的需求。中世康恺以耐力资本开拓新质生产力，创新数字产业核心技术，鼎力服务社会各界与百姓健康。

（四）产业链建设案例

1. 产业链精准招商推动赤峰市项目落地

为高质量推动地方产业招商与园区发展，国合院与央企联合开发了产业链精准招商大数据服务平台。该系统涵盖了百万家真实发票数据企业及相关行业数据，2021 年 12 月在内蒙古赤峰市开发测试并投产使用（见图10-4），后续在其他地市投产使用，招商效果明显。

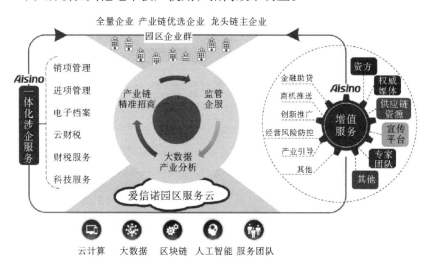

图 10-4　赤峰市产业链精准招商综合服务平台项目

赤峰市采购的"国合院精准产业链招商大数据系统"采用"招商前置"规划方案，以产业研究为基础，以"招商大数据库"海量独家数据作支撑，在前期产业定位时便精准捕捉目标企业，征询目标企业入驻意向，使产业规划与招商无缝对接，从而保证规划指导性强、实操性强、落地性强，招商实施有方向、有重点、有目标，使区域/园区真正成为地方经济的驱动引擎。

精准产业链招商大数据系统属于一种产业优化与项目聚集的新质生产力。精准产业链招商模式与传统招商模式相比较，具有显著的优势与竞争力。传统招商模式占用大量的人员与交通、住宿等经费，政府招商人员为了实现一定的业绩，到全国各地乃至海外各个城市，存在无计划、低成效地乘坐火车及飞机出差与盲目对接的现象，整体效率低、目标性弱、花费大。而精准产业链招商模式运用新一代信息技术，对产业进行了多维度分析，围绕产业链主线进行精准画像，从该系统拥有的千万家真实企业经营与投资信息中，动态、高效、实时、精准地寻找并确定一大批企业所在产业链的上下游企业与潜在招商对象，帮助地方政府、园区、企业高效对接真实可靠、业务互补、产业衔接的潜在招商伙伴。该招商系统有少花钱、办大事，"四两拨千斤"的倍增效能。

产业链招商模式与传统招商模式的主要区别如图10-5所示。

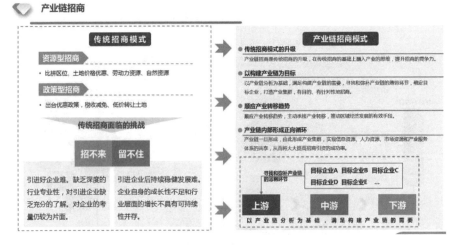

图10-5 产业链招商模式与传统招商模式的主要区别

该产业招商大数据平台涵盖了8大产业集群、27条产业链，全面服务于赤峰市各旗县区招商引资工作。产业大数据依赖于真实、完整、丰富的知识数据源，拥有全国全量企业数据库，包括企业公共数据（工商、司法、知识产权等）、企业发票经营数据、贸易数据、投融资数据、招投标数据、行业数据等数据源。数据源通过采集、网络爬取、采购、使用单位授权提供等方式获取。该平台实现多数据源的治理、融合，解决跨领域多学科资源的实时高效接入、清洗、存储、使用等问题。

该产业链招商大数据系统的产业层覆盖了200余条产业链，企业层面覆盖6 000万户全国企业的大数据和1 500多万家企业的发票经营数据（业内独有，全面客观反映企业经营状况），商品层面分为410个大类、4 205个细类、数十万商品明细，基本覆盖全行业企业的所有商品。基于以上数据基础和能力，可针对企业真实经营状况、经营资质等进一步筛选出精选名单；平台支持企业的产业—企业—商品链条研究，有效服务于地方的产业投资与产业招商等。产业链精准招商全流程见图10-6。

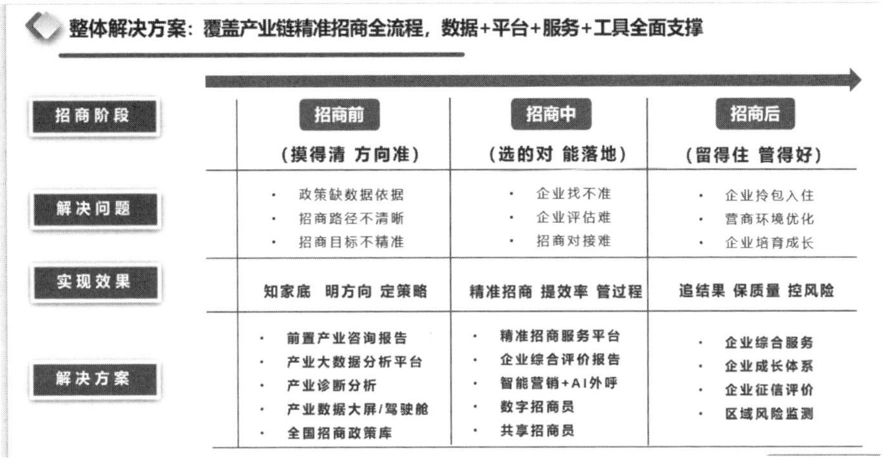

图 10-6　产业链精准招商全流程

该平台交付成果包括：PC 端、小程序移动端、产业大屏等。

数据服务方面，平台根据特定的需求，指定筛选条件，输出符合本地要求的企业清单；可基于企业真实经营状况、经营资质等进一步筛选出精选名单；可提供企业全景报告和 CT 画像，用于招商准入评估决策。

招商营销方面，该平台为企业匹配法人/高管的联系方式（手机号），提供 AI 外呼服务；也可提供覆盖全国的数字招商员，与目标企业关键人员实现对接，在招商政策方面答疑解惑。

该平台的产出效益：为地方政府产业决策和精准招商提供了精准的决策支撑，为产业导入和运营赋能，加强对链主企业的"智慧监管"，深化"放管服"改革。目前，该系统已取得较好的招商效益和经济效益。

2. "国合智谷""1+N"大数据服务平台

为促进全国新质示范试点，打造数字中国，提升地方产业招商与项目落地能力，推动资产盘活、金融创新，积极拓展数据资产评估、增值及财政入账等能力，国合院与央企等紧密合作，开发了以服务全国产业招商、资产盘活、资产并表、碳汇管理等为主要内容的"国合智谷""1+N"大数据服务平台。具体构成如下：

（1）产业链精准招商服务平台

由国合院与央企联合开发，挖掘和运用具有真实开票业务的千万家规上企业的经济活动和投资信息，以产业链为主线，以重点城市园区为服务对象，以分析为维度，对特定城市园区产业，根据需求，精准分析，提供产业链上下游优质的潜在合作对象名单，进行产业招商梳理、谈判及合作的嫁接。国合院产业链精准招商服务平台的主要功能如下：

一是产业链精准招商。

产业链精准招商服务平台是面向政府、园区等提供数智化治理、信用体系建设、园区精准招商等服务的平台。该平台围绕遴选优质企业、管理入园产业，推动产业资源整合，满足地方招商部门、产业园区、企业的招商需求，促进企业可持续发展。

产业链图谱精准化。该平台利用企业宏微观数据训练产业分析模型、绘制产业链图谱、分析区域产业结构，提供科学有效的区域发展、招商引资、转型升级等方案。

管理全生命周期化。该平台构建企业公共信用分模型，建立事前预警、事中监测、事后处置的高效监测管理系统。

二是招商获客企业精选。

该平台以真实、完整、丰富的数据源为支撑，包括企业公共数据、发票经营数据、投融资数据、招投标数据、行业数据等数据源。数据源通过采集、网络爬取、采购、使用单位授权提供等方式获取。

该平台依托产业大数据产业诊断及全景图谱，基于产业链和链主企业，定位产业延、展、扩、强、补环节，挖掘产业链上、中、下游的关系，输出各类招商企业定制清单，提供招商线索和联系方式，全面提升招商引资的精准度。

产业链企业名单定制。该平台在千万级优质企业数据库中，多维度筛选目标企业；产业链节点视角推送优质企业资源，真实评估企业经营状况，招商落地有抓手，政策匹配有依据。

链主上下游挖掘。该平台基于链主企业，挖掘其上下游企业，突出"链主"企业在重点产业链中的关键地位，创新招商模式，着力推动延链、补链、拓链、强链和集群化发展。

招商全流程支撑。该平台获取招商线索后，通过企业标签对目标企业进行筛选，借助 AI 智能外呼和线下服务体系，定向接触目标企业关键决策人，快速输出招商意向。

三是RPA（机器人流程自动化）+AI智慧招商营销。

该平台在模型范式下，对成本和工作流进行重组，通过RPA+AI，打通公域、私域数据，推动智能运营和营销自动化，打造大模型驱动的专家级数字招商专员/公务人员，助力政府、园区完成数智化转型，实现智能化用户运营。RPA：提供运营服务一体化解决方案。AI：搭建基于客户私有数据的大模型。

全自动化营销触达。该平台通过RPA将各个IM账号变成机器人，实现更有效率和高频次的触达；基于预定规则和对象特征，让消息推送更智能、更精准。

多账号聚合效率客服。该平台将各种IM的消息聚合在一个页面，无须在多个设备之间切换，提升员工的服务半径。

该平台基于大模型营销服务一体化智能解决方案实现多种功能：市场线索自动识别机分配，基于语义搜索知识库信息，基于大模型将自然语言转为SQL，上下文实现多轮对话体验，复杂计算和数据处理流程的自动化。

（2）城市资产盘活及增值开发平台

为贯彻落实国务院《行政事业性国有资产管理条例》、国务院办公厅《关于进一步盘活存量资产扩大有效投资的意见》、财政部《关于盘活行政事业单位国有资产的指导意见》等文件要求，盘活行政事业单位闲置、存量资产，释放行政事业性资产效能，国合院总结了以"统一范围为基础、统一平台为支撑、统一管理为主体、统一运营为核心、统一收支为保障"的全口径国有资产运营管理"五个统一"新模式，构建了城市资产盘活及增值开发平台。该平台通过拓展行政事业性资产边界，全面摸清家底，统筹财政资源，激活存量、唤醒沉睡，构建"大资产、大配置、大效益"格局，打通从资源到资产、从资产到资本、从资本到资金的通道；同时，结合具有核心技术的平台系统、创新的市场化管理理念，大大提升了包括行政事业单位资产、国有企业资产、自然资源资产、市政公共资源资产、管理物资、无形资产等全口径国有资产运营管理的科学化、精细化水平，激发了资产的资本属性，为地方发展提供了有力的资金保障。

（3）智慧双碳核算监测服务平台

国合院以智慧能源生态圈为依托，基于"云大物移智链"等新技术，打造了智慧双碳核算监测服务平台，可为用户提供碳核算、碳画像、碳资产以及碳项目管理等一系列服务。该平台贯彻党中央在碳达峰碳中和、建设美丽中国等方面的重大部署，聚焦解决地方政府、园区与企业在节能降碳、碳排放回收处理、碳汇核算、碳交易等方面的需求，开发碳减排与碳汇资产管理监测系统，用于地方政府、园区、企业等的双碳管理、碳资产增值开发等，服务各地碳排放管理与项目决策。

一是平台功能。

监管服务。该平台为政府提供相应的碳监管服务，加强辖区内碳监管工作，辅助政府科学、精准地进行"双碳"施政，为政府推动"降碳"提供数字化支撑，助推早日实现区域碳达峰碳中和目标。

核查服务。该平台为第三方机构的碳核查服务提供数字化支撑，实现精准核算、快速核查、在线认证以及一键报告等，助力开启全新的核查模式，从而为用户提供优质、高效、便捷的碳核查服务。

能源管理服务。该平台为能源服务公司提供能源项目（碳治理项目、自愿减排项目等）的管理服务，对申报中、开发中或已投产的项目分别进行全流程跟踪管控，并支撑能源服务公司为用户提供用能咨询、在线问答等增值服务。

企业"双碳"管理服务。该平台为企业提供碳核算、碳画像、碳资产、碳治理、碳交易等一系列"双碳"服务，赋能企业碳管理，帮助企业实现全面低碳转型，践行"双碳"战略目标。

二是平台应用成效。

节能降碳提效。该平台整合企业生产、运营环节的海量能耗数据，通过云计算和大数据分析，定位企业高耗能点，协助制定最佳能源配置方案，实现企业整体的降本增效。

碳资产全盘把控。该平台通过对企业碳资产的盘查、核算，帮助企业摸清自身"碳家底"；对企业的碳排放、碳配额情况进行全流程跟踪管理，实现企业对自身碳资产的全盘把控。

碳交易保驾护航。该平台通过碳交易管理系统对企业碳配额的分发进行提前试算和摸底盘查，针对企业参与碳交易的不同阶段和程度，充分挖掘获益点，为企业降低减排压力。

碳资产良性转换。该平台促进园区、企业的碳配额调配、交易，强化园区、企业内部"造血"功能，调动园区、企业减排积极性，将减少碳排放的手段从增加"成本"转换成获取"利润"，实现从碳配额到碳资产的转换。

（4）本地统一支付平台与城市数字消费平台

本地统一支付平台。国合院携手合作银行共同打造本地统一支付平台，聚合线下消费数据，在便民、利民、惠民的同时，实现区域内互联网支付资金的闭环流动，拓展本地金融机构发展空间。该平台涵盖统一城市服务、公共缴费、民生消费等场景数据、资金发放入口，助力民生消费的资金、数据、税收留在本地。该平台实现了居民政务服务费用缴纳、公共服务场景支付等功能，并面向市场主体提供聚合支付相关服务，从而打造特色统一支付品牌，降低支付佣金成本，惠及广大市场主体及市民。

城市数字消费平台。城市数字消费平台是国合院基于城市居民码、第三代社保卡等工程，打造的"一码通城"数字消费服务平台。该平台以城市"一码通"、本地支付、全域消费、数据资产管理与服务为抓手，将城市街区、商圈、社区的线下实体商超、餐饮、娱乐、文旅、出行等场景纳入统一支付入口，实现本地化支付，让资金、数据、税收回流本地，促进消费升级和第三产业生产总值增加。该平台通过特定运营手段将政府惠民措施、商业活动营销、本地特色推荐等信息快速地推送至平台用户，可以更广泛、快速地激发当地消费潜力，逐步扩大内需，打通城市数字经济脉络，打造城市本地数字消费的经济闭环，惠企利民。

（5）数据资产增值增信与入表系统

2022年12月，《中共中央 国务院关于构建数据基础制度更好发挥数据要素作用的意见》发布，该文件确立了数据基础制度体系的"四梁八柱"，也开启了数据要素市场改革提速的进程。数据成为企业进行决策、生产、营销、交易、配送、服务等商务活动所必不可少的投入品和重要的战略性资产。国家把数据作为资产的目的，是希望各界把数据作为生产资料投入社会生产经营活动，为使用者或所有者带来经济效益。数据资产的形成经历了数据资源化、数据资产化和数据资本化三个过程：①数据资源化，即数据聚集到一定规模形成资源。A.采集基础数据，扩大增量数据；B.聚焦数据存储、数据质量。②数据资产化，即形成符合资产定义的数据。A.辨析数据产权及经济利益；B.聚焦数据应用、数据产品。③数据资本化，即形成可计量、可估值的数据。A.数据资产权属界定；B.价值可计量、产品有利益。

国合院打造了数据资产增值增信与入表系统，通过数据资产整理、核查、评估、增信、抵押、入表、出售、管理、交易等，极大增强地方政府、各级财政及国企等各方的信用等级、资产规模、抵押贷款、数据收入等，提高政府信用，降低债务率，增加税收与财政收入，增加融资能力，实现良好的综合效益。

（6）企业招用重点人群退抵税 AI 服务系统

该系统围绕中小企业重点人群退抵税，基于企业授权自动获取企业发票、财务、税务等多维数据，自动测算重点人群优惠政策适用度，帮助企业快速识别符合重点人群退税的员工人数及退税金额。该系统的优点是，全流程专业代办，税务专家一对一为企业梳理申报材料，全程申报零误差、零风险，全流程风险控制，模拟税务稽查场景，提供备查资料，应对后续稽查。该系统每个季度帮企业复查脱贫人口，应对员工变动等复杂情况，确保抵扣人员的准确性。

（7）低空数智化管控与服务系统

该系统由国合院、北京国合华夏智慧城市科技发展有限公司（简称"国合智慧"）与直属于国家部委的国家信息中心联合开发并建设。该系统基于区域空间立体三维动静态、海陆一体、全周期的统一城市时空底座的城市数据模型（CIM），利用低空环境数字化功能构建出低空环境数字化模型，整合气象、地形地貌、障碍物分布等环境因素数据，为飞行用户提供实时且准确的低空飞行环境参数。该系统利用物联网、遥感技术以及无人机系统监测，定期更新三维数字地图，构建低空环境数字模型集，支撑低空飞行活动安全高效运行。

该系统划定和维护低空空域的使用范围，包括临时或永久的飞行区域，以及相应的飞行规则和飞行限制。该系统根据航路、起降场、气象、飞行器类型等要素实现融合空域的多飞行器航路自动计算规划，合理划分低空空域，并实施动态管理和更新。划设的空域信息由工作人员在低空管控与服务运营系统上在线操作更新，该系统根据空域网格化计算规则给出优化建议。

该系统能应对紧急空情以及飞行申请、应急处理等服务。该系统能解决紧急空情导致的航路中断、延时起降等问题，通过算法优化实现快速解脱，保证城市低空飞行有序、安全地进行。该系统提供飞行活动申请的提交、审核和批准流程。飞行方通过该系统提交飞行活动申请，包括飞行路线、高度、速度等信息，系统融入运行规则，可进行自动审批，确保符合运行安全和空域使用规定。

（8）新质生产力建设综合服务平台

国合院、国合智慧等联合开发各级政府、园区、企业、院所、协会等使用的以新质生产力标准建设、指标体系、科技创新、产业转型、干部培养、未来产业识别、金融创新、效率管理、绩效评价等为主线的大数据服务系统，协助政府、园区、企业等完成创建新质生产力的目标、路径、任务以及要素支撑等重点工作，并动态检测创建内容与实施路径，服务于目标单位的新质生产力试点、高层决策、部委评价等。

（五）农业高效发展案例

1. 中国首家民族智库赋能国家乡村振兴

国合院是国家部委司局 2017 年 11 月 28 日为贯彻落实党中央、国务院等关于智库建设的重大部署而发起设立的独立法人智库。自设立以来，国合院牢记使命，聚集院士专家资源，围绕乡村振兴、"双碳"战略、新质生产力等方面的重大部署，独创了"民族智库"概念，注册了民族智库商标，创新了中国智库理论模型，积极构建了"345"规划模型，形成了"六链六谷""全流程、全周期、全方位"服务等智库服务体系，以民族智库建设赋能部委和地方乡村振兴、产业转型与高质量发展。

（1）因地制宜共创乡村振兴"新模式"

国合院积极推进"三农"工作，聚集整合了院士、部委专家、院校学者、央企高管、投资权威以及其他科研人才等，持续服务及参与了国家部委相关工作，以及提供各地农业农村及乡村振兴方面的咨询与服务。

乡村振兴的潍坊"三个模式"。2018 年该院受潍坊市政府委托，组建了由国家发展改革委、水利部、农业农村部、科技部以及山东省水利厅等的 20 余名部委专家、智库学者组成的"潍坊乡村振兴战略规划"编制团队。该团队经过系统、多维度地调研访谈，组织外地调研考察，分析国际典型案例，反复论证与研讨优化，撰写形成了《潍坊乡村振兴战略规划及三年行动计划》，对习近平总书记非常关心并作出重要指示的潍坊"三个模式"做了初步解答，提出了"六融六化"的"潍坊模式""诸城模式"和"寿光模式"。"潍坊模式"规划案例及研究成果报送给了国家发展改革委等，受到了各方的好评与关注。

坊子模式。国合院坚持理论与实践相结合，积极沉到基层，注重研究新问题，突破新思路，紧紧依靠坊子区党委政府、乡镇村庄及经营主体，立足当地产业和发展实际，积极探索和提炼创新，逐步形成了"以色列式设施农业+数字化、智能化产业园+合作社+农户"，以三次产业融合化、链条化、品牌化、专业化、国际化发展为特色的"坊子模式"。

襄城模式。国合院深刻领会乡村振兴的内涵，贯彻落实习近平总书记"中国人的饭碗要牢牢端在自己手里"的重要指示，立足部委系统智库优势，主动与粮食主产区河南省各地市紧密合作，结对子，抓样板。该院以编制襄城乡村振兴战略规划为抓手，走基层，做调研，找方法，探路子，提出了襄城县域经济土地改革应积极探索村庄、农民分享，土地溢价入股发展集体经济等改革思路，确立了坚持"三个融合、三个转变"，推动三生融合（生产、生态、生活融合）、产业融合、城乡融合，促进发展由侧重抓生产向农业强、农村美、农民富转变，促进产业由增产向高质量发展转变，促进城乡由二元分割向城乡深度融合发展转变的"襄城模式"。

中宁模式。国合院贯彻"两山理论"，紧抓黄河流域生态保护和高质量发展战略机遇，坚持问题导向、需求导向与目标导向，着力解决乡村发展的资源匮乏与缺水、污染等突出问题，与中宁县委、县政府共同探索并形成了持续推进生态产业化、产业生态化、管理数据化、资源平台化，构建"四化一体""人水产城"协调高质发展的"中宁模式"，为黄河流域县域经济可持续高水平发展提供了可借鉴的思路和案例。

（2）创新突破构建乡村振兴"新体系"

乡村振兴是一项伟大的事业，需要科学的理论与方法论的引导和支撑。国合院在理论研究、产业导入、融资服务等方面做了积极的理论探索。

"345模型"。乡村振兴的"人、地、钱"问题，问题在哪里？难点在哪里？需求是什么？路径在哪里？一系列问题都需要研究和解决。国合院总结提炼了几十年的规划实践，独创了"345模型"，用于指导地方经济和乡村振兴。"3"（3个导向）就是问题导向、需求导向和目标导向；"4"（四个维度）就是乡村振兴规划与实践要有"高度、亮度、精度与宽度"；"5"（5个属性）就是乡村振兴规划与实践要有前瞻性、系统性、层次性、规范性和操作性。这一模型也与"十四五"规划中加强党的领导、新发展理念、以人民（农民）为中心、系统观念等高度匹配。

乡村振兴系列专著。为寻找乡村振兴的理论和实践依据，国合院组成了以院士专家、部长司长为主体，以国家发展改革委农经司原司长高俊才，国合院院长、国家发展改革委国际合作中心原执行总监、研究员吴维海博士等为主要成员的乡村振兴专家团队，聚焦全球形势、国家战略、地方特色和"三农"问题等，撰写并出版了《新时代乡村振兴战略规划与案例》《产业园规划》《"十四五"规划模型及编制手册》《企业融资170种模式及操作案例》《PPP项目运营》《地方高质量发展50种融资模式》等乡村振兴系列专著，重点阐述了乡村振兴政策、模式、标杆、路径、规划编制、融资以及PPP管理等，为国家部委与地方推动"五大振兴"提出了具有中国特色和体现地方差异性的实施路线图、实时场景图。

"丝路石"数字乡村研究成果。国合院把握数字乡村前瞻性趋势，2018年就开始研发并已获得国家专利局颁发专利的"丝路石"数字乡村系统，即"乡村振兴规划、融资、项目、党建、治理、干部任用、扶贫与业绩考核系统"的20多个注册成果，并为潍坊市、东营市、柳州市、高阳县等地的地方政府、园区等编制提交了数字乡村、数字园区、数字经济等专项规划及实施方案，为推动乡村数字经济和智慧化提供了较好的专业服务。

国家发展改革委研究成果二等奖。国合院发挥国家部委政策与人才优势，由高俊才、吴维海带队，组织专业团队调研乡村振兴模式与振兴路径并撰写报告，该院研究成果"基层乡村振兴现状及实施路径"获得"国家发展改革委2018基层春节调研报告二等奖"，由国家发展改革委领导颁奖并表彰。

设立国合乡村振兴研究院。为更好整合人才与资源，全面推进乡村振兴，与地方共建乡村振兴服务平台，国合院统筹考虑、系统设计和前瞻谋划，设立"国合乡村振兴研究院"，并与临沂大学共建临沂大学乡村振兴院，明确了"十大模式"，确立了"十四五"时期的主要任务，健全并完善乡村振兴智库团队。国合乡村振兴研究院聚集乡村振兴资金资源，规范乡村振兴运行机制，优化五大振兴服务内容，创新乡村振兴合作方式，打造乡村振兴新高地、新业态、新模式。

（3）探索实施乡村振兴"新势能"

为推动乡村振兴与精准扶贫有序衔接，推动城乡融合与产业融合，国合院积极开展农业现代化规划编制与重点产业孵化服务。

乡村之痛。乡村空心化、土地撂荒、人才不足、资金短缺、集体经济匮乏、产业模式不清、基层组织缺少凝聚力、生态环境脆弱、基础设施短板弱项多等，严重制约了乡村振兴与农民富裕。

六链赋能。国合院与地方政府共同构建"六链"，即产业链、价值链、创新链、供应链、信息链、利益链，引进城乡资本，聚集产业和人才，逐步解决"五大振兴"的"人、地、钱"问题。

六谷赋能。国合院采取飞地智库与基层共建的模式，与地方政府联合搭建推动当地经济发展和乡村振兴的科技谷、产业谷、金融谷、招商谷、智库谷及国际谷，构建乡村振兴的平台经济，提升地方融入国内国际双循环新发展格局的新动力。

十大模式。国合院因地制宜，分类施策，为各地政府、乡村、园区和企业提供了规划编制、产业导入、数字乡村、园区共建、项目融资、论坛培训、全链服务等十大合作模式，根据各地具体需求和资源禀赋，采取模块化的方式，进行精准的一对一辅导和持续服务，帮助地方经济转型及推动乡村振兴。

平台经济。国合院设立了国合乡村振兴研究院，聚集整合并建立了以国内外专家学者、院士、央企高管、投资机构、科研团队等为主的乡村振兴专业团队和院士专家委员会，积极搭建"五大振兴"专业团队，聚焦各地区的不同诉求，进行策划设计和共建电子商务、飞地智库、在线咨询等服务平台，共建平台经济和共享经济，提高地方乡村振兴的外部支撑力量。

（4）全力推进乡村振兴建设"新行动"

乡村振兴重在引导，要在行动。《中华人民共和国乡村振兴促进法》的实施，为各地乡村振兴工作提供了政策依据，也为国合院参与地方乡村振兴重大事项提出了新要求、新标准。

规划引领。规划是行动的指南。国合院近年来为国家部委机构及山东、河北、河南、辽宁等地的政府、企业等编制了大量乡村振兴战略规划、现代农业产业园规划、康养医疗规划、乡村文旅规划、镇村乡村振兴规划、乡村人才振兴规划、企业转型战略等，以规划编制引领"五大振兴"，促进农民富裕、农业繁荣。

产业导入。国合院辅导各地产业规划、项目策划、主导产业集群建设，以及帮助各地完成高精尖产业、人工智能产业等的导入，全面优化地方产业结构，培育发展生态有机农业，大力发展农产品深加工、乡村旅游、金融和电子商务等现代服务业，共同探索建设新型农业产业基地和园区。

数字经济。国合院以数字乡村为主线，以"丝路石"数字乡村系统为引领，积极探索建设数字乡村、数字社区、智慧企业、智慧园区与数字平台等，打造服务县域经济及乡村振兴的数字经济示范聚集区。

人才资本。国合院积极整合推进人才培训和引进计划，创新人才孵化基地与平台，开展人才培训教育，共建高端人才孵化发展示范园区。同时，国合院帮助多个地区健全乡村人才工作体制机制、培养本土人才、引导城市人才下乡、推动专业人才服务乡村，积极引进乡贤与能者，提升基层人才干部素质，培育农民企业家与乡村致富带头人。

组织振兴。国合院发挥智库优势，与市、县、镇联合规划并推进组织振兴改革，优化基层班子建设和管理流程，着力解决镇村两级乡村振兴干部队伍和村级班子建设问题，以组织振兴保障乡村振兴重大项目与重点工程的实施，促进高质量发展。

平台共建。国合院加大飞地智库、在线咨询、智慧服务以及高端培训平台建设力度，加大电子商务、知识与成果转化、人才要素流动以及碳中和交易体系建设力度，完善行政审批、中介服务与行业峰会等推广平台，打造一批乡村振兴示范市县、品牌企业、品牌产品。

双循环新发展格局。国合院选择部分市县，帮助其进行现代物流、市场要素、社会服务等改革示范，推动当地产业振兴、商品贸易、产品销售以及生活消费，消除国内市场、国际市场的各种阻塞，提升国内国际双循环的内容、规模和档次，构建双循环新发展格局，提高乡村振兴总体水平，推进实现新时代乡村振兴的目标。

（5）构建中国民族智库与新质生产力生态矩阵

为打造中国首家民族智库，国合院坚持先立后破，创新发展，积极开展民族智库模型创新，大力拓展五年规划、产业招商、绿色金融、"双碳"目标及共建"一带一路"倡议等方面的平台建设。该院连续4次与新华网等组织召开了中国零碳城市峰会，发布了两批零碳示范名单，多次举办乡村振兴峰会、新质生产力大会等，创新零碳标准，投产数字产业平台，辅导地方政府、科技企业等的项目落地，并积极创新战略解读、园区转型、数字经济、银发经济、产业招商及绿色金融等方面的服务体系，积极提升民族智库的专业水平，创新合作模式，全力服务国家和地方经济社会高质量发展。

2. 庆云县落实藏粮于地、藏粮于技战略

庆云县委托国合院编制完成了庆云县乡村振兴发展规划，并积极探索农业现代化建设新思路。庆云县以规划为引领，以科技成果应用为突破口，以产业升级为目标，积极探索农业领域的新质生产力试点，扩大农业产业规模、优化农业生产效能，提高农业机械化水平，无人机、智能化农机等得到了广泛应用，智慧农业等项目提升了全县农业现代化水平。

庆云县落实藏粮于地、藏粮于技战略，积极探索增产高产路径，在"吨半粮"产能创建中创出庆云样板、提供庆云经验。为做好盐碱地改良工作，该县通过整地改碱、科技排碱、改种降碱，先后改良盐碱化耕地3.2万亩、盐碱荒地1 122亩，持续打响"土地改良战"，通过科技改良、高标准农田建设，实现了土变肥、多打粮。

科技改变了土地酸碱性，庆云县深耕深翻技术、无人机三喷一防等技术手段，推进了粮食高产，改变了农户"靠天吃饭"的状况。庆云县大力开展高标准农田及配套农业设施提升工程，提升了地力，提高了产量。该县实施了铺设排水洗盐输水管道、输电线路、建设排盐防渗渠等工程，形成了"田成方、渠相通、路成网"的生态田园格局。该县创新了暗管排碱技术，"大水灌"变身"管道排"，即以地下管道代替过去的渠道，改大水漫灌为微喷滴灌，通过节水灌溉、降盐排碱，持续优化农业生态。

庆云县探索改良传统种植模式，使"盐碱白"焕发"生态绿"。该县"改地适种"与"改种适地"并举，开展多品系、多地域引种科研试验与产业化种植示范，引进优质水稻品种42个，优选出耐盐碱品种。该县探索北方"稻麦一年两熟"轮作种植模式。经测产，目前改良盐碱地水稻亩产达650余千克，小麦亩产500余千克。

改善土壤肥力，挖掘土地潜能。庆云县大力推广深耕深松、秸秆还田、增施有机肥等技术，提升土壤有机质含量。全县开展深松作业5万亩，对"吨半粮"核心区2万亩进行深耕深翻，不断提升地力；分析土壤养分含量，开展测土配方施肥，采集土壤样品56个，制定发布小麦施肥配方6个，测土配方施肥技术到位率达到100%；结合基层农技推广、高标准农田建设等项目，积极推广玉米秸秆还田技术，秸秆还田率达到100%，真

正让"粮田"变"良田"。

加强技术推广，提升种植管理水平。庆云县落实技术长效帮包机制，由 10 余名农技专家组建"庄稼医生"团队，不间断开展巡回技术指导，通过快手、抖音等平台解惑答疑 600 余次，受益群众达 5 万余人。当地还邀请省市级专家开展推技术、提单产等培训班 22 期，累计培训高素质农民 3 000 人次。示范区落实供种、深耕、播种、配方施肥、病虫草害防治、管理模式"六统一"技术，筛选出适合庆云县种植的农大 372、东单 1331、临麦 9 号、登海 206 等高产、优质、抗逆性强的优良品种，依靠科学管理提升创建新质生产力的成效。

实现粮食增产高产，根本在耕地，出路在科技。农业技术人员打开手机软件，基于精准的农业传感器，可实时监测土壤墒情、苗情、虫情和灾情数据。其如同"千里眼"和"听诊器"，能对农业生产进行多层次分析，提高农业生产对自然环境风险的应对能力。

3. 聊城茌平区信发现代农业产业园构建农业新质生产力

农业新质生产力以农业科技创新为驱动，以数字化、智能化、绿色化、融合化、高质化、高效化为特征。山东聊城市茌平区以信发现代农业产业园为载体，积极落实工业反哺农业政策，大力开展设施创新、技术创新、模式创新，努力打造全国现代设施农业创新引领基地，探索建设国家级中国农业新质生产力示范园区。

（1）基本情况。信发集团是山东省聊城市茌平区一家集热电、铝相关产业于一体的大型工业企业集团，总资产 3 000 亿元。该企业计划投入 50 亿元，近年来先后投入 20 亿元，建设了 1 200 余亩的信发现代农业产业园。该企业利用工业能源优势，建成多功能樱桃种植日光温室大棚 164 个、草莓种植玻璃温室 140 亩、工厂化循环水鲈鱼养殖车间 140 亩，成功创建了省级现代农业产业园，并探索了以现代农业产业园为载体的"工农业融合发展"模式。这有效破解了传统农业生产效率和效益偏低的问题、工农业绿色融合发展的问题、谁来种地的问题、城乡共同富裕的问题，在经济效益、社会效益、生态效益等方面均取得显著成效。

（2）典型做法。①建设智能化高效设施，提升农业生产效率和效益。聊城市人民政府、茌平区人民政府、信发集团与山东农业大学的科研院所等联合成立设施农业研究院，瞄准世界领先技术模式，集成引进美国、以色列、荷兰等十多个国家的多项农业新技术，并引进草莓博士尹淑萍、大连樱桃种植专家、加州鲈鱼水产养殖专家等高水平专业技术人才，使相关成果汇聚园区，园区智慧化设施建设水平、亩均效益全国领先。其中，樱桃种植示范设施大棚采用 11 项智能化控制技术和国内唯一的三层保温技术以及精准控温系统，实现错峰成熟，填补国内 2、3、4 月份优质樱桃的市场空白期，错峰上市期市场价格 300 元/斤，亩均产值可达 90 万元。草莓种植示范玻璃温室，采用世界最先进的三层立体种植技术、肥水系统自动滴灌技术，延长采摘期 3~4 个月，产量是普通大棚种植的 5 倍以上，亩均产值可达 50 万元。工厂化循环水淡水鲈鱼养殖车间，利用工业余热，一年增产一季，可实现一年出三季，年产量达 450 万千克，养殖效率是普通坑塘养殖的 30 倍，亩均产值 210 万元。②打通工农"大循环"，提升产业链绿色低碳发展水平。一是充分利用工业固废。当地将工业生产过程中产生的粉煤灰等固废综合利用，生产砌块等建材，并用于现代设施大棚建设。产业园多功能日光温室墙体全部采用大宗固废生产的砌块，砌块墙体厚度仅 90 厘米，使用年限可达 50 年，土地利用率从 42% 提升到 93.3%，保温效果却远优于 10 余米厚的传统泥土棚体。二是充分利用工业余热。信发集团的工业园区距离该农业产业园仅 1 千米，工业产生的余热在 68℃ 左右，通过管道输送到日光温室、玻璃温室及淡水鲈鱼养殖车间，不仅使工厂减少了余热浪费、工业降温成本，还极大降低了冬季农业生产取暖成本。三是充分利用工业二氧化碳。信发集团与清华大学、大连理工大学成立专项科研团队，攻克在工业废气中捕集二氧化碳用于加强大棚作物光合作用的技术难题，这不但有效降低了二氧化碳排放量，还大幅提高了农作物的产量及品质。四是充分利用清洁能源。该产业园充分利用新农村建设以及鲈鱼养殖工厂的房顶，建设光伏发电项目，并规划建设微风发电、集风发电项目。项目建成后可实现"绿电"自给自足且有余。③农业园区、和美乡村共建，多渠道推动强村富民。一是企业帮扶建设和美乡村。信发集团斥资 1 亿元，在该产业园核心区所在的茌平区小刘村开展整村拆迁，建成了 9 栋楼，共 144 套住房，户均建筑面积 180 平方米，车库、道路、围墙、绿化、水电暖等配套设施一应俱全，并进行了精心装修和设施配备，把原来破败落后的小刘村建成了人居环境一流的花园式宜居新农村。二是村集体积极发展强村经济。小刘村通过村企联建，发展"楼顶经济+高端产业"，利用楼顶空间，安装光伏发电设备，年收入约 120 万元，可以完全满足全村用水、用电、取暖等需求。同时，村集体土地作为资源入股产业园，园区全部建成后预计年总收入突破1亿元，按照10%的分红比例将带动村集体和群众增收1 000万元。三是多渠道推进农民增收。农业产业园以小刘村为核心，辐射13个自然村，开启了"五金"增收模式，包括土地流转有"租金"，每亩土地租金1 400元；园内打工有"薪金"，村民到产业园内打工就业，月收入3 000元左右；七十高龄有"贴金"，村集体为村里70岁以上老人每月提供300元的生活补助；集体入股有"股金"；评优树先有"奖金"。村民人均年可支配收入已突破5万元，群众幸福感全面提升。

（3）经验启示。信发现代农业产业园大力推动工商资本进入农业产业，充分发挥其在管理、技术、资本、市场等方面的优势，带领小农户与大市场有效衔接，构建现代农业产业体系，提高农业生产质量和效益；通过有效地投资，为农业产业注入大量资金要素，支撑起了农业生产向设施化、数字化转型的需求；利用自身资源、能源优势，降低了成本，提高了效益，减少了排放，构建了工农业循环的绿色低碳高质量发展新格局。同时，该产业园通过联农带农机制的建立，改善了农民群众的生产、生活条件，大幅提高了农民收入和幸福感。目前，全国有各类热电企业2 000余家，很多企业具备工农业融合的条件。在农业强国建设的大背景下，信发现代农业产业园的成功经验，值得在更大范围内推广。

（六）新兴产业案例

1. 国合智慧产业链大数据系统提升蓝莓产业层级

北京国合华夏智慧城市科技发展有限公司（简称"国合智慧"）投资开发"国合智慧"大数据服务平台，初步形成了城市资产盘活、产业链招商、数据资产入表、产业数字化等大数据综合服务系统。该公司以大数据系统推动地方产业聚集和高质量发展。

以蓝莓产业的数字化应用为例。该公司开发投产蓝莓数据运营系统，涉及数据包括市场需求、生产销售、质量检测及供应链数据等。市场需求数据帮助企业把握消费者购买偏好和趋势，动态调整生产和销售策略。生产销售数据帮助企业掌握产量和销售情况，优化生产计划和市场推广。质量检测数据保证产品质量和市场价格、销售渠道安全等。供应链数据帮助企业优化供应链，降低成本并提高效率。蓝莓种植及深加工企业利用数据分析和挖掘技术，可以精准把握市场趋势，显著提升企业竞争力和市场地位。

市场需求分析。相关企业通过蓝莓产业数据准确分析市场需求，及时调整在产业链上的供应，提高企业的竞争力和盈利能力。

产业链整合。蓝莓产业链包括生产、加工、销售和市场营销等环节。产业链整合可以帮助企业优化资源配置，降低成本，提高效率，增强市场竞争力，从而实现较高的盈利。整合产业链，可以推动企业规模化生产，提高产品质量和品牌知名度，拓展销售渠道，实现全产业链的价值最大化。

精准营销。精准营销是蓝莓产业链数据管理的重要内容，通过对消费者需求的深入分析，精准定位目标客户群体，制定个性化的营销策略，有效提高销售转化率和客户忠诚度，促进盈利增长。精准营销还可以降低营销成本，提高营销效率，为企业创造更多的商业价值。

产品品质控制。这是指通过对蓝莓产业数据的运营，提高产品生产、销售、物流等的品控质量，及时发现和解决产品质量问题，优化产品结构和营销策略，提高市场占有率和盈利能力，提升产品质量和市场竞争力，确保产品符合国家标准和消费者需求，避免因质量问题而造成损失和影响声誉。

数据资产并表价值。数据资产是现代社会的重要财富，数据资产并表可以有效提升企业资产总量与地方生产总值规模。数据资产是指企业或政府机构所拥有的数据资源，包括客户信息、市场数据、生产数据等。这些数据可以被用于分析市场趋势、优化生产流程、提高客户满意度等方面，从而提升企业的竞争力和政府的效率。国合院推动的数据资产并表业务将不同来源的数据资产整合，进行综合分析和利用。这种方法可以最大限度地发挥数据的价值，提高数据的利用效率。在地方经济中，数据资产并表可以帮助政府机构更好地了解当地经济发展状况，制定更科学、合理的发展战略，从而推动地方经济增长，促进政府机构与企业之间开展项目合作。政府通过数据资产并表把握企业经营状况和市场需求，为企业提供更精准的政策支持和服务。企业也可以通过与政府机构分享数据资产，提高自身的竞争力和效率。在数据时代，数据资产已经成为企业和政府机构的重要资源。数据资产并表，可以最大限度地发挥数据的价值，促进地方经济的发展和企业的创新。

数据资产交易价值。企业可以利用蓝莓数据运营中的数据资产，实现数据交易，从而获得更多的商业价值。通过数据资产交易，企业可以将闲置的数据转化为有形的资产，实现资源最大化利用。数据资产交易能帮助企业实现数据共享和合作，促进产业协同发展。通过数据资产交易，企业可以获得更多的市场信息和商业机会，提升企业的数据管理和运营水平。

上述产业链大数据服务系统可广泛应用于城市、园区、产业、企业等的资产盘活、产业招商、数据资产入表以及碳汇核算等重点领域。

2. 济宁能源集团打造企业新质生产力试点

济宁能源集团是济宁市属骨干国有企业，前身为济宁矿业集团，是一家有着 50 多年煤矿开采历史的资源型企业。近年来济宁能源集团认真贯彻党中央、国务院关于国企改革"抓重点、补短板、强弱项""以科技创新引领新质生产力发展""推进国有经济布局优化和结构调整""增强国有经济竞争力、创新力、控制力、影响力、抗风险能力"等重要指示精神，全力破解"一煤独大"困局，创新推进产业布局调整、体制机制变革。2023年，济宁能源集团实现销售收入 758 亿元、利润 36 亿元、利税 55 亿元，跻身中国企业 500 强第 398 位，中国物流企业 50 强第 22 位，完成了煤与非煤收入结构占比从"8∶2"到"2∶8"的颠覆性转变，实现了由传统资源型企业到大宗物资供应链服务商的转型。

（1）优化调整资本战略布局，明确物贸服务发展新引擎

早在 2015 年，济宁能源集团利用瓦日铁路和京杭大运河交会于梁山县的有利区位优势，启动建设梁山港项目，主动打破资源经济"天花板"，加快企业产业布局重构、优化，打造济宁港口建设先行示范样板工程，为发展港航物流产业奠定了坚实基础。2020 年以来，该集团立足服务国内经济大循环，紧扣国内大宗商品供需"两端"，集中优势资源聚力发展港航物流产业，加快构建以现代港航物流产业为主导，煤炭电力、高端制造、现代服务等多元发展、多极支撑的产业生态体系，逐步实现由煤炭资源开发企业向大宗商品供应链服务商转型。2023 年港航物流板块实现营业收入 636 亿元，占企业总营收超过 80%。

（2）聚焦体制机制创新，重塑现代治理架构

济宁能源集团坚持市场化改革方向，围绕公司治理结构调整、混合所有制改革、市场化运营等重点领域狠下功夫，有效放大了改革乘数效应，大大提升了企业运营管理效能。一是完善现代企业制度"增效益"。该集团开展"对标国内一流企业"三年行动，进一步健全现代企业治理体系，纵向压缩层级以充分授权，横向整合资源以集中管理，连续两年获评山东省国有企业"现代企业制度建设示范工程"。一方面，该集团明晰集团公司与权属企业权责边界。该集团坚持集权有度、分权有序原则，明确管控清单充分放权，将集团公司定位为决策中心、管控中心、服务中心，将权属企业定位为安全生产中心、成本和利润中心，将管理层级压缩到三级以内，有效调动了权属企业自主经营和创新创效的积极性。另一方面，该集团组建板块专业化公司经营创效。该集团坚持"集约化管理、市场化运作、规模化发展"的原则，将物流贸易、煤电、港航、高端制造等优势创效资产板块化整合，将营销、物资、物业、培训、招投标 5 大职能部门推向市场，构建起"板块企业抱团取暖、职能部门横向协同"格局，主要资产板块经营效益增幅连年保持在 30%以上。二是深化混合所有制改革"激活力"。该集团通过创新实施股改上市、员工持股、民企合作等多种混改模式，完成 28 户子企业混合所有制改革。在此基础上，该集团根据股权结构和治理水平等因素，对混改企业"一企一策"实施差异化管理，鼓励企业加快发展、攀登进阶。北京艾坦姆公司掌握流体控制核心技术，但缺乏资金，限制了规模发展。济宁能源集团积极主动对接、引进其落户济宁，给予土地、厂房等资源扶持，实现高端流体控制阀等主导项目当年落地、当年投产。同时，该集团配套引进 12 家上下游企业，培育形成以高端阀件为主的精密制造产业园区，年产值由 2018 年刚落户时的 5 000 万元爆发式增长至 2023 年的 7 亿元。三是健全市场化运营机制"提效率"。该集团统筹推进人事、劳动、薪酬三项制度改革，开展机构、岗位、人员"三大瘦身"行动，累计精减职能部门 13 个、机关岗位 73 个，精减比例均超过50%。该集团建立内部人力资源流动市场，通过"淘汰一批、退养一批、转岗交流一批、提拔晋升一批"等方式优化人才配置，按照"人岗相适"原则调剂 1 000 余名员工交流使用，完成 1 400 名退休人员社会化管理移交。该集团全面推行经理层任期制和契约化管理，构建实施"为岗位付薪、为业绩付薪、为能力付薪"的岗位绩效薪酬晋升机制，在春辉机械、

海纳科技等企业试点股权激励，逐步建立起"员工能进能出、干部能上能下、薪酬能升能降"的市场化管理机制。

（3）聚焦"三化"创新，塑造核心竞争力

一是研发方式"协同化"。济宁能源集团建立集团、企业、部门、职工四级创新体系，激活自主创新、协同创新两个引擎，狠抓关键技术攻关、高端人才引进、科技成果转化。近年来该集团累计引进"双一流"院校硕士毕业生450余人，投入科技研发资金4.6亿元，取得专利成果321项，孵化专精特新企业4家，建成国家高新技术企业5家。该集团深入开展校企合作、产业合作、政产学研合作，与何满潮院士等的团队合作，搭建"深部岩土力学与地下工程国家重点实验室分中心"等3家产业技术研究中心，与17家高校、院所建立产学研合作关系，"揭榜悬赏"重大技术课题60个，"超千米矿井110工法冲击地压防治技术研究及应用"项目技术达到国际领先水平。二是生产方式"智能化"。该集团狠抓生产系统机械化、自动化、智能化、信息化改造，加速各产业板块提档升级，累计建成智能化采煤工作面43个、智能化港口泊位3个，主要岗位机台和大型设备实现无人值守，减少人工操作岗位1 200余个，生产方式由机械化生产迈入智能化生产新时代。该集团自主研发的煤矿智慧矿山管理系统在同行业推广应用，安居煤矿入选首批"全国智能化矿山建设示范工程"。三是发展方式"绿色化"。该集团坚决响应国家"双碳"战略，突出煤矿废弃物循环再利用，大力实施煤矸石、煤泥、粉煤灰、余热、余汽等与煤电共伴生资源的综合利用，实现"采煤不见煤""矸石不升井""废水不外排"。该集团强力推广充填开采、"110工法"回采、高盐水治理等绿色开采技术，打造"井上花园、井下工厂"新模式，建成"煤—电—汽—建材"绿色循环经济园区3个、省级绿色矿山4处，阳城煤电被评为"国家级绿色矿山"。该集团积极推广绿色新能源运输，组建京杭运河首支LNG单燃料新能源动力船队，建设国内首个内河新能源船舶制造基地，相关计划被列入山东省内河船舶产业绿色低碳发展行动方案，引领"气化运河""电化运河"行动，企业绿色发展水平持续提升。

（4）整合产业资源，提升服务能力

一是集聚产业资源"握指成拳"。济宁能源集团组建济宁港航集团，整合跃进、龙拱、太平等6家内河港口，按照"同质化整合、差异化运营、集群化布局、链条式发展"路径，"一企一策"实施资产并购、吸收整合、股权合作、升级改造，推动全市港口由"分散发展"转向"集群布局"。济宁港航集团迅速发展成为全省港口吞吐能力最大的内河航运企业，2023 年完成港口吞吐量 2 934 万吨、同比增长 17%，助力济宁港口吞吐量跃居全省第 4 位，超过部分沿海城市大港。二是大力培育高端制造产业链。济宁能源集团先后引进艾坦姆流体控制技术（北京）有限公司、新加坡博卡特工业有限公司等优秀民营企业，建设了春晖液压阀、艾坦姆高端流体阀、精密铸造项目等一批技术先进、科技含量高、可替代进口的高端制造项目，实现了当年引进、当年落地、当年生产。其中，艾坦姆流体控制技术（北京）有限公司产品出口欧洲，"汽轮机旁路调节阀"入选山东省首台套装备，艾坦姆合金入选山东省重大项目、济宁市十佳工业项目。三是延伸服务链条"通江达海"。该集团大力实施"物贸引领+物流进江、联海、向陆"战略，布局 4 个"铁水"联运港口，大力发展"多式联运"，梁山港被列为"全国多式联运示范工程"。该集团连通京杭运河、瓦日铁路、新菏兖日铁路和长江，构建起上承"晋陕蒙"能源基地、下达"苏浙沪"和长江经济带的"丰"字形物流大通道，实现西煤南运、南矿北上的钟摆式物流运输。该集团围绕大宗货物运输开展"敲门行动""拓链行动"，开通集装箱航线 21 条，集装箱吞吐能力达到 60 万标箱，物流贸易网络覆盖全国 20 个省份、52 个城市，国际贸易覆盖 16 个国家地区，大幅降低综合物流成本 1/3 以上，有力服务全省产业转型、国内经济大循环。

（5）用数字赋能，加强平台建设

一是济宁能源集团按照"战略财务、共享财务、业务财务"三位一体的管理模式，搭建财务共享中心，利用数字化手段，实现财务管理流程化、业务流程现代化。二是该集团聚合港口生态圈和服务供应链，应用大数据、云技术、物联网等行业前沿技术，搭建济宁融汇数易平台，大力培育大宗商品交易中心。该平台集港航管理、物流服务和商品交易等功能于一体，实现港口、物流、贸易和上下游企业业务的"一站式"联动，推动大宗商品交易由线下变为"云端"，并将融资租赁、商业保理等嵌入应用，实现金融与贸易物流深度融合，可为上下游客户提供足不出户的一站式物流运输和金融服务，实现了港航管理、物流服务、大宗商品交易"一网通办"，聚集"人、物、商、资金、信息"资源。三是该集团搭建无车无船承运平台，整合配置物流运输资源，开展货车匹配、货船匹配、货仓匹配及交易撮合，打造济宁港航的"滴滴搭车""滴滴搭船"，为客户提供及时、高效、经济、便捷的物流一站式服务。

（6）积极拓展市场，实现合作共赢

济宁能源集团加强"港港协同、港船协同、港贸协同、港产协同"，以贸易带动港航经济、制造业协同发展。该集团组织全国煤焦钢矿石市场高峰论坛、内河港航经济发展高峰论坛、京杭运河（济宁）港航经济发展论坛；整合市场渠道资源，开拓上下游市场，在西安、太原、上海等城市设立办事处，在上海、香港、天津等城市成立分公司，聚合形成覆盖20多个省份、100多个城市的物流网络。该集团与神华集团、山西世德、华能、华电、浙江物产、徐州港、镇江港等企业建立了战略合作关系，拓展"煤焦钢建"等大宗货物贸易，实现共赢发展。

（7）注重风险管理，实现可持续发展

济宁能源集团制定了《提升风险防控水平"大会战"实施方案》，扎实开展合同管理专项检查及合同风险防控专项培训等活动，进一步提高集团公司在合同管理、客户管理、物流运输等方面的风险防控水平，有效防范和化解部分企业存在的业务立项管理不规范、合同关键条款缺失、货物进出库手续不完整等问题，切实增强全流程风险防控能力。该集团在"双碳"背景下，融入创新、数字化和绿色生产理念，以智能化升级提高生产效能，以科技创新推动产业创新，致力于推进海纳科技绿色矿山智能成套装备基地、济宁能源精密制造产业园以及新能源船舶制造基地建设，不断推动制造业高端化、智能化、绿色化发展，擦亮高端制造产业发展的新底色，绘就了高端制造业发展新蓝图，实现企业的可持续发展。

3. 新质生产力在中国智能网联汽车产业中的应用

随着智能网联汽车产业的高速发展，智能网联汽车企业和示范区采集和存储的包括车辆运行、环境感知、异常事件以及真实道路交通流等数据呈现出指数级增长。这些数据可以用来训练和测试验证智能驾驶算法，优化决策逻辑，提高智能驾驶的效率和安全性。但实际中智能网联数据的采集、存储、开发、应用及实现商业化，仍面临诸多挑战和问题。

问题描述。数据体量不足，数据孤岛现象严重，数据生态尚未形成：一方面，自动驾驶算法模型的优化依赖海量数据的喂养，而数据采集成本高、周期长、地域广，单个企业无法穷尽长尾场景；另一方面，企业间数据缺乏关联性，数据库彼此无法兼容，缺乏统一的格式与接口定义标准，数据难以在不同主体间自由流通和共享。数据价值难以实现与评价,数据应用不足。数据权属确认及定价困难,数据合法合规流通路径尚未成型,企业间未建立安全、可信的数据交互渠道,数据应用链路以及模式不明朗。

解决方案。智能驾驶汽车既是数据的生产方,也是数据的使用方。对于智能驾驶企业来说,只有实现了数据闭环,依靠数据驱动来完成自动驾驶算法的迭代,数据的采集、存储、治理才有意义,海量的数据才有价值。与此同时,对践行"车路云一体化"中国方案的智能网联示范区来说,需要考虑在数据要素时代,如何在保障数据安全的情况下实现数据资产化、商业化,进一步挖掘和提升数据要素价值,最终提高投资收益率。智能驾驶业内已经达成共识,只有将仿真测试与实际路况相结合,才能加速智能驾驶系统进行全面、系统和有效的验证,从而助力智能驾驶更安全地商业化落地。

测试验证的基础。国合院、国合智慧和苏州智行众维智能科技有限公司(以下简称"IAE 智行众维")联合研究并开发了基于中国及国际自动驾驶相关标准法规、真实道路和交通行为的"水木灵境"场景工场(数据库)产品。该工场通过提供海量仿真场景数据及 SaaS(软件即服务)系统,支持智能驾驶实现数据闭环和数据驱动,支撑仿真测试全流程。

场景实验推广。由国合院支持,国合智慧和 IAE 智行众维主推的"水木灵境"场景工场加速智能网联数据资产化、商业化并总结开源应用案例,为智能网联车端、路侧端数据的采集、开发、治理和商业化应用推广提供了一种可复制的示范。该工场打造了数据提供方、数据加工方、数据产品化方、数据交易平台以及数据合规指导方等数据交易流通环节涉及的各方合作生态,打通了数据生产与数据流通使用的壁垒,有效解决了智能网联数据应用的卡点堵点问题。

数据挖掘利用。数据提供方主要包括智能网联示范区、主机厂及智能驾驶企业,利用车端、路侧端感知设备采集车辆运行、环境感知和交通流等数据,并将脱敏后的数据提供给数据加工方。数据加工方在数据合规指导方的指导下,对数据进行处理、存储,并将经过筛选、分类分级处理后的数据提供给数据产品化方 IAE 智行众维,由其对数据进行仿真场景的开发及量产。完成仿真场景数据库搭建后,数据产品通过数据交易平台〔如汽车大数据区块链交互平台(VDI3P)或者各地方数据交易所〕进行交易,将场景数据服务于主机厂、自动驾驶企业、车辆检测认证机构、准入管理及测试服务机构。此外还引入了律师事务所来保障数据内容、来源的合规性。整个过程融合了区块链、隐私计算、数字人民币等技术，确保了数据溯源与防篡改，打造了数字人民币智能合约的新型商业模式。

试点示范。2023 年 10 月由 IAE 智行众维深度参与的苏州相城车联网路侧数据商业化合作正式签约，项目实现已分类数据 20 类，首期有效数据生产量 500TB，签约额度 1 000 万元，是全国首例完成智能网联示范区路侧设备采集数据技术闭环和商业闭环的成功案例。除了商业化路径的创新，国合智慧和 IAE 智行众维坚持创新、开放、包容，2024 年率先将"水木灵境"场景工场产品中一定比例的算法训练数据集和仿真场景数据开源免费共享给全行业，真正意义上打破了数据训练集和仿真场景数据使用的壁垒，支持跨企业、跨平台的合作和数据复用，推动智能驾驶领域创新发展。后续相关方可以将本案例推广复制，将更多的示范区路侧端设备采集数据、主机厂及智能驾驶企业车端采集数据、出行公司、物流公司车端采集数据扩充到场景数据的来源中，不断丰富仿真测试的场景库，服务智能驾驶行业，助推产业更快、更安全的商业化落地。

应用成效。一是经济效益。本案例的实施帮助地方智能网联示范区成功走出了"车路云一体化建设"的商业模式，帮助地方平台运营商实现了数据价值变现，直接带来了上百万元+数据交易的经济效益。此外，该案例的落地也为头部主机厂、零邮件企业、科技创新企业、研究院所、第三方检测机构等客户提供了价值 1 000 万元的智能网联仿真场景数据库服务（含 SaaS 服务）。未来，基于智能驾驶研发、量产和商业化落地过程中对于数据驱动、场景覆盖和安全性验证的共性和迫切需求，预计将产生数百亿美元以上的市场。二是社会效益：满足行业技术需求，为产业赋能。该案例能够打通智能驾驶车端、路侧端数据资产的商业化链路，提取高价值相关数据进行脱敏后用于数字孪生场景的搭建，量产的场景数据可服务于智能驾驶汽车研发训练、仿真测试的全周期，通过海量场景仿真和自动化测试来帮助智能驾驶企业积累大量的虚拟里程，覆盖尽可能多的极限场景。该案例聚焦前瞻技术研究，保障公众安全搭建智能网联汽车仿真测试场景库，完善智能网联汽车算法训练的"数据池"和算法性能、功能验证的"考题库"，为高级别自动驾驶设计、研发、测试和评价的全流程提供基础支撑。通过对"人工智能驾驶员"提供"驾校"服务和"驾考"，为公众安全提供保障，保证智能网联车辆上路的安全性。该案例通过践行

"低碳"行动,帮助实现"双碳"战略目标。通过对车端、路侧端数据的资产化、商业化及开源应用,基于数据驱动、场景覆盖,通过有效的虚拟测试里程,可大幅度减少智能驾驶落地前需要的传统道路测试里程,减少碳排放量,支持当前"碳中和、碳达标"的能源战略目标。

案例创新点。①创新智能网联示范区路侧端数据商业化模式。该案例利用智能网联示范区基础设施建设投入的路侧感知设备采集的数据开发场景库,并基于此为智能汽车提供训练、测试验证服务,打通了路侧端设备数据采集、存储、处理、开发以及应用的全链路,实现了智能化基础设施投入→路侧感知数据采集治理→仿真场景库开发→仿真测试认证及训练→智能驾驶算法迭代升级的数据资产化商业闭环,加快了路侧数据价值释放,是探索车路云数体系商业化的成功路径之一,同时也部分解决了智能化基础设施建设的投资回报问题。②支撑 X-IN-LOOP 智能驾驶仿真测试技术体系建设。X-IN-LOOP 仿真测试数据闭环与技术闭环体系,深度契合智能网联汽车研发验证的"V字形"流程,为智能网联汽车研发、测试与验证提供完整的仿真测试技术支撑及工具链。"水木灵境"场景工场有效地支撑了仿真测试全流程,保证智能网联汽车算法的安全性、可靠性,保障智能网联车辆的安全运行,是智能网联数据的一大创新应用。③开放数据共享,打破数据孤岛现象。该案例通过将算法训练数据集与部分仿真场景数据开源,促进了技术的分享、协作和创新,丰富数据应用场景,提高数据价值,加速智能驾驶技术的迭代更新和快速发展。

(七)党组织建设案例

济南章丘以党建激发乡村发展内生动力

山东省济南市章丘区立足乡村振兴发展新起点,启动了资源变资产、资金变股金、农民变股东的"三变"改革,围绕富民强村目标,坚持党建引领保障,抓住思想开窍、要素激活"两个关键",走出了一条增强村集体经济发展活力和实力的改革路径,取得了"强基层组织、活农村资源、促集体增收、富农民口袋"的良好效果。

济南市章丘区坚持把党的领导放在突出位置,创新性地构建了坚持党建领航"1条"主线、探索"3项"变革激活沉睡资源、强化"N个"保障确保改革行稳致远的党建领航"1+3+N"工作模式，有效激发了乡村发展的内生动力。

章丘区坚持党建领航"1条"主线，上下联动一体推进改革的过程中始终坚持党建领航，牢牢把稳改革"方向盘"。章丘区成立了由书记、区长亲自挂帅的领导小组，区委常委、组织部部长兼任办公室主任，协调推进改革进程；聘请全国知名"三农"专家卢水生为顾问，为改革把脉问诊；抽调15名业务骨干组成工作专班勇担重任，既做"三变"改革的明白人，又做发展路上的领路人；25个成员单位积极参与、主动出击，整合用地指标、项目资金、技能培训等配套措施，梳理各类项目120余个，建立项目库，为"三变"改革提供了有力支撑；各街镇把"三变"改革与中心工作同部署、同安排，党政主要负责同志既当指挥员、又当战斗员，逐村谋划改革路径。

章丘区探索"3项"变革激活沉睡资源。按照"试点先行、先易后难、循序渐进、积极稳妥"的工作总基调，章丘区首批确定3个区级试点村、42个街镇级试点村开展试点，探索资源变资产、资金变股金、农民变股东的"三变"改革的现实路径。改革过程中，该区坚持公平公开，依法推进，重点把握五个环节。一是清产核资，摸清家底。该区组织开展清产核资"回头看"，共清查集体资产55.32亿元，集体土地总面积241.4万亩。二是界定身份，保障权益。该区坚持尊重历史、兼顾现实、程序公开、群众认可的原则，共确认集体经济组织成员862 192人，为保障成员权益夯实了基础。三是组建五社，筑牢基础。该区在村级组建村集体经济、土地、劳务、置业、旅游五大股份合作社，制定合作社章程，召开股东大会选举产生理事会成员2 364人，监事会成员1 776人，做到科学决策，民主管理。四是量化股权，公平公正。该区在村集体经济组织成员每人享有一股基本股的基础上，科学设置土地股、资金股、劳务股等多种股权，鼓励农民群众入股并获取收益。五是规范运行，守牢底线。该区牢牢坚守"集体土地性质不改变，耕地红线不突破；集体资产不能减，农民收入不能减"的底线，明确土地只租不入股、房屋只租不出售、项目只租不经营的"三不"原则。改革中，该区动员群众将土地、林地、水域等资源集中，通过托管、租赁、承包等市场化运作，实现资源变资产；充分发挥财政资金"四两拨千斤"的杠杆作用，撬动社会、金融资本、农户资金入股，实现资金变股金；鼓励和引导农民自愿将个人的资源、资金、技术等入股，实现农民变股东，农民群众也从发展的旁观者变身为发展的参与者和受益者。

章丘区强化"N 个"保障确保改革行稳致远。"三变"改革是一项系统工程，涉及方方面面，章丘区坚持一盘棋思想，强化产业带动、科技人才、搭建平台、法治规范等保障措施，多维赋能"三变"改革。一是坚持平台推动。该区成立区级全域乡村振兴发展平台，街镇成立经济联合总社，构建起政府、企业、村庄、农民合作共赢的发展模式。该区组织开展"百企结百村消除薄弱村"专项行动，195 家企业和 188 个经济薄弱村结对，通过股份富村、项目强村等共建模式，实现了村企互利共赢，村集体增收 1 720 万元。二是坚持产业带动。该区以工业化理念谋划农业发展，聚焦经营主体，采取壮大一批、引进一批、新建一批的方式，因地制宜培育"三变"承接龙头，走龙头带动的路子。截至 2023 年底，已有近 300 家新型经营主体参与到"三变"改革中，为乡村振兴注入了生机和活力。三是坚持人才赋能。该区制定出台"人才新政 25 条""回乡创业 22 条""乡村人才振兴实施方案"等引才聚才政策，吸引多种类型乡村人才返乡下乡、扎根农村。当地现已引进高层次专家人才 54 人，其中院士 1 人。四是坚持法治保障。该区树牢法治意识，针对村级经济合同在程序、内容、管理、履行、审查等各方面存在的问题，在全区范围内开展全面审查。该区采取"书记事实审""部门业务审""顾问法律审"的层层审查模式，共清查不规范合同 8 400 余份，有效规范了资源资产承包流转等行为，维护了村集体和村民利益。"三变"改革拓宽了增收渠道，打通了闲置要素变现的途径，农民从改革中得到了实实在在的收益，加快了城乡融合和共同富裕的步伐。截至 2022 年初，章丘已有 235 个村开展了"三变"改革，增加农村集体经济收入 9 500 多万元，全面消除集体经济 20 万元以下经济薄弱村，50 万元以上收入的村达到 313 个，占全区行政村总数的 58.8%；已有 57 个村实现了股东分红 2 287.8 万元，受益群众 4.2 万余人。

（八）对外开放案例

邹平市打造世界高端铝业基地核心区

铝业是山东的重要产业，长期以来，研发能力弱、产业链条短、产品低端化、国际竞争力不强等问题严重影响了山东铝业品牌的知名度和美誉度。

山东省滨州市代管的邹平市坚持以开放促转型，立足产业基础，瞄准"高端化、集群化、品牌化、绿色化"方向，把开放合作作为推动铝业转型、加快动能转换的重要抓手，在引进深加工企业、招引高端项目、打造园区平台、集聚创新资源等方面持续发力，成功建设"中国铝谷"大宗商品交易、科技研发、工业设计、金融服务等平台，加快打造魏桥铝深加工产业园、魏桥轻量化基地、中德轻量化产业园 3 大园区，世界高端铝业基地"核心区"逐步成势、快速崛起。2020 年，邹平国家高端铝材高新技术产业化基地入选国家高新技术产业化基地，成为全国 11 家国家高新技术产业化基地之一，也是山东省率先上榜的高新技术产业化基地。邹平市铝业以开放促转型的做法入选山东省 18 个对外开放典型案例，也是滨州市唯一入选的案例。

全球招商，以开放重塑产业"价值链"。针对产业链条短、产品低端化、附加值不高等问题，邹平市以价值链为导向，对产业链进行全面重塑。对产业上游，当地加快绿色替代。再生铝能耗不足电解铝的 5%，排放不及电解铝的 3%，具有高性能、低能耗特点。该市积极推动原铝向再生铝转变，引进全国最大的再生铝生产企业台湾新格集团，落地年产 30 万吨再生铝项目；签约总投资 14.8 亿元的中德宏顺循环科技合作项目，年拆解报废汽车 10 万辆，回收处理废铝 50 万吨；山东创新集团等的再生铝项目顺利实施，125 万吨产能即将释放。该市积极利用富余氧化铝资源开展铝基新材料招商，年产 10 万吨精细氧化铝项目一期投产，产品应用于电子、建筑、国防、军工等领域，塑造了新的产业链条。充分利用全球资源保障产业发展，魏桥创业集团成功开辟"铝业海上丝绸之路"，几内亚铝土矿、印尼氧化铝项目进展顺利。该市对产业下游，做大深加工板块。该市立足优质原铝资源优势，把招商目标锁定为全国、全球铝业发达地区，积极引进铝终端、高端项目，推动初加工产品全部就地转化，在价值链上再造一个新魏桥。对末端固废，该市实施循环利用。该市与山东高速、山东省交通科学院合作，在世界上首次将拜耳法赤泥用于高速公路建设，每千米可消纳赤泥 20 万~30 万吨；与世界 500 强中国建材集团建设年消化 135 万吨脱硫石膏的项目，打造了循环产业新增长点。

引企入园，以开放培育集群"生态圈"。邹平市聚力园区建设，做强开放平台，放大集群优势，抢占全国铝业领跑地位，重点打造了三大园区，叫响三张国家级"名片"：一是国家级铝精深加工特色产业示范区。

利用原长星集团厂区"腾笼换鸟"建设的魏桥铝深加工产业园，现已入驻上海、广东、福建等地高端项目 25 个，铝深加工能力突破 115 万吨。二是全国最大全流程汽车轻量化研发制造基地。依托魏桥创业集团闲置厂房打造的魏桥轻量化基地，已形成"铝原料→汽车用铝合金材料→汽车总成→废铝再利用"产业闭环。三是国家级邹平经济技术开发区。邹平市在滨州首批完成开发区体制改革，集中力量抓招商、抓产业，擦亮国家级开发区品牌，打造对外开放的桥头堡、高质量发展主阵地。目前，邹平市正加快建设全球首创的中德轻量化技术转移与产业示范小镇，充分发挥滨州保税物流中心开放平台的作用以加快升级综保区。同时，该市启动实施相关配套建设，为外来投资者提供全方位、高水平配套服务，形成国际高端项目集聚区。

多方引智，以开放做强创新"原动力"。一方面，支持企业借智。邹平市 100 余家企业与高校院所建立产学研合作关系，成功落地 2 个院士工作站，魏桥创业集团与苏州大学成功合作研发 7 类高性能铝合金材料；西王集团与中国科学院金属所深度合作，主持和参加制定国家、行业标准 28 个；中国科学院大学、魏桥创业集团、中信信托三方签约，共建魏桥国科（滨州）研究院，掀开科技链、产业链、金融链融合发展新篇章。另一方面，强化政府平台聚智。邹平市搭建中国"铝谷"公共服务平台，助力科技创新和商业模式创新，先后落地建成 3 个中心，均为全省县级唯一：上线、成立大宗商品交易中心、山东省铝业综合技术转化中心等。目前，百余家金融、设计、研发等领域的企业和机构陆续入驻。当地同步建设资源共享、研发检测等 8 大平台，人才、政策、市场等 8 大资源库，打造辐射全国、面向世界的科创综合体。

（九）人工智能与 AI 案例

1. 济南市全面落地人工智能计算中心项目

济南市积极引进新兴产业与算力中心项目，该市招引建设了济南人工智能计算中心。该中心总设计容量 200PFlops@ FP16 算力，项目分批建设。第一期，建设 100PFlops@ FP16 算力。建设内容包括人工智能计算软、硬件及相应配套服务。其中，算力系统包括人工智能计算软、硬件系统，软件系统用于管理计算、存储等基础设施硬件，提供大规模 AI 算力资源、调度以及运营管理，支撑海量训练数据并加速模型训练过程，加速人工智能算法创新及应用进程。硬件系统包含计算、基础和网络及安全硬件系统。

2. 天津市人工智能新型基础设施建设项目

天津市积极发展人工智能新型基础设施建设项目。该项目总投资额达131 153.66 万元，建设规模为 15 700 平方米，项目总用地面积为 7 199.1 平方米，分三期建设：一期建设 100P 人工智能计算中心机房、附属设备用房及其运行所需设施；二期建设运行保障用房及其配套设备；三期对人工智能计算中心进行扩容，最终实现 300PFIops@ FP16 人工智能算力系统使用需求。

3. 山东齐鲁工业大学通用超级计算平台国产云计算系统

高等院校是落实新质生产力的重要科技力量。国家超级计算济南中心由齐鲁工业大学（山东省科学院）建设、运营和维护，并负责通用超级计算平台国产云计算系统建设。该系统是超级计算平台的核心系统之一，主要包括云平台软件、云服务定制开发、开发测试云平台、系统集成、技术支持与售后服务。交付后，云计算平台对外/对内用户，将获取基于自主可控领域的云主机、云存储、虚拟网络、大数据、人工智能、安全防护等云计算服务。

（十）区域发展案例

青岛西海岸新区加快培育新质生产力

高质量发展是全面建设社会主义现代化国家的首要任务，发展新质生产力是推动高质量发展的内在要求和重要着力点。青岛西海岸新区承担着经略海洋、军民融合、自贸试验区建设和体制机制创新四大战略任务，加快培育和发展新质生产力，对推动该区在全省、全市充当高质量发展排头兵具有重要意义。

该区新质生产力的经验做法。西海岸新区积极学习并贯彻落实习近平总书记关于新质生产力的重要论述。该区始终将提升科技创新能力作为发展新质生产力的重要引擎。该区深入实施科技强区战略，成立工委科技委，建立"科技专员+揭榜挂帅"机制。该区"仲华"热物理试验装置成为"十四五"期间全国首个开工的大科学装置，空天动力、海洋生态系统、深海数字孪生等重大科技项目加速布局，获批深层油气、海洋食品加工与安全控制等8个全国重点实验室，国字号创新平台从22家增长至88家，高新技术企业从128家增长至1 500家，2023年高新技术产业产值达3 105亿元，增长6.1%。该区高标准建设国家知识产权强国建设试点示范园区，万人有效发明专利拥有量从5.2件增长至85件，超过全省3倍，33项成果获省级科学技术奖励、占全省15.5%，2023年技术合同交易额达194.4亿元、增长138.6%，获评全省首批科技创新强区。该区创新校城融合发展机制，设立高校校长基金，运营高校科创成果交易中心，中国科学院大学海洋学院等10所高校建成启用，驻区高校达21所；对接产业需求新增专业176个，在校生从12.7万人增长到21.2万人，人才总量从34万人增长至84万人。

该区通过调整生产关系、体制改革等措施优化生产要素配置、促进产业深度转型升级，推动新质生产力的社会实践与项目落地：

一是把先行先试作为新区发展的第一动力，获批全国自然资源节约集约示范区等市级以上改革试点160项。该区充分释放新区条例和国家、省、市支持措施等政策的叠加效应，先后承接258项省级行政权力事项，实现"新区事新区办"。该区深化行政管理体制改革，构建起"新区管规划、管统筹、管协调，功能区重发展、重产业、重项目，镇街促发展、保稳定、惠民生"的管理体制，被国家发展改革委誉为"最顺新区管理体制"，十大功能区引进项目占全区的55%，完成投资占全区的52.7%。

二是把营商环境作为"一号"改革工程，连续五年发起优化营商环境专项行动，形成了"模拟审批""拿地开工""法律超市"等326项可复制推广的创新举措，全国营商环境评价获优秀等次。该区出台稳工业8条、大学生留区就业创业15条、促进个转企21条等一系列惠企政策，"免申即享"政策拓展至33项、兑现资金1.2亿元。该区推进政务服务"全省通办""跨省通办"，"云牵手"联盟成员覆盖25个省份超500家政务服务单位，获批国家政务数据直达基层建设试点。该区的国家级知识产权快速维权中心通过验收，开通全省首个区县级的国家商标窗口，获批省级知识产权保护示范区。该区在全省首推行业信用评价最高等级企业免投标担保，为3 431家企业释放流动资金11.3亿元。该区开展"万名干部进万企"等活动，主动为企业排忧解难，市场主体从 10 万户增长到 44.5 万户，上市企业从 8 家增长至 19 家、占全市总量的 41%。

三是坚持把发展经济的着力点放在实体经济上。该区构建"链长+链主+联盟"工作体系，创新"1+5+X"招商机制，2023 年引进过亿元项目 210 个，总投资达 2 245 亿元，其中 50 亿元大项目 16 个、总投资 1 683 亿元；投资结构进一步优化，2023 年全区完成工业技改投资增长 11%，民间投资增长 11.9%，高技术投资增长 9.3%；47 家先进制造产业链链主企业 23 家在该区，该区获评全省首批工业强县。该区高标准推进集成电路、新型显示、绿色低碳新材料、氢能等新兴产业专业园区建设，累计引进潍柴智慧重工智造中心、美锦氢能等 120 个重点项目，总投资达 3 355.8 亿元，电子信息产业园、京东方等百亿级大项目投产，中国北方"芯屏"产业高地垂直崛起。该区引导更多民企加入"四新"赛道，5 家企业入围山东民企百强，专精特新企业从 23 家增长到 1 445 家。

四是大力发展数字经济推动产业智变融合。该区勇担省市两级全区域、全领域数字化发展试点示范的重任，引育赛轮"橡链云"、达索创新中心等工业互联网示范项目 263 个，累计开放工业赋能场景近千个。该区建成全国首个 5G 高新视频实验园区，入选省数字经济重点项目。该区的全省首家经地方金融监管部门批准的大数据交易中心已开始运营，全省首个超大型 A 级标准数据中心已启用，中国电信云计算基地获评 4A 级省级新型数据中心，数字经济核心产业收入完成 775 亿元，增长 16.8%。该区建设唐岛湾数字人民币一条街，打造数字人民币试点特色场景。该区获评中国新型智慧城市五十强区、数字经济"晨星工厂"试点区。

五是积极融入新发展格局、不断提升对外开放能级。该区打造面向日韩、辐射黄河流域的开放窗口，获批首批国家进口贸易促进创新示范区，中日（青岛）地方发展合作示范区实现封闭运作，举办两届黄河流域跨境电商博览会，跨境电商产业进出口总额增速超过 40%，对 RCEP（区域全面经济伙伴关系协定）其他成员国贸易额增长 19%。该区高标准建设了世界一流海洋港口，前湾港自动化码头成为全国唯一智慧、绿色"双五星"港口；董家口港获批国家一类开放口岸，成为黄河流域最大粮食进出口基地；青岛港 2023 年货物吞吐量达到 7 亿吨、集装箱吞吐量达 3 000 万标箱，从世界第七位跃居第四，海铁联运蝉联全国"八连冠"，国际航运枢纽竞争力指数位居东北亚之首。

（十一）国合院发展新质生产力的实践

（1）成立新质生产力促进中心

为贯彻落实习近平总书记关于新质生产力的重要指示精神，全面推动全国两会重大部署，促进各省份经济社会高质量发展，国合院率先行动，邀请多个部委院所、国家级智库、国内名校、央企国企、科研机构、金融组织等，共建了"中国新质生产力促进中心"（联盟），成立了新质生产力研究中心，独家提出了"1381"新质生产力构建模型，围绕新质生产力试点示范，突出三大特征，构建包括组织、产业、人才、科技、金融等在内的八大体系，全面启动"十大工程"，辅导各地区创建试点示范，形成经验并全国推广，并向有关部委部门提报。

（2）共建中国新质生产力（济宁学院）研究院

为推动国家新质生产力战略的实践探索，国合院发挥部委智库优势，整合院所、部委资源，组建院士专家团队，积极深入各地，开展调研诊断，因地制宜，一地一策，统筹谋划，科学设计各地区新质生产力建设路径与平台构架。2024年4月16日，国合院院长吴维海博士带队，有关部委原司长等参加，与济宁学院在前期充分论证的基础上，联合成立了国内首家部委智库与地市高校共建的"中国新质生产力（济宁学院）研究院"，明确了7大任务，确立了2024年工作计划。双方挂牌，重点开展济宁市乃至山东省新质生产力建设与重大项目、重大示范等方面的研究以及科技孵化、企业实践等。同时，该研究院积极推动济宁市等的地方性人才建设、组织变革、科技转化、产业孵化、金融创新、企业培育、品牌提升、对外开放等重大工作，积极开展"政产学研金服用"七位一体的政策研究、产业转型、干部培养、科技扶持、企业辅导、要素优化、平台建设等活动，推进劳动者、劳动资料、劳动对象等优化提升，持续构建现代化产业体系，优化强化产业链供应链，做强做大价值链创新链，不断探索适合地方经济社会高质量发展的新模式、新业态、新技术、新机制，为中国新质生产力建设探索"济宁模式""山东经验"。

（3）独创"旅衍经济"概念

国合院作为落实党中央、国务院等发布的智库建设政策文件而发起设立的部委系统法人机构，为贯彻落实党中央、国务院关于新质生产力建设的重大部署，坚定"四个自信"，积极履行中国首家民族智库（国合院独创并专利注册）的社会责任，始终以服务国家和地方高质量发展为使命，充分发挥已建成的"中国新质生产力促进中心"平台的作用，创新中国模式的理论体系与经济实践。国合院邀请吴志强、吾守尔等院士专家，国家发展改革委与科技部、农业农村部、工业和信息化部等部委的领导，以及商业银行、人工智能、工业制造等产业的精英，成立中国新质生产力促进中心，开展新质生产力推进路径与创建模型探究，积极开展政策引导、产业链接、智库服务、科技赋能、创新赋能与实践探索等方面的理论研讨与新质生产力试点行动。为推动全国旅游产业跨越式发展，国合院在2024年1月份独创了"旅衍经济"的全新概念，并对其进行内涵外延、旅游衍生品、文旅产业链、供应链、创新链、信息链、价值链、利益链等的设计与搭建。国合院多次组织专家学者与山东、山西、河北、浙江、河南、新疆等地的政府部门，联合开展一系列座谈与文旅行业调研，进一步组织开展了旅衍经济与新质生产力关系的研究。

旅衍经济的内涵包括：贯彻落实国家重大战略部署，挖掘全国各地文旅资源，因地制宜，顶层谋划，先立后破，量力而行，主动作为，以文化旅游资源为依托，彻底打破门票经济的束缚与限制，突出跨域协同，一体化发展，强化产业融合与系统观念，凸显文化旅游产业的消费引领与外溢效应，积极融合现代农业、观光采摘、先进制造业、旅游衍生品、体育产业、康养医疗、现代商贸、专业物流、会展经济、休闲观光、银发经济、国际商贸、文化交流等方面的重大项目，弘扬与传承中华优秀传统文化，做强做优文旅产业价值链供应链，提升旅游上下游产品开发与综合创收能力。旅衍经济是为此实行的一系列规划谋划、产业布局、项目开发、景区提升、公共服务与基础建设，以及与国内外文化交流、跨国休闲体育等相关的旅游与商贸服务综合活动。

为推动旅衍经济得到国家部委与地方政府、景区等的认可，全面打破中国旅游产业过度依赖门票收入与盈利能力弱等困境，国合院积极开展产业研究与案例分析，在全国各地率先开展文旅产业调研活动，主动寻求以景区为载体的实践探索，积极开展国内外成功案例提炼，推动各地共谋以旅游资源为支撑的政策引导、顶层设计、战略转型、区域定位、成果转化、人才培养、文旅衍生品设计与制造等试点活动，积极推动各地区文旅与体育融合、景点建设、项目融资模式创新、产业招商落地、文旅虚拟场景策划等新质生产力建设示范，积极推进国家部委智库与重点城市、园区、景区等的合作，携手共建全国旅衍经济试验田、三次产业融合发展新样板、全域旅游示范基地、国际旅游目的地，为各地区文旅产业的新质生产力构建、旅衍经济实践而做出积极的理论探索与实践探索。

（4）辅导科技创新项目、辅导地方产业转型和新兴产业培育

国合院为威海市文登区编制光伏产业园总体规划，为其光伏产业的发展指明了方向。该规划以党的二十大为指引，以山东省、威海市、文登区"十四五"规划及新能源总体部署为依据，坚定不移贯彻新发展理念，坚持稳中求进工作总基调，以推动高质量发展为主题，以深化清洁能源供给侧结构性改革为主线，创新实施"445"发展战略，推动光伏园区和其他产业融合发展，创建国家级光伏产业先行区、国家级零碳发展实践区，努力把文登区建设成为国家级循环经济示范区、国家级无废城市。

国合院为山东省庆云县编制《山东省庆云县全面推进乡村振兴规划（2023—2027年）》，确定了庆云县乡村振兴的总体目标、发展战略、时间表、路线图和任务书。该规划坚持以习近平新时代中国特色社会主义思想为指导，全面贯彻党的二十大精神，全面落实习近平总书记关于山东工作的重要指示，完整、准确、全面贯彻新发展理念，紧紧锚定"走在前、开新局"；坚持以农民为中心，以高质量发展为主题，坚持和加强党对"三农"工作的全面领导，坚持农业农村优先发展，坚持城乡融合发展，坚持促进共同富裕，全力保障粮食和重要农产品稳定安全供给，全面推进产业、人才、文化、生态、组织振兴，全面提升乡村发展、乡村建设、乡村治理水平；加快建设新时代富美强县幸福庆云，构建乡村振兴齐鲁样板的"庆云模式"，为建设新时代社会主义现代化新德州贡献庆云力量。

国合院"百城千企零碳行动"绽放新成果。自2021年7月17日国合院联合10多家国家部委智库、国家级协会、院所及央企、地方政府等联合发起"百城千企零碳行动"，共同筛选与引导创建100家左右的零碳城市，1 000家左右的零碳园区、零碳企业、零碳景区、零碳酒店以来，国合院整合聚集院士专家、研究国家战略趋势、推动零碳示范，取得了一定成效。国合院在推动"百城千企零碳行动"3年以来，出版专著《中国碳达峰碳中和规划、路径及案例》《中国零碳城市创建方案及操作指南》等，组织了3次全国性零碳城市峰会，与其他国家级院所、央企、新华网等联

合发布了一批零碳示范名单，与地方共同组织零碳论坛，联合打造零碳平台。同时，国合院与国家级协会、全国工商联等联合，在全国率先打造零碳城市、零碳园区、零碳企业、零碳社区等建设的国家队。

国合院以"百城千企零碳行动"推动全国首个零碳示范以来，取得了一系列行业与全国第一：

第一家提出"百城千企零碳行动"：2021年7月17日，国合院联合其他部委、院所及央企等倡导碳中和行动宣言，设立中国碳中和研究院，共推全国零碳创建浪潮。

第一家为全国各省市主要领导讲授零碳城市创建图谱：国合院为河北、山西、青海、陕西汉中、辽宁朝阳等的党、政、人大、政协四大领导班子，讲授"碳达峰碳中和""零碳城市创建"等推进实施体系。

第一家创建国家级零碳团体标准：国合院与国家级社团、全国工商联等共建零碳城市、零碳园区、零碳景区、零碳酒店标准，推动了全国范围内的零碳创建。

第一家提出了创建零碳智库：2021年在全国范围内首次提出创建"12345"的零碳智库，率先探索零碳办公、零碳交通、零碳生活等。

第一家辅导创建零碳城市：2010年国合院开始研究国家级低碳城市、低碳园区，并逐步开始研究节能环保、国家级循环经济示范城市、生态文明城市等；2021年开始推动零碳城市建设，帮助山东威海市文登区、山西临汾市隰县等成为首批零碳创建地区，为文登区编制光伏产业园规划等。

第一家辅导创建零碳园区：2022年国合院推动潍坊峡山生态开发区等创建国家级零碳园区，并辅导其进行绿色金融与EOD（生态环境导向的开发）申报等工作。

第一家辅导创建零碳企业：2021年12月28日，国合院首次辅导挂牌安徽中技国医医疗科技有限公司创建国家团体标准"零碳企业"。此后，国合院推动一批企业积极申报与创建零碳企业。

第一家提出零碳城市的三种业态：国合院首次提出了零碳城市建设的三种业态，即城市内部动态的碳汇与碳排放正负为零，城市与外界的碳汇及碳排放加减为零，城市碳汇大于碳排放的负碳城市。

第一家召开多次全国性零碳城市峰会：2021年7月以来，国合院连续组织召开3次全国性零碳城市峰会，全面推动零碳创建与零碳建筑改造。

第一家提出5层次的零碳情景假设：2010年以来，国合院等单位贯彻国家战略，深度参与和辅导创建国家级低碳示范城市、低碳示范园区，提出了传统情景、节能情景、低碳情景、近零碳情景、零碳情景的五个层级，形成了多个情景假设。

第一家连续出版两本技术前瞻、全面创新的碳达峰碳中和及零碳城市创建方案：2021 年、2023 年国合院分别出版《中国碳达峰碳中和规划、路径及案例》《中国零碳城市创建方案及操作指南》，引领和推动碳达峰碳中和战略落地、零碳城市建设，推动部委出台相关政策与地方政府作出重大战略部署。

第一家与央企联合推出零碳智慧全链全周期精准招商数据系统：国合院汇集了全国 6 000 万家企业真实、动态、精准的投资与项目数据。

第一家独创推动"1211"零碳作战地图：国合院全方位全过程创新国家级零碳城市实施路线图与系列场景。目前，国合院正在联合中国碳中和研究院、世界零碳标准联盟、新华网等全面推动"百城千企零碳行动"，筛选建设一批国家级团体标准的零碳城市、零碳园区、零碳企业、零碳景区、零碳酒店等；同时，全面参与、探索共建"山东省国家级绿色低碳高质量发展先行区"，帮助山东、浙江、福建等地的区（市、县）编制近零碳城市、近零碳园区、近零碳社区创建方案，并推动重大低碳零碳建筑改造等示范项目与低碳零碳产业园区招引孵化等。

（5）国合院成功举办绿色金融 50 人论坛

为贯彻落实党的二十大精神，践行党中央、国务院关于"碳达峰碳中和"及高端智库建设的重大部署，探索绿色金融、EOD 等项目融资模式，完善绿色金融体系，优化资源配置，持续推进"百城千企零碳行动"，促进国家和地方高质量发展，首届"中国绿色金融 50 人论坛"于 2023 年 12 月 23 日在北京西城区金融街中海财富中心成功举办。

本次论坛由国合院主办，联合主办单位有世界零碳标准联盟、中国工业节能与清洁生产协会、《中国市场》杂志社、海南省金融发展促进会、海南省绿色金融研究院。本次论坛邀请了国家部委领导、院所智库专家、各地政府领导、大型企业领导、院士、高校教授等参与。参与者围绕"共建中国绿色金融 50 人论坛，助推绿色低碳高质量发展"主题，就中央金融政策、绿色贷款、EOD、ESG、政府与企业融资模式创新等进行深入交流和探讨。

国合院院长、中国碳中和研究院理事长、中国绿色金融 50 人论坛委员会主席吴维海博士作了题为《绿色金融破解经济发展堵点》的致辞。针对破解地方"政府债务偏高、融资渠道不畅、市场需求不足"等经济、金融问题，他介绍了国合院重点推进的工作：一是组织了一系列绿色金融、"双碳"主题的峰会或专业培训；二是联合推动了一批"百城千企零碳行动"试点与零碳标准的发布；三是辅导了山东、河北、陕西等地一批高能耗、资源型、高碳排放的城市、园区与企业的转型发展；四是协调开展了绿色金融与"双碳"等领域的具有前瞻性、操作性的实践研究；五是受托推进了一批绿色金融与产业招商等实践项目。吴维海博士同时分析了我国经济发展的挑战及"六个不足"：一是地方偿债能力不足，二是融资渠道不足，三是内在消费不足，四是投资信心不足，五是出口利好不足，六是企业盈利不足。他呼吁智库院所、金融专家，站在国家战略和服务大局的高度，积极担当，群策群力，有效应对政府债务、金融风险带来的挑战，打破部门篱笆墙，胸怀天下，砥砺前行，共建共享中国绿色金融50人论坛，整合并构建"政产学研金企""六位一体"的绿色金融生态圈，携手为推进中国式现代化、实现中华民族伟大复兴的中国梦作出贡献。

同济大学原副校长、中国工程院院士吴志强对中国绿色金融50人论坛的召开表示祝贺，他表示愿与大家携手，围绕中央既定的金融方针，以中国式现代化城市为研究对象，发挥同济大学的优势，与国合院及其他院所、商业银行、地方政府等加强联系，紧密协作，共同探索具有中国特色的绿色金融理论，为建设富强民主文明和谐美丽的社会主义现代化国家而不懈奋斗。

中国科学院院士、国合院学术委员刘嘉麒提出，作为国合院的学术委员，他对国合院近年来所取得的成绩表示祝贺。他还谈到了国合院的智库创新、碳汇研究以及建设民族智库的成效，以及国合院在打造民族智库、提升政府决策、推动经济高质量发展方面作出的贡献。他对首届中国绿色金融50人论坛的举办表示祝贺，希望国合院继续深入研究绿色金融，为我国绿色低碳、可持续发展作出贡献。

中国工程院院士吾守尔·斯拉木认为，国合院积极打造部委系统一流的民族智库，以中国绿色金融50人论坛聚集人才力量，不断凝聚共识，探索科技创新之路，用金融服务推动关键领域绿色发展，希望国合院未来为全球绿色治理贡献更大力量。

后　记

生产力是人类社会发展的根本动力，也是一切社会变迁和政治变革的终极原因。习近平总书记指出："新质生产力是创新起主导作用，摆脱传统经济增长方式、生产力发展路径，具有高科技、高效能、高质量特征，符合新发展理念的先进生产力质态。"开展新质生产力创新研究意义重大。

国合华夏城市规划研究院作为部委系统的首家民族智库，始终以服务国家和地方高质量发展为己任。为促进各地区科技创新、产业升级、未来产业培育以及全要素提升，我院组织院士及高校、科研院所的专家和学者，进行新质生产力理论、创建体系与编制指南的具体实践、典型案例等方面的研究，并形成了本书。

本书在编写过程中，得到国家部委、中央党校、部委院所、多家知名高校、地方政府等的专家学者的支持及帮助，他们提出了很多建设性的意见并提供了有典型意义的案例。在此谨表感谢。

希望本书能为各级党委政府、各级党校以及各类院所、园区、企业等开展新质生产力理论研究、模型创新、方案编制、产业升级、全要素优化等提供有较高价值的决策参考与实践借鉴。

吴维海、吴志强

国合华夏城市规划研究院

中国绿色金融 50 人论坛

中国新质生产力促进中心

中国新质生产力（济宁学院）研究院

2025 年 1 月

国合华夏城市规划研究院
已出版系列丛书

1. 《政府融资 50 种模式及操作指南》（2014 年版、2019 年再版）
2. 《企业融资 170 种模式及操作指南》（2014 年版、2019 年再版）
3. 《政府规划编制指南》（2015 年）
4. 《产业园规划》（2015 年）
5. 《全流程规划》（2016 年）
6. 《大国信用：全球视野的中国社会信用体系》（2017 年）
7. 《PPP 项目运营》（2018 年）
8. 《新时代乡村振兴战略规划与案例》（2018 年）
9. 《"十四五"规划模型及编制手册》（2020 年）
10. 《新时代企业竞争战略》（2020 年）
11. 《新时代金融创新战略》（2020 年）
12. 《黄河流域战略编制及生态发展案例》（2020 年）
13. 《新时代区域发展战略》（2020 年）
14. 《新时期中国医药行业并购与治理》（2021 年）
15. 《中国碳达峰碳中和规划、路径及案例》（2021 年）
16. 《博弈利润区》（2022 年）
17. 《新时代强国复兴战略》（2022 年，电子版）
18. 《中国零碳城市创建方案及操作指南》（2023 年）
19. 《地方高质量发展 50 中融资模式》（2024 年）
20. 《企业高质量发展 170 种融资模式》（2023 年）
21. 《与党员干部谈数字经济》（2022 年）
22. 《新治理》（2023 年）
23. 《博弈利润区》（2023 年）

24. 《中国医药行业并购与治理》

25. 《时代大潮与中国共产党》

26. 《中国市场准入环境与贸易投资新政》

27. 《中国道路能为世界贡献什么》

28. 《万物智联线上数字》

29. 《城市全域旅游解析》

30. 《创意城市学》

31. 《城市文化生产力》

32. 《城市创意美论》

33. 《创意城市的产业结构》

34. 《城市创新发展论》

35. 《创意城市空间再造》

36. 《城市新基建经济架构》

37. 《城市的传统文化创意》

38. 《创意城市的金融结构》

39. 《城市区块链解构》

40. 《城市品牌新打造》

41. 《创意社区策划与实施》

42. 《创意城市项目实操攻略》

43. 《城市综合治理方法》

44. 《博弈价值链》（2024 年）

45. 《中国新质生产力构建体系及操作指南》（2024 年）

46. 《"十五五"规划编制及案例解读》（2024 年）

47. 《金融强国建设与绿色金融项目策划》（2025 年）

……

国合华夏城市规划研究院系列成果由中共中央组织部原部长张全景、中央政策研究室原副主任郑新立、原农业部副部长刘坚，中国工程院院士、同济大学原副校长吴志强等作序推荐，有关部委领导及院士校长等任专著编委。

官微：国合研究院

官网：www.icci-ndrc.com